富有讀書亦因者貧
貴有讀書亦因者富

貧者因書而富
富者因書而貴

「末代皇帝」愛新覺羅・溥儀在他生命的最後年代裡，
與李淑賢女士相依為命，直至他們生命的最後一刻……

末代皇帝
溥儀與我

本書為愛新覺羅・溥儀的妻子李淑賢女士
第一本、也是唯一一本回憶錄。

李淑賢 口述・王慶祥 整理
長春市政協文史資料委員彙編

末代皇帝愛新覺羅‧溥儀在生命的最後年代裡
與李淑賢相依為命，直至生命的最後一刻……

出版說明

　　《末代皇帝溥儀與我》是長春市政協文史資料委員會為紀念溥儀夫人李淑賢女士逝世 10 周年而編的一本文集。

　　李淑賢生前與長春市政協聯繫緊密，並把自己口述、王慶祥整理撰寫的回憶錄手稿《溥儀與我》，交給長春市政協主辦的《長春文史資料》發表，成為這本回憶錄問世最早的版本。該文口述者以深切的懷念感情，真實、詳細地回憶了她自 1962 年與溥儀戀愛結婚、組成家庭、參加社會活動、與病魔抗爭、度越「文革」風暴，直到 1967 年 10 月 17 日溥儀逝世的經歷及生活細節，感人至深。香港導演李翰祥依據該文迅速改編並拍成電影《火龍》，在海內外公映，影響很大。該文隨即又由吉林人民出版社等多家出版社公開出版，其中文繁體字版、韓文版和日文版也先後發行。

　　編入本書「嫁給『皇帝』以後」主題之下的文字，一部分為溥儀夫人李淑賢遺稿共 8 篇，另一部分為她寫給國家領導人、有關部門以及合作者和友人的書信共 6 函，還有一部分則是關於她的記者採訪報導共 20 篇，這些文章、書信和報導大多曾在《光明日報》、《文匯報》、《民主與法制》等報刊上發表。從中不難看出李淑賢實事求是的品格、堅定的原則性和不懈的抗爭精神，不難看出她的追求、坎坷、奮鬥、感情，以及她不畏強暴的精神和寬以待人的情懷，真實反應了溥儀先生逝世以後 30 年間她的重要社會活動和生活經歷。

溥儀所著《我的前半生》問世後，全球的人們更想瞭解他的後半生，遺憾的是他本人未能執筆寫出，所幸由他的夫人李淑賢女士留下了丈夫後半生十分珍貴的生平史蹟和數百幀真切的歷史影像照片，使之得以伴隨《末代皇帝溥儀與我》一書的廣泛流傳，而讓國內外人民熟知經過思想改造的溥儀的真實形象。

當此溥儀先生逝世40周年、李淑賢女士逝世10周年值得紀念的日子裡，隆重推出《末代皇帝溥儀與我》一書，或許能讓關注溥儀先生和李淑賢女士生平命運的萬千中外讀者，感受到當年的氣氛。

末代皇帝愛新覺羅・溥儀在生命的最後年代裡
與李淑賢相依為命，直至生命的最後一刻……

前 言

李淑賢

　　提起愛新覺羅・溥儀，大家都知道他就是中國歷史上的最後一個皇帝。

　　西元一九〇六年農曆正月十四日，溥儀出生於北京醇王府。一九〇八年農曆十月二十日，慈禧太后決定溥儀為嗣皇帝，承繼同治，兼祧光緒。於是，溥儀在同年十一月初九日登極為清代第十代皇帝，年號宣統。一九一二年，隆裕太后接受中華民國給予清室的優待條件，頒布《退位詔書》。從此，溥儀開始了在紫禁城裡的「小朝廷」生活。一九一七年農曆五月十三日，前清兩江總督兼江蘇巡撫張勳起兵擁戴溥儀復辟，他又第二次「登極」當了皇帝。只十二天，這次復辟就破產了，溥儀一邊哭著一邊頒布了新的《退位詔書》。一九二四年十一月五日，溥儀被迫接受馮玉祥將軍的《修正清室優待條件》，移出紫禁城，遷入「北府」，旋即逃往日本公使館，又移居天津日租界，並在那裡度過了七年寓公生活。一九三一年，日本帝國主義又佔領我國東北，製造出一個偽「滿洲國」，並把年僅二十六歲的溥儀弄去當了傀儡。一九三二年，溥儀在長春出任偽執政，定年號為大同。一九三四年三月一日，溥儀第三次「登極」，即皇帝位，改元康德。這以後的十幾年是他一生中

11

最屈辱的當傀儡皇帝的日子。一九四五年日寇垮台後，溥儀在逃亡通化的路上，第三次頒布《退位詔書》。接著，就被蘇軍逮捕，在赤塔和伯力當了五年俘虜。一九五〇年七月間，溥儀被遣送回國，經過十年教育改造，於一九五九年十二月四日蒙政府特赦，成為中華人民共和國的公民。

　　中國歷史的重要特點之一：就是它曾經有過漫長的封建社會，而不斷的改朝換代又產生了許多末代皇帝。所有的末代皇帝不是被殺就是自盡，都沒有好下場；唯有溥儀例外，他以公民的身分幸福地度過了晚年的美好時光。

五妹韞馨在北京車站迎回溥儀

　　溥儀所著《我的前半生》一書問世後，在國內外產生了巨大影響。世界上各種膚色的人們瞭解了溥儀的前半生，更想知道他的後半生。因此，溥儀生前就有很多人勸他再寫一部有關晚年生活的書，但溥儀有他自己的想法，他常對別人說，也曾對我說：「我的後半生不能用筆寫

了，而要用實際行動寫。它的內容很簡單，就是為人民而貢獻自己的力量。」

很不幸，我的愛人特赦後只活了8年，就被腎癌奪去了生命。從時間看，比50多年前半生短了許多倍，而從生命的意義看，又勝過前半生不知多少倍。從這個角度，溥儀的後半生還是值得記述傳世的。

雖然溥儀不想自己動筆寫這部《後半生》，但是，他有一個良好的習慣：特好記錄。發生了一件什麼事，和誰談了什麼話，往往都要寫進筆記本中去。只見他每天晚上都寫，字跡潦草難辨，大概是為了節省時間吧，反正他記得很多。特別是到外地參觀，別人晚上都去溜一溜，他卻埋頭伏案地記呀記。幾年時間裡，他記下了28本日記和更多的筆記。現在看來，這些珍貴的記錄正是溥儀後半生的真實寫照。

溥儀與我共同生活了5年半時間，如果從相識那一天算起，就將近6年整了。因此，又有許多朋友寄希望於我，他們說我是溥儀晚年生活中「親密無間的伴侶」，對溥儀的思想、感情和生活有「別人不能相比的瞭解」，希望我以切身感受寫一部關於溥儀與我共同生活的回憶錄。當然，

溥儀與李淑賢在婚禮上

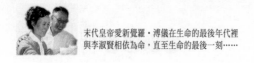
對這件事我責無旁貸；但是，由於種種原因，遲遲未能動筆。

大約是一九七九年八、九月間，吉林省社會科學院歷史研究所王慶祥同志來京訪問我。他鼓勵我一定要寫好回憶錄，他說，這將是我對歷史和民族應該做出的力所能及的貢獻。他還幫助我挖掘回憶線索，擬定回憶提綱。我們商定的原則是：想出一件事就寫出一件事，憶及一句話就記上一句話。他對我說：「您的回憶是具有重要研究價值的當事人的第一手資料，因此，每一個字都必須以歷史事實為準繩，對歷史負責。」我以為這話很對。

我的回憶工作是在半年多的時間裡，斷斷續續完成的。每當回憶的時候，我就好像又置身於十幾年前的生活中，我的親人又栩栩如生地站到我的面前，我們共同沿著歷史的陳跡，由此一時到彼一時，從這一地到那一地。我不知道笑過多少次了，那是因為又生活在當年的幸福和甜蜜之中；我也不知道哭過多少回了，那是因為突然又把憶念中得到親人的喜悅和現實裡失去親人的痛苦聯繫到一起⋯⋯我的回憶可能很不全面，但卻是完全真實的，都是曾經發生的歷史事實。

王慶祥同志是一位史學工作者，他在幫助我整理這部回憶錄的時候，一再申明自己的觀點是要信實地描出歷史原型，倘有回憶不得真切者，寧付闕如，絕不虛構。現在呈現於讀者面前的這部《溥儀與我》，就是他根據我的口述並對照和印證了溥儀遺稿之後整理成書的。初稿完成後，王慶祥同志又來京，和我共同對全書逐字逐段地進行了核實。我認為，改定的書稿與我口述的精神和內容都是完全一致的。當然，我的回憶只能側重於溥儀的家庭生活方面，遠不足以概括溥儀後半生的全部；倘能略補幸而尚存的溥儀日記等手稿，那就更好了。

最後還應該說明的是：由於長春人民非常熟悉歷史上的「康德皇帝」——那個曾建立了一座中西合璧、不倫不類的「帝宮」，並在那裡與日本帝國主義簽訂了出賣祖國河山和財富的《日滿議定書》的溥儀，因而也非常希望瞭解溥儀的轉變及其晚年生活。我就曾接待過許多登門來訪的長春朋友，親耳聽到他們述說自己的願望。有鑑於此，當長春市政協的同志表示希望由他們發表我這篇回憶錄的時候，我由衷地感到高興，願意藉此機會，把經過改造變好了的公民溥儀的思想和生活風貌介紹給北國春城的人民。倘我的愛人九泉有知，也一定十分樂意用自己晚年的生命之泉，去沖刷那歷史上血染的舊痕。當長春人民為此而感到歡欣的時候，我相信溥儀也會寬心多了。

（寫於 1981 年 2 月 24 日，改於 1984 年 1 月 3 日）

末代皇帝愛新覺羅·溥儀在生命的最後年代裡
與李淑賢相依為命，直至生命的最後一刻……

一、選擇愛人的新標準

《我的前半生》一書，給廣大讀者留下了難忘的印象。特別是這位末代皇帝的婚姻悲劇，曾經引起許多人的關注和同情。然而也正是這悲劇教訓了溥儀，使他有可能樹立起選擇愛人的新的標準，而我們的相識和結合也才成為活生生的現實。

還是讓我先從自己談起吧！

我是北京市朝陽區關廂醫院的護士，杭州人，和溥儀相識那年三十七歲。

我的青少年時代是在十分淒慘的日子裡度過的。我八歲時母親就去世了，在上海中國銀行當職員的父親無法照料我，就把我從杭州老家帶到上海就學。繼母很厲害，根本不把我放在眼裡，挨打挨罵是家常便飯。十四歲時，我唯一的親人——爸爸又不幸病逝了，真是淚出兩行，禍不單行啊！從此，我就像童話裡的灰姑娘一樣，去扮演一個受氣包的角色。到了十七歲，繼母

1960 年前後，
李淑賢在關廂醫院門前與同事們合影

17

年輕時的李淑賢。溥儀說:「她
是搞醫務工作的,和我興趣一
致,可以建立一個雙職工家庭。」

見我已出落成人,竟狠毒地要把我賣給闊老作妾,我再也不堪忍受繼母的虐待了,於是從上海逃到北京,投奔一位寡居著的遠房表姐。在那兵荒馬亂的年月,無處棲身而寄人籬下的滋味是可想而知的。何況我那靠洗衣服維持生計的表姐的日子也是苦不堪言呢!後來她帶著孩子回南方了。我仍是掙扎著,在曲折的人生之路上,艱難地熬過了許多個年頭……。後來,我衝破層層阻礙,終於得到了進入毓文學校補習文化的機會。我當時的心情甭提有多高興了!不久,我們幾個同學相約參加了護理班的學習,結業後分配了工作。於是,我取得了獨立生活的能力。

瞭解了我的身世,有些讀者也許會感到困惑不解:論文化,我只有高小程度;論職務,是個普普通通的護士;論待遇,我不過每月掙那麼五十幾元錢的低標準工資。但溥儀為什麼偏偏能夠愛上我?而且,愛得那樣誠摯,那樣深沉!

是不是除我以外,溥儀再沒有遇到別的女同志?沒有遇到比我條件更好的女人?事實並非如此。

溥儀特赦後,親屬、同事以及領導都關心他的婚姻問題,希望他能儘快地成一個美滿家庭,先後給他介紹了好幾個女朋友,但他總是感到不中意。處理婚姻問題時,溥儀常常要想到1961年毛主席請他吃飯時,向他提出的慎重原則。他常對別人說:「主席告訴我要慎重,找不

到理想的對象我就不結婚了。」問他理想的是什麼樣，他也說不清楚；但是對於不理想的，他很快就表示出自己鮮明的態度。

1960 年，溥儀遇見一位滿頭珠翠耀眼，身著繡花旗袍，真可謂「門當戶對」的滿族姑娘。

那是溥儀特赦回京不久的事兒。有位親屬聽說溥儀回來了，特別高興，立即請他到家裡吃飯。這位老太太的烹調技術很高，做的菜很有味道。

溥儀這個人並不像人們所想像的那樣，帶有一種皇帝應有的威嚴的神情。其實，他也是嘻嘻哈哈地，挺好開玩笑。吃飯中間，他談笑風生，顯得十分活躍。

老太太跟前還有個女兒，那一年將近五十歲了，因為從小生活在貴族家庭，嬌生慣養，總是帶著一身闊小姐的作風。高不成，低不就，始終未婚，成了老姑娘。

吃飯那天，溥儀和「老姑娘」開了幾句玩笑，誰知她竟動了心，以為溥儀對她有意思呢！事後，她就託咐一位親戚給溥儀捎話，表示願意和他交個朋友。她沒有想到的是，竟被溥儀一口回絕了。可是，這位老姑娘還是鍾情於溥儀，在很長一段時間裡主動追求他。當她聽說溥儀認識了一位護士以後，又哭又鬧了一場呢！溥儀和我結婚那天，聽說她哭得可傷心了。

然而，她並未因此而打消自己的念頭。我因患子宮瘤而施行摘除手術的時候，她以為是癌症，竟滿懷希望地等待「續弦」了。溥儀知道這件事後很氣憤地說：「她這是白高興，什麼時候我也不能要她！」

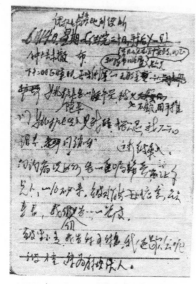

1965 年 6 月 14 日溥儀在日記中記載了
老姑娘來探病的情況

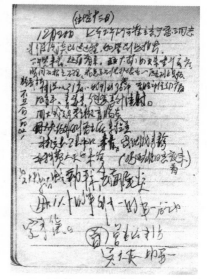

1965 年 12 月 20 日溥儀日記

　　溥儀有病住院期間，她總是老早就去等取探病牌。按規定，每個
探病日的下午只允許會見兩人，她卻一下子把兩個牌全拿走，害得別人
沒有辦法再來探望。

　　1965 年 6 月，溥儀在協和醫院作了左腎切除手術。住院期間，她
也常來探病。溥儀在 6 月 14 日的日記中記載了她來探病的情況：

　　下午二時，正午睡，無味糾纏的 XXX 直入欲見。姚護士隨
來，告以正睡午覺。彼也不顧，用手推門。姚護士先入，見我
睡，方欲退。我不知誰來，問：誰呀？這樣，彼乘入。問詢病況
如何？告以醫囑靜養，不讓多見人。因此，以後不必來。彼又謂
其母惦念，欲來看。我仍告以如前文。彼坐不走，我乃告：你可
休息，我還歇息呢！彼才走。殊為麻煩擾人。

從日記中可以明顯看出溥儀的情緒。

1965年12月間，溥儀又住院了。有一次，這位老姑娘來探病，在病房遇見了我，我請她吃糖，誰知她竟理也不理。溥儀很生氣，事後對別人說：「她對我的愛人太沒有禮貌了，她吃什麼醋呀！」還讓親戚轉告她，以後就不要再來了。這件事，在12月20日的溥儀日記中有一段記載：

> 下午，賢來看。趙蔭茂來。大格格母女來，坐到客廳。賢問而招之不理，我即通知傳護士長，告以醫生不讓見，須靜養，才去。

還有一次，溥儀從昏睡狀態剛剛醒轉，一眼看見「老姑娘」坐在床邊，立刻發了火，大聲說讓她出去。恰巧嵯峨浩（溥傑夫人，出身日本華族，是嵯峨實勝侯爵的長女）這時進屋，誤以為溥儀是向她發火。等弄明白以後，浩子對別人說：「這麼多年，我還沒見過他發這麼大的脾氣呢！」

有一次，我和溥儀說笑話時談到這位老姑娘：「溥儀！你怎麼總是看不上她？她家幾代都是清朝大官，又有錢，又是旗人，你們不正是『門當戶對』嗎？」

「她所中意的人並不是我，而是那個皇帝溥儀。今天的溥儀配不上像她那樣高貴的女人。」

溥儀這句話言簡意賅地道出了他們無法結合的癥結。在這裡，溥儀選擇愛人的新標準不正是反映了他的個人愛好和嚮往已經發生了深刻的變化嗎？

1961年，溥儀又碰上一位念念不忘「皇恩」的小姐。

一天，七叔載濤（載濤是醇親王奕譞親王（溥儀祖父）的第七子，生於光緒十三年（1887年）五月初三日。光緒二十二年四月慈禧命承繼貝勒銜固山貝子奕謨（嘉慶第五子和碩惠端親王綿愉之後）為嗣。光緒二十八年五月更命轉繼多羅鍾端郡王奕詥（道光第八子）為嗣、降襲貝勒。宣統年間由監國攝政王載灃授予郡王銜，任專司訓練禁衛軍大臣。後任管理軍咨處事務大臣、軍咨大臣。解放後任政協委員，並被選為人大代表，在我國西北地方的馬政建設上做出了一定的貢獻。他以八十四歲的高齡病逝於1969年）在政協食堂請客，只有四人參加：溥儀、載濤夫婦以及那位念念不忘皇恩的小姐。看上去她很年輕美麗，又打扮得很華麗：頭頂上有珠寶，脖子上戴項鍊，臉上還塗著香粉。說話纖聲細氣。

飯後，載濤叔叔邀請大家到三樓舞廳。他們坐定後，她便熱情地邀請溥儀下場，溥儀本不大會跳，卻又不好拒絕。雖然溥儀只是很笨拙地跟了幾圈，舞場上的她卻十分得意。

溥儀七叔載濤

休息的時候她又請溥儀寫字，溥儀覺得累，沒有滿足她的要求，她略有失望之感。

當時，溥儀住在崇內旅館，她就經常到旅館找溥儀。她會唱昆曲，唱起來很動聽，有時就給溥儀唱一段。她還主動要教溥儀學唱，但溥儀學了幾句就不願再學了。她知道溥儀愛溜街、逛公園，就經常提議要陪他到處走走。

　　接觸一段時間後，她早已失去等待溥儀開口的耐性，大大方方地表明了自己的心願。

　　原來，她如癡如狂地追求溥儀，也是有一段歷史因由的，說來話長。她爺爺本來是個農村孩子，因光緒年間家鄉受災，便隨著難民逃到京城。一天，正碰上醇賢親王（第一代醇親王奕譞，道光皇帝第七子，溥儀的祖父。死於光緒十六年（1890年），賜以「賢」字的諡法）的轎子，差人在轎前鳴鑼開道，行人紛紛退避，但那個沒見過世面的農村孩子竟在慌亂之中落在道上，手足無措。差人正欲鞭笞，醇賢親王掀開轎簾看見孩子相貌英俊，就吩咐把他帶進王府。經查看，這孩子確是聰明伶俐，討人喜歡，就留下伺候王爺，以後又讓他給兒子當伴讀，學業甚佳。後來他受到提拔作了官，自己又購置並經營煤礦，逐漸發了大財。總之，這位小姐的先人正是靠「皇恩」起家的。

　　因此，她念念不忘「皇恩浩蕩」，可是，這對於一不言恩，二不圖報的溥儀來說又有什麼用處呢？溥儀根據自己的標準，覺得小姐尚不理想，就決定對她採取迴避態度。因為她常往旅館打電話進行約會，溥儀就告訴服務員說：「如果電話裡是女人的聲音，就說我不在。」有一次，她的父親來京，邀請溥儀到莫斯科餐廳吃飯。服務員在電話裡搪塞了她，但她不肯輕信，竟領著父親到旅館來了。一進屋，正碰上溥儀下樓要走，她說明了來意，再三懇請，可還是遭到了溥儀的謝絕。

　　溥儀為什麼沒有相中漂亮的年輕小姐呢？後來他和我談過這件事，他說：「我喜歡樸樸實實的人，但她給我的印象是不適合，恐怕很難和我生活到一塊兒呢！」

　　政協領導同志也都關懷溥儀的婚事，我可以講兩件很突出的事

第一代醇親王(溥儀的祖父)和福晉葉赫那拉氏慈禧胞妹

例。一件是:1961年,有位文史資料專員曾給溥儀介紹了一個對象,三十多歲光景,長得很漂亮,常到政協跳舞,很會跳。最初,給溥儀的印象很不錯,接觸了兩三次以後,被一位政協領導發現了,第二天就找溥儀,問他是怎麼認識的?並嚴肅地告訴他:組織上瞭解這個女人,今後不要和她來往了。溥儀聽從了領導的勸誡,再也不理她了。我們結婚後,那個女人還曾指著我,很不服氣地向旁人說:「我哪個地方比不上她呢!」還有一件是:統戰部金城副部長特意為溥儀準備了一桌酒飯。同桌就餐的還有某地的一位女政協委員。飯後,部長頗寓深意地提議說:你們倆隨便去走走吧!大概是兩人都各有自己的想法吧!反正誰都沒有動彈,這件事也就擱下了。不久,政協又有人給溥儀介紹了一個對

象，見面後溥儀就表示不同意。為此，政協吳群敢主任還曾勸他說：「這位女同志能講幾國外語，對你的工作是很有幫助的。」溥儀反覆考慮的結果，覺得還是不夠合適。組織上固然關懷著他，但抉擇的自由還是在他自己手裡。

有位愛開玩笑的同事看溥儀挑來選去的總不能決定，就笑著向他說：「老溥！可不能像過去在宮中選妃時那樣選法了！」溥儀也笑著回答說：「不會一樣的，因為標準不同了。」

難道是溥儀選擇愛人的標準太高嗎？當然，這裡並不存在什麼標準高低的問題。透過溥儀處理婚姻問題的種種現象，我們能看到的，是他的志向和興趣，他的理智和感情。當溥儀建立家庭的時候，他不希求貴族的府邸，也不迷戀西方的別墅，更不嚮往用金錢和地位築起的樓閣。他的願望無非是找一個平民之女，建立一個普普通通的中國式雙職工家庭，這正是我們得以相識並結合的緣起。

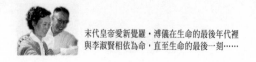
二、從友誼到愛情

關於我與溥儀的相識曾有各種各樣的傳說，有人把這件事講得很神秘，其實是平常又平常。

1962 年 1 月間，由於文史資料專員周振強（原國民黨高級將領，曾任蔣介石的衛士隊隊長，後任金華師管區司令，現為全國政協文史資料研究委員會專員、政協委員）和人民出版社編輯沙曾熙的熱心撮合，我和溥儀相識了。

我很早就和老沙熟識，他又和溥儀的同事周振強是同鄉。有一次，老周跟老沙提到要給溥儀介紹對象，老沙立刻想到我。他們兩人一商量覺得還合適，老周就向老沙要了一張我的照片，送給溥儀看，溥儀立刻同意見面。老周又把這個消息告訴了老沙，其實，老沙在這之前尚未和我提過呢！他給溥儀看過的那張照片也是他原存的。

1962年舊曆正月初六那天，老沙見到了我。他開門見山地說道：「給妳介紹個朋友，是政協的。」

「誰呢？」我問。

「宣統皇帝。」老沙故意說出這個盡人皆知的名字，並注視著我的臉色。

「不行不行，我害怕。」聽說是皇帝，我嚇了一大跳。

「妳怕什麼？妳瞭解他嗎？」

「我看戲裡的皇帝都是夠壞的，還是算了罷！」戲台上的「皇帝」從孩提時代起就給我留下了極深刻的印象：一個個無不是威風凜凜、神氣十足、殘暴成性。我不能和皇帝交朋友。

「人家經過了改造嘛！據我所知，他的條件還很高呢！」

溥儀與曾任蔣介石衛士隊隊長、金華師管區司令的周振強等在一起

「那我更不去。」

「我已經和人家約定了，還是看看對。」老沙一邊和我商量，一邊開著玩笑說：「我也沒見過末代皇帝，這回沾妳的光也讓我開開眼界。」

我想：老沙代我約定見面也是關心我，不拿我當外人看待，我不該拒絕他。再說，去也好嘛，看看皇帝長得什麼樣。

第二天下午三點鐘，當我和老沙應邀來到文化俱樂部的時候，老周和溥儀正在院內等著哪！老周向我們介紹說：「這是溥儀先生。」他立刻熱情地和我們握了手，並把我們讓進會客室閒聊。煮好了牛奶和咖啡，他開始詳細地向我詢問工作、單位、年齡等情況，問我在醫院的哪一科，病人多不多，工作累不累，等等。問得很仔細。當時我正在業餘衛生學校學習，手裡拿著醫學教科書。他看到了，高興地詢問我的學習

「我對醫學很感興趣，看過不少醫書，改造期間曾在醫務室幫忙，量血壓、注射等簡單的操作都可以。」

情況，並說：「我對醫學很有興趣，改造期間學過中醫，看過不少醫學書籍，也曾幫助管理所的醫務室做過護理工作，量血壓、注射等簡單的操作都可以。我當時曾想過：真能學會了治病，改造結束後也許可以當個大夫呢！」

我問到他的生活情況時，他說：「我現在只靠每月一百元工資生活，有時不太夠用，由國家照顧。」

他又問我的情況，我講了父母早逝的經歷，他非常同情，說：「真苦啊！」又問我父親生前做什麼工作？我告訴他，是一個普通的銀行職員。

他還和老沙聊了一會兒，問他做什麼工作？老沙說是搞編輯工作的。又問他的電話號碼，並記在自己的小本上。那個時候他還不好意思

留我的電話。

老實說，溥儀給我的最初印象是很不錯的：誠實、樸素、和氣、熱情，一點兒也不像戲裡的皇帝。

結婚以後，溥儀也向我講過他第一次見到我的印象。他對我說：「妳穿戴樸素，人品老實。經歷很苦，讓人同情。又是搞醫務工作的，和我興趣一致，我喜歡。當時我還想到：如果我們真能結合，就像那數以萬計的北京市民一樣，建立起一個雙職工的家庭，誰也不過寄生生活，那該多麼令人羨慕啊！」

我們第一次會面談了兩個多小時，直到天黑才分手。

第二次會面是在一個星期六，溥儀給老沙打電話，邀請我們去政協跳舞。我們應邀去了。

還沒走到政協門口，就見他在門外老遠的地方迎接我們，非常熱情地打招呼。他先把我們讓進會客室聊了一會兒，喝了一杯水，我們就一起上三樓舞廳去了。

到了舞廳先坐在一旁喝水，樂隊一遍又一遍地演奏友誼舞的曲子。一會兒，老沙和別人下場去跳了，這裡只剩下溥儀和我。

正當音樂又起的時候，溥儀站起來，像個普通的舞者邀伴那樣，很客氣地對我說：「李同志，咱們跳一次吧！」接著又說：「我不會跳，向妳學一學，也許會把妳的鞋踩髒的。」我說：「我也不會跳。」下場以後我發現他的確是不大會跳，有點兒笨手笨腳，跳慢三步的時候他還湊合跟著轉，到快三步就連拍子也跟不上了。

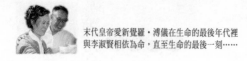
　　跳舞中間，溥儀輕聲對我說：「以後，我們就不要總麻煩介紹人了，我可以直接給妳打電話。」他又問我們醫院的電話號碼，我告訴了他，但又悄聲說出了自己的顧慮：「你的『名氣』那麼大，讓人家都知道了，我多不好說呀。」他笑笑說：「我不說是溥儀，如果醫院的同志要問我姓什麼，我就說姓周。」打這以後，我們醫院就愈來愈頻繁地接到「周同志」找我的電話，大家都以為我正和姓周的人搞對象呢！

　　舞會結束的時候已經是晚上十點多鐘了。我們走出政協大門，溥儀又送我們在路燈下面走向汽車站。那天，天氣格外寒冷，地上是一層很厚很滑的冰雪，我們小心翼翼地走到車站。車已來到，溥儀還再三囑咐我們：「上車要當心噢！踏板很滑，可別摔倒了。」我心中暗想：這位皇帝還真挺關心人呢！

　　路上，老十沙問我有什麼感想？我故意說：「既然和老周都這麼關心我，我只好『處處』再說啦！」

　　「作為一個老朋友，介紹、見面，我都替你決定了。但是處不處，成不成？我可不敢越俎代庖噢！」老沙滿有把握地「叫」了我「一號」。

　　「人還不錯，挺會關心人的。」我說了老實話。

　　「我早說人家經過了改造嘛！不是『宣統』也不是『康德』嘍！幹嘛還用老眼光看人？」說這話時，老沙儼然像個勝利者，「不過，我也沒想到，中國的末代皇帝原來這麼平易近人！」

　　第三次會面是溥儀直接打電話來，邀我到政協禮堂看電影《一江春水向東流》。他說已經留好了座位。

　　電影開演後，溥儀聚精會神地看，影片情節深深地吸引了他。當

他看到男主人公張忠良拋棄了遭苦受難，敬婆婆、養幼子的結髮妻，不肯相認，迫其投江，而和「高貴」的小姐鬼混偷生的場面時，氣憤地在座席下跺腳，連連說：「太可氣了！太可氣了！」還說：「這個男人真沒良心，逼著那麼好的妻子去跳江！」我漸漸看出，新生的溥儀，心眼不壞呀！

散場後，溥儀一直把我送到白塔寺車站，問我冷不冷？還要親自送我回關廂醫院，我一定不讓他再送，他等我上車後才回去。

一個新的禮拜六，溥儀在電話中第四次邀我晚八點到政協禮堂門前見面。那天，車上人多，我等了幾趟車才勉強坐上，而車速又慢，結果沒能按約定時間到達。

我在政協禮堂門前找不到他，又轉到辦公樓後面，見他宿舍也關著燈。我想，還是回到政協禮堂門前等等他吧。當我快走到大門的時候，正遇上他從汽車站方向走回來。他一看見我高興極了，就像鐵屑碰到磁石一樣，一下子把我抱住。禮堂門前人來人往的，大家看這場面發笑，我也怪不好意思的。他這才好像忽然明白了，哈哈大笑起來。一些認識他的人過來打趣說：「你這個老頭兒咋這麼高興啊！」他緊忙解釋道：「我到處找得好苦，上車站又沒接著，竟在這裡碰上了，哪能不高

溥儀穿一身藏青色中山裝，黑色皮鞋，頭髮也梳得一絲不亂

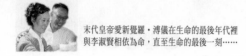
興呢？」

我小聲埋怨他說：「你咋不管不顧的？也該分分時間、場合。」

他毫不示弱地回答說：「妳不遵守約定的時間，我這是對妳的懲
——罰呀！」真是拿他沒有辦法。

那天晚上，我們在政協禮堂看京劇《貴妃醉酒》。他很喜歡京劇
這種傳統的民族藝術，也能聽出各種唱腔的味道。他邊看邊給我解釋，
發表他的感想和評價。因為我經常和他一起看京劇，也逐漸懂得一些這
方面的知識了。

中間休息的時候，他說覺得累，讓我和他一塊兒到宿舍坐一會
兒，聊一聊，我去了。

溥儀的宿舍是位於政協大院內的一所平房，裡間是臥室，約有二
十平方米，擺著一個寫字檯、一對兒單人沙發和一張沙發床，還有圓桌
和幾把椅子，靠床一側還有道門連著衛生間；外間是客廳，看上去比臥
室還要大些，有辦公桌、書架和半圈形的沙發茶几。

溥儀曾告訴過我宿舍的位置，但進入屋內這還是頭一次。他讓我
在外間沙發上坐下，又拿出一大堆東西來讓我吃。看我並不伸手，他又
拿桔子和糖果往我手中放。

他對我說，經過幾次接觸產生了良好的印象，覺得有點兒離不開
我了似的。又問我願不願意和他交朋友？我表示願意繼續相處，以達到
互相瞭解。他還問我現在對他有什麼意見？我說，希望在相處過程中開
展批評，互相幫助。他笑了。

我們又到禮堂去接著看戲，直到散場，他才向我介紹了坐在後兩排的五妹夫萬嘉熙。他倆突然提出第二天——星期日，要到我家看看，這顯然是他們預先就商量好的。我說：「那就到醫院吧！」他們不同意，非要到我家裡看看不可。因為我當時也在考慮，不知這件事是否能成，所以還不想讓他們到家。但他們堅持要去，我也只好答應了。

第二天上午，大約九點鐘左右，溥儀和老萬按照「朝外吉市口某條某號」的地址真的找到我家來了。我家只有一間很小的房子，三個人坐在屋裡就顯得滿滿騰騰了。後來他們提起當時的印象說「地方不大，但很乾淨，東西不多卻井井有條，因此，我倆都挺滿意。」我想：堂堂宣統皇帝居然到一個極普通的平民之家來作客了，也真怪有意思的。

我們在一起說了一會兒話，老萬就藉口有事先告辭了。留下溥儀一個人坐在我家裡一個勁兒地抽煙。

「今天在妳家裡，我想好好和妳談一談。我覺得有好些話非和妳說說不可。」談話就這樣由溥儀先開了頭。

「也好！我很想聽聽你的意見。」我說。

「妳知道：我是個改造過來的舊人員，滿身是罪。特別是跟日本人走了十幾年，更對不起黨，對不起人民。」

「我覺得你改造得不錯，政治覺悟挺高的。我的看法也許不正確：我認為歷史是很複雜的，我們主要應該向前看。」

「我贊成妳這個看法。後半生，我一定多給人民做些事情。」

「我們都應該多做工作。」

我的話使他解除了一個顧慮，他立刻顯出很高興的樣子，並把話題轉到一個新的方面。

「由於我在改造中體會到黨的政策的溫暖，又經過反覆的思想鬥爭，把從宮中帶出的經過一再精選而保存下來的白金、黃金、鑽石、珍珠之類首飾、珍寶共四百六十八件全部獻給國家。現在，我完全靠工資生活，別無長物。」

「我和你相處，並不因為你曾當過皇帝，如果你還像皇帝那樣壞，縱然你存千千萬萬件珠寶我也不希罕。只要人好，再窮我也願意。」

溥儀所說並不是要試探我的心，而是真話。我們結婚的時候，他只有每月一百元的工資，直到1964年11月他在三屆四次政協會議上被特邀為全國政協委員，工資才升到每月兩百元。因此，我們婚後的生活也並不是很奢侈的，溥儀也反對那樣的生活。我們在一起的五年多時間裡，他連衣服也沒給我添幾件，但直到現在我也不悔，因為他給了我幸福，給了我愛情，給了我無比珍貴的精神安慰，而這正是我所追求的東西。

「我的年齡大，我們之間差距，不知道這一點對妳有沒有影響？」明顯，這是溥儀早有準備要提出的又一個新問題。

我想和他開個玩笑，看他有什麼反應，就輕輕說了一句：

「我還沒有考慮過這個問題。」我看他的臉上立刻顯出了有點兒異樣的神情，「不過，只要精神狀態好，是可以讓人年輕的。」

他立刻高興起來，說：「妳看我的精神狀態如何？特別是……和妳認識以後，我真是從心裡往外高興啊！」

那天，我們談呀談了很長時間，談得那麼開心。

他終於應該回去了，我送他走出家門，又和他開了個玩笑。我說：「皇帝不該到一個平民家來喇！」他卻一本正經地對我說：「從前這絕對不可能，但經過了改造，我和妳一樣，是一個普通公民了。」

這次會面以後，我們的戀愛生活進入了一個新的階段。如果說愛情之樹在此之前已經萌發，那麼在此之後這樹便茁壯地成長起來了。

溥儀《我的前半生》一書未定稿

我們見面的次數增多了，溥儀幾乎每天都用電話邀我去，有時候他也直接到我家來。

1962年的頭幾個月，我們的國家仍然處在經濟困難時期。政府為了照顧民主人士，每月發給文史資料專員十幾張就餐證，可以到政協內部食堂或文化俱樂部食堂改善一下生活。溥儀總是在星期六的晚飯前或星期日的早飯前找我一塊兒去就餐。遇到溥儀的同事，他們就過來說說笑笑，問我們幾時完婚，要求吃我們的喜糖。

當時，溥儀正在群眾出版社的協助下修改《我的前半生》一書，有時候我也跟他一塊去看看。他去談書的事情，就拿出一大堆照片讓我看。那裡面有婉容的，文繡（鄂爾德特・文繡，溥儀的淑妃。和婉容同時入宮，因為不甘於宮中的苦悶，不滿於婉容的欺侮，在天津時毅然提出離婚，並自請律師，訴諸法院和溥儀脫離了夫妻關係）的，譚玉玲（他他拉・玉齡。溥儀的祥貴人。一

大婚時的婉容

九三七年入宮，五年後因傷寒病，經日本醫生注射後突然死亡。溥儀懷疑她是遭了暗害。譚和溥儀的感情最好）的，還有李玉琴（李玉琴，溥儀的福貴人。一九四三年三月入宮。日寇垮台後，她即隨溥儀逃亡到通化。溥儀被俘後，她則被送回長春娘家。一九四六年年底，李玉琴被溥儀的堂兄溥修接到天津居住，一九五〇年又隨之遷到北京。一九五三年脫離溥修的家回到長春。一九五五年開始和關押在撫順戰犯管理所的溥儀取得了聯繫，不斷通信、探親。一九五七年初，他們辦理了離婚手續）的照片，我看看，覺得很有意思。

溥儀最願意溜街，大概是過去囚禁宮中太膩煩了，現在可算獲得了自由，應該充分享受這藍天之下、大地之上的自由！每逢禮拜天，溥儀一定要和我一起去溜上一整天，餓了就在小飯館隨便吃點兒飯。

記得有一次，我們在西四路西的一家小飯鋪吃便飯，找了一張靠牆邊的桌子坐下。買了八兩大米飯，一盤炒肉絲，一碗羊肉丸子湯。

桌旁的一個人突然認出了溥儀，竟禁不住說出了聲：「這是小皇上啊！」一傳倆，倆傳三，小飯鋪裡的人都放下碗筷圍過來，互相咬耳朵：「看！這就是宣統帝！」當時的場面簡直讓我連頭也不敢抬一抬了，可他卻滿不在乎，哈哈大笑。

一位白鬍子直飄到前胸、像個老學究式的長者，很尊敬地走過來和溥儀握手，溥儀邊吃飯邊和老人攀談起來。

「您在哪兒工作？」

「在政協。」

「傳說您在文史館。」

「是政協下設的文史資料研究委員會。」

「您的工作一定很忙吧？」

「主要是審閱文史資料，有時自己也寫一點兒。此外，每週抽出一些時間到植物園勞動。」

「看您身體滿好的，請問今年高壽？」

「大爺您看呢？」溥儀反問了一句。

文繡

「就像一個四十多歲的人似的，不過……」老人端詳了一陣，又開始掰動拇指計算了，「宣統年是……」

「我今年五十六歲了！」溥儀笑著告訴他。

「不像，不像！」老人連連搖頭，又很感嘆地說：「你現在一點兒架子也沒有啊！」

「我是一名

溥儀與杜聿明等在政協

溥儀專注的看書

普通公民,哪裡還有什麼架子?作為一個平凡的勞動者,我感到光榮。」溥儀對老人說。

　　老人每次問話,溥儀都很禮貌地起身回答。老人又問我是誰?我看溥儀帶著一種很驕傲的神情說:「這是我的女朋友!」老人感慨萬千地說:「難以想像啊!你當皇帝的時候,能帶著自己的女朋友到這樣一家小飯鋪來吃飯嗎?」

　　溥儀聽了這話也很感慨,他說:「當然是做不到的,從前的皇帝溥儀已經死了,您現在看到的是獲得了新生的溥儀。」

　　我們吃完飯要和老人告別了,老人握著溥儀的手告訴他說:「我家住在西四某胡同,非常歡迎您抽出時間光臨寒舍。」溥儀又向飯鋪服務員和其他顧客招手,連聲「再見」。

發生在小飯鋪裡的事情使我對溥儀更加敬重了。我覺得他是那樣謙虛，那樣可親，難道生來就以「真龍天子」自居的人竟會是這個樣子？難道以「虐待狂」著稱於世的人竟會是這個樣子？雖然溥儀常常給我講述他前半生的「醜行」，但我簡直不敢相信！我從正在愛上的這個人身上所看到的，是滿身滿身的優點啊！也許這叫「情人眼裡出西施」吧，不管怎麼說，反正我愛他。

由於相處，我們的感情愈來愈深了。他知道我身體不好，和我在一起的時候總是怕我冷著、熱著、受風、著涼。有一次，我真病了，一連幾天不起。溥儀天天跑來看我，見我病勢沉重，非常擔心。一天，我忽然看見他坐在我的床邊，臉背著我掉起眼淚來，而且，哭得很傷心。我安慰了他半天，他才不哭。

又有一次他病了，發著高燒。我就買了一些平時他很喜歡吃的食品去看他，他非常感動地說：「現在我算是有了一個真正的好朋友了！這麼老遠來看我，我的病好像已經減輕了許多……」我又坐了一會兒，他突然拉住我的手用力地握著，兩隻眼睛盯住我問：

「告訴我：妳打算什麼時候結婚？」

「再等一段時間吧！」

「為什麼還要等？」他用懇求的語氣對我說：「答應我，早點兒結婚吧！」

「是怕我會變心嗎？」我猜透了他的心思。

「有點兒怕，因為我喜歡妳；所以更怕失去妳，我不能沒有妳呀！」溥儀老老實實地說出了自己的想法。

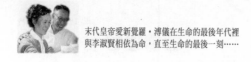
「有一句人們常說的俗語，可我還是願意借用它來表達一下我的心情：海可枯，石可爛，我這顆心不會變。」

聽完這話，溥儀高興得幾乎要從床上跳起來，像唱和對聯似地說出下面一句：「山有頂，河有源，愛情之花不凋殘。」

我們的戀愛生活至此達到了高潮。像一對對青年戀人一樣，也曾發出了我們的海誓山盟。

當然，在四個多月的時間裡，我們兩人從友誼到愛情的發展也不完全是一帆風順的，相互間經過了由不夠信任到互相信賴的過程。相處中我發現溥儀這個人是很謹慎的。他在宮中時就逐漸形成了多疑的性格，特赦後仍有所表現。據他自己講，除了姐、妹、兄、弟，他是不輕易在外人家吃飯的，怕別人在食物內放毒藥。1962 年 3 月初，有一次在我家裡，他忽然問起：「李同志（婚前他一直這麼稱呼我），妳的南方菜一定做得好吃吧？」我說：「下星期你來吧，我給你做！」下個禮拜天他果真來了，還買了一些青菜。我就動手給他做了幾樣，沒想到菜做好了，他卻說啥也不吃，無論怎麼讓，就是一口不動，我只好自己吃了。原來，當時他還不能對我的一切都深信不疑。

溥儀常常在我下班之前到家找我，他明明知道我的下班時間，為啥偏要早早來碰鎖頭呢？後來我明白了，原來他是要找個「藉口」，到街坊李大媽家坐坐。在那裡，他總是非常細心地向李大媽打聽關於我的情況，如問我每天回家晚不晚，經常來找我的都是些什麼樣的人，有沒有常來的男同志等等。你看他調查得多麼仔細又多麼巧妙啊！溥儀因此而和李大媽的關係也處得很好，結婚以後他還常常提議去看望李大媽。

溥儀與李淑賢在天安門前留影

41

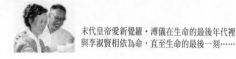
我們之間也曾起過風波。有一次，溥儀在我家中談起以前在宮中結婚的幾個妻子。他說：「那時候我根本不懂夫妻之間應有的相互關係。妻子就是我的玩物和擺設，高興了就去玩一會兒，不高興就幾天不理，是談不上有什麼感情的。」我聽他這麼說，就順嘴講了一句：「以後對我能不能那個樣啊？」誰知這句話竟觸痛了他，他居然生起氣來：「如果咱們實在不能作永久的伴侶，就作個永久的朋友吧！」說完他穿上外衣就走了。

溥儀為啥生這麼大的氣呢？經過幾年的共同生活，我才悟出這其中的道理。特赦後的溥儀最珍視的東西就是十年改造的成果。他最感到痛心的事兒就是人們用老眼光看他，而對前半生和後半生不加區分。他常說，昨天的溥儀正是今天的溥儀的仇敵。所以，我那句出自無心的話確是觸犯了他的大忌。

我以為，溥儀也許不會來了，其實，不過兩天他又來了。見面第一句話就說：「我是改造過來的人，以後對自己的愛人當然不會像在宮中對待皇后和妃子那樣。」他那副樣子，就像等我判決似的，我覺得這個人心眼倒是實實在在的。

和這位末代皇帝的結合，從我這一方面來說也是經過了反覆考慮的。四個多月的接觸和瞭解終於使我下了決心，要把自己的命運和溥儀的名字永遠地聯繫在一起。然而直至這個時候，還有關心我的同志，善意地勸我要慎重考慮。他們說，當皇帝的人怎麼能和我們有共同語言呢？可是，我已經有了許多的實踐經驗，我敢於說：他和我們普通人並無兩樣。而且，我認為他有許多我喜歡的優秀品質。一句話：我深深地愛著他。

　　最後應該提到：政協組織關懷我們愛情的發展。在我們確定關係的時候，組織上派來的同志曾到過我們醫院，瞭解了我的情況。之後，政協領導同志滿意地告訴溥儀說：「李淑賢是一位好同志，組織上同意你們結婚。」溥儀樂得嘴也合不攏了，像個孩子似地顛顛跑去告訴我，讓我分享他的快樂。

　　以上就是我和溥儀從友誼到愛情的發展過程。

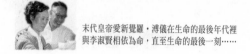
三、建立了幸福家庭

我和溥儀的婚期是在1962年4月中旬確定的。婚前七、八天，政協領導告訴溥儀，讓我們置備家庭生活日用品，還說：「你們倆也應添些服裝鞋帽，費用均可報銷。」

4月25日，陪同我們購買用品的政協工友趙大爺（趙華堂，全國政協的工友）早開好了兩張介紹信，一張介紹到百貨大樓，一張介紹到友誼商店。這是領導特別關照趙大爺辦的，因為當時正是困難時期，物資缺

溥儀與政協工友趙大爺

乏，有介紹信可以照顧些。路上，溥儀對我說：「這次買衣物用品都是國家開支，咱們要節約辦事，主要買鍋、碗、瓢、盆日用必需品。衣服妳買一件就算了，以後再陸續添置。」依我個人的想法，要抓住這個機會多買幾件高級服裝或衣料，但溥儀的話是有道理的，國家有困難，組織上這樣照顧我們，我們難道就不該體諒國家嗎？那次，我只在百貨大樓買了一件凡立丁西服裙。趙大爺在旁邊見溥儀一件衣服也不買，很著急，盡力勸他說：「你也別白跑一趟啊！」可是溥儀堅決不肯，他對趙大爺說：「我的衣服還可以湊合。」趙大爺提起這件事就誇溥儀，說他「是個有覺悟的人」。

我們的婚禮是在4月30日舉行的。那幾天，國內外的報紙大量報導了我們結婚的消息。我至今還保留著1962年4月30日香港《文匯報》的一份剪報，內容如下：

溥儀新婚賀客盈門

【北京航訊】四月三十日，溥儀和一位名叫李淑賢的女士結婚。新娘浙江人，三十六歲，在北京一家醫院工作。

溥儀在婚禮上說：「我現在是一個文史工作者。我們今天能建立起一個幸福的新家庭，感到非常興奮。」他表示今後要和他的妻子互相勉勵，互相幫助，共同進步。

李淑賢也講了話。

參加婚禮的有溥儀的親屬載濤夫婦、溥傑夫婦，他的姐妹和鄭洞國、覃異之、黃雍、李覺、魯崇義、杜聿明、范漢傑、宋希濂、王耀武、廖耀湘等，以及女方的許多親友共一百多人。

賓客們紛紛祝賀溥儀夫婦婚後的家庭生活美滿、愉快、幸福。

1962 年 4 月 30 日香港《文匯報》報導

正如報導所說，我們的婚禮儀式很隆重，結婚的場面也相當熱鬧。

那天下午六點三十分，我們乘坐的上海牌小轎車從政協向文化俱樂部（南河沿禮堂）駛去。因為第二天就是「五一」節，大街上張燈結綵，使我們的婚禮更為增色。

在文化俱樂部門口，我們一下車就讓一大堆來賓圍上了，有的是領導，有的是同事，有政協的，也有醫院的。我和溥儀互相介紹自己一方的客人，一一握手問候，真是忙得不亦樂乎。這麼一邊介紹著，一邊走進了典禮大廳。

大廳裡的客人分別圍坐在一張張長桌前面，桌上擺滿了茶點和糖果。我們進去後先就坐，然後溥儀領著我一張桌子一張桌子地互相介紹、握手、讓煙、讓茶。大家都高興地和溥儀打招呼，王耀武（解放前曾任國民黨第二綏靖區中將司令官、山東省政府主席。特赦後任文史資料專員。 1964 年任政協第四屆全國委員會委員。已於 1968 年 7 月 3 日病逝）說：「老溥，明天就是『五一』節了，你挑這個日子結婚很有意義，好極了！」溥儀說：「五一是全世界勞動人民的盛大節日，作為一個新的勞動者，我對這個節日感到特別親切。」

七時整，由擔任司儀的政協委員、政協總務處長李覺同志（解放前曾任國民黨第 43 集團軍中將副總司令）宣布結婚典禮開始。

　　首先，由主婚人——溥儀的七叔載濤致祝辭。七十七歲高齡的載濤講起話來聲音還是相當洪亮。他說：

　　我今天參加這個婚禮非常高興，希望你們在婚後新的生活中相親相愛，團結友好，互相學習，取長補短，在社會主義革命和建設中做出自己的一份貢獻，以報答黨和改府對你們的培養關懷。最後，預祝新郎新娘和衷共濟，白頭偕老。

　　載濤講完這幾句就坐下了。司儀宣布請新郎講話，溥儀大大方方地來了一篇即席發言：

　　各位領導、各位同志和親友們：

　　我和淑賢在勞動人民最好的節日裡結婚，蒙各位在工作百忙之中光臨，我們表示衷心的感謝！

　　我們選擇這個日子結婚，是因為這是勞動人民最愉快的一天。我們要記住這一天，永遠向勞動人民學習，學習他們勤勞、勇敢、直爽、樸素的優良品質，學習他們崇高的無產階級思想感情。

　　回想自己的前半生，那是一個剝削者、寄生者的可恥的經歷，經過十年改造，黨的培養教育，今天我成了自食其力的光榮的勞動者。我是一個園藝工作者和文史工作者，而我的愛人是一個我最尊敬的醫務工作者。我們正是在勞動者的節日裡建立起一個勞動之家，這正是我所追求的幸福。現在這幸福已在眼前，是黨的人民給的，毛主席給的。

　　我願意代表我的愛人，在今天的來賓面前表示決心：我們兩人一定要相互勉勵，隨時克服缺點和錯誤，在各自的勞動崗位上，永

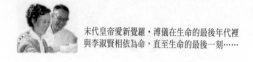
遠忠誠於祖國和人民的事業，把我們的一份菲薄的力量全部獻給期待著我們的敬愛的黨！

溥儀講完後，客人們一致強烈地要求新娘也說幾句。司儀同志走到我跟前，很客氣地對我說：「還是請您滿足群眾的要求吧！」其實，我本是有所準備的，只是想能躲過去最好不講，現在看來非說說不可了，我便掏出寫好的發言稿，站起來念下去：

各位首長、各位同志、各位親友：

今天，各位盛意參加我們的婚禮，謹致以最衷心的謝意！

我們的結婚，經過了較長時間的瞭解，彼此認為滿意。我們的感情建立在政治、思想一致的基礎上。共同的語言和共同的興趣，把兩人的命運聯結在一起了。今天的婚禮說明我們的愛情已經成熟，我們的希望也終於實現了。在這樣的時刻裡，我們不能不由衷地感謝給我們帶來了美滿家庭的親愛的黨和偉大的社會主義祖國！最後，再次向諸位致意。

司儀李覺同志也代表政協組織向新郎新娘表示了熱誠的祝賀之意。

典禮結束後，賓客們圍坐起來，大廳裡洋溢著歡聲笑語。鄭庭笈（原國民黨陸軍第49軍軍長，現為文史資料專員、政協委員）夫人馮麗娟（鄭庭笈夫人。鄭在押改造期間，他們一度離婚。鄭特赦出獄後，由於政府的幫助，兒女的撮合，他們終於破鏡重圓，幸福地歡度晚年）的聲音最尖，她指著溥儀說：「你不是喜歡醫學嗎？這回和白衣戰士結婚，可遂了你的心願了。」中共北京市委統戰部部長廖沫沙同志坐在離溥儀不遠的地方，瞅著我們一個勁

解放後又獲得了新生的愛新覺羅家族

地笑。大家在喝水，閒聊，本來新郎新娘應該給大家倒倒水、點點煙，可是溥儀這個人不大懂客套，只顧坐在那裡聊天。我怕客人們有意見，就小聲提醒他。他卻站起來大聲招呼說：「大家抽煙、喝茶，可不要客氣噢！」你說多氣人！我只好自己忙乎，不斷地給杜聿明（原國民黨高級將領，曾任徐州剿總副總司令兼前進指揮部主任。特赦後為政協文史資料專員，曾任四屆政協委員、五屆人大代表，五屆政協常務委員。和溥儀在一起學習，經常交換看法．兩人常說笑話，關係很融洽。他已於 1981 年病逝）、沈醉（原國民黨「軍統」特務頭目，曾任國防部保密局雲南站站長。特赦後為政協文史資料專員、政協委員。和溥儀常有來往）、周振強等人點煙，他們也都客客氣氣地起身道謝。事後，溥儀還逗我：「幸虧王耀武、鄭庭笈，范漢傑（原國民黨高級將領，曾任東北剿總副總司令兼錦州指揮所主任。特赦後為政協文史資料專員，四屆政協委

員。已故)、李以劻(原國民黨將領,曾任陸軍第五軍中將副軍長兼獨立第五十師師長,1949年8月在福建省福清縣附近率部向我軍投誠。現為文史資料專員、政協委員。和溥儀關係密切)這些人都不會抽煙,不然可要把妳累壞了!」

中國新聞社的攝影記者也來參加了婚禮,並拍下許多令人難忘的鏡頭。他們還趁著這個親屬會聚的機會,替愛新覺羅家族拍了一個集體照,我這個漢族血統的南方人正是從這一天起,加入了這個曾一度衰敗而在解放後又獲得了新生的著名家族。

直到晚上九點多鐘,才由「月下老人」周振強陪同我們回到政協新房。在這裡,我們接待了一批又一批的祝賀者。

邵力子先生(原國民黨高級官員,曾任國民黨中宣部長、甘肅省主席、陝西省主席,是一位進步人士,有「和平老人」之稱。解放後任政協常委等職。已故)的夫人傅學文同志來了,她把兩瓶陳年老酒放在桌上說:「老邵說,過幾天來喝酒,讓你們備點兒好菜呢!」

溥儀笑著說:「我們恭候。」

第一、第二和第三批獲得特赦的專員們三三兩兩地前來祝賀,其中有杜聿明、宋希濂(原國民黨高級將領,曾任川湘鄂邊區綏靖公署主任。特赦後為政協文史資料專員,一九六四年以後擔任政協委員)、王耀武、廖耀湘(原國民黨高級將領,曾任國民黨第九兵團中將司令官。特赦後為政協文史資料專員,四屆政協委員,已於1968年12月2日病逝)、沈醉等溥儀的老朋友。他們大多穿著在戰犯管理所時發下的上、下身藍制服。有人拿來了煙具、有人拿來了兒童玩具,他們都很瞭解溥儀的愛好。

申伯純(全國政協副秘書長,文史資料研究委員會副主任委員,是溥儀的直接

領導。已故）、沈德純（四屆政協以後任文史
資料研究委員會副主任委員、北洋組組長，溥儀生
前與他有很多接觸，沈老也已去世）、連以農
（全國政協秘書處副處長）、平傑三（三屆政協
常委，四屆政協秘書長）等政協領導同志也
來了，他們合買了一條很漂亮的被面送
來，說：希望你們夫婦永結百年之好。

植物園的俞主任（俞主任指俞德浚，是
植物學專家。北京市民政局根據周總理的建議，把
剛特赦的溥儀分配到北京植物園。從1960年3月到1961年3月，他在那裡半天勞動、
半天學習，度過了很有意義的一年。在此期間與植物園的領導和同志們朝夕相處，結
下了深厚的情誼，他把植物園看作自己的家，到政協工作以後仍是每週回植物園「探
親」。植物園的幾位主任俞、田、胡等也常到政協看望溥儀）也來致賀了。他帶
來幾位老領導送給溥儀的新婚禮物———一套嶄新的精裝《毛澤東選
集》。扉頁上的題字是：「愛新覺羅·溥儀、李淑賢同志結婚志禧，俞
德浚、田裕民、胡維魯敬贈。1962年五一節前夕於中國科學院北京植
物園。」

群眾出版社的領導同志也來了。他們送來溥儀平時非常喜歡的毛
主席詩詞手寫體掛卷。溥儀立刻掛上牆，一邊欣賞，一邊讚嘆：「主席
書法好，詩詞也寫得好！」

溥傑夫婦也來了。他們送給大哥一件雪白的襯衫，說是象徵著後
半生潔白如之。又送給我一個精美的小錢包和一個包袱皮，說是象徵著
勤儉度日……

妹妹和妹夫也一個個來了，都帶來了具有一定紀念意義的各種禮品。

　　直到深夜快十一點的時候，一夥一夥的客人才陸續走淨。

　　一個星期的新婚假甜蜜地開始了。

　　第二天就是「五一」節，政協禮堂將有慶祝大會，九時開始。大約八點多鐘，邢秘書長來到我家，他告訴我，郭沫若同志和包爾漢同志現正在禮堂，很想見見我們。

　　當我們隨著邢秘書長來到禮堂休息室時，郭老和包老立刻從座位上起身並迎過來，他們親切地和我們握手。溥儀又把我介紹給郭老和包老。郭老微笑著和溥儀聊起來：「溥儀先生，你大喜大喜啊！祝賀你新婚，祝賀你建立了幸福家庭。」致了賀以後又問：「新娘是哪裡人啊？」

　　「浙江杭州人。」

郭沫若（左一）、包爾漢（右一）在政協禮堂會見新郎和新娘

52

「原來是我們南方人呀！」

郭老說著，把準備好的新婚禮物——兩筒雙喜牌香煙交給溥儀，說「祝你們快樂！」這既是賀喜，也預祝那將會帶來新生命的幸福結合……

文藝節目開演之前，郭老、包老和我們一起照相留念。

中午，我們在政協禮堂進餐，買了炸丸子、炒肉片和穌魚三樣菜，吃著大米飯，溥儀邊吃邊稱讚幾樣菜做得都很不錯。

吃飯中間，溥儀又和我談起郭老來。

「郭老是文學家，也是劇作家，他對我們中國有很大的貢獻。」說到這兒，溥儀又向我問道：「話劇《武則天》妳看過嗎？」

「沒看過。」

「這個話劇已經公演了，我看過，很有意思。那個劇本就是郭老寫的。」他又說：「郭老的書法也有功夫，他在許多地方題過字。他的夫人于立群也是一位書法家。郭老還是一位很有造詣的歷史學家。」

溥儀又和我談起在一次宴會上見到郭老的情形。郭老對溥儀說：「你應該幫助專家們研究清史呀！」溥儀說：「可惜我的滿文不太通噢！研究清史不懂滿文可不行。」溥儀回憶說，郭老每次見到他都熱情地打招呼，很客氣地問候。

當天下午，國務院副秘書長、總理辦公室主任童小鵬前來道賀。他向我們轉達了周總理的祝賀，這使我們感到無比興奮。童小鵬是位愛開玩笑的人，他指著溥儀說：「溥儀，你結婚了。看來明年此時有希望

見到皇太子啦，哈哈！」在場的人都跟著大笑起來，溥儀更是樂不可支。

童小鵬走後，廖沫沙同志（中共北京市委統戰部部長，和溥儀常有往來。「文化革命」中在所謂「三家村黑店」的罪名下，遭到惡毒攻擊和殘酷迫害）又來了，同來的還有北京市委統戰部的一位副部長。廖老是位很穩重的人，文質彬彬的樣子，說了一會兒話就告辭了。

5月2日中午，政協又設宴招待我們以及愛新覺羅家族。七叔和弟弟、弟媳、妹妹、妹夫都出席了宴會，政協的幾位領導和愛新覺羅家族的人們共餐，熱烈祝賀我們的新婚之禧。

5月3日晚上，北京市委統戰部和北京市民政局，在北海仿膳祝賀我們新婚。統戰部廖部長和民政局王局長親自給新郎新娘敬酒。乾杯的時候，溥儀不讓我多喝，盛情難卻的場合，他就挺身而出為我擋駕：

「她不會喝呢！她從來不喝酒的。」

「那怎麼行，新娘子還有不喝酒的道理！」敬酒的同志一點兒也不諒解，又說：「我不能白舉這杯酒，你照量辦吧！」

「好，好，我代表。」溥儀舉杯一飲而盡。第二個敬酒的又起立了。「謝謝，謝謝。」他不等我回答，又是一舉杯，乾了。在笑聲中，他又乾了第三杯、第四杯⋯⋯

這情景引得大家一陣陣哄堂大笑。王局長說：「溥儀現在懂得關心愛人啦！」又問：「你原來對皇后也能這樣嗎？」溥儀老實地承認說：「原來不懂得夫妻之間應是平等的，互相愛護的關係。」

嵯峨浩的母親、溥傑的二女兒嫮生、溥儀、載濤合影

　　當擺上點心時，一位矮矮的、很和氣的、年過八旬的老師傅走出來和大家見面，並和溥儀、溥傑握了手。王局長說：「這就是當年在清宮中給溥儀做過點心的老師傅，今天的點心全是他做的，和清宮裡的點心一樣。」溥儀說：「我十九歲離宮，四十多年沒吃過這樣的點心了，今天在這裡吃到，真是想不到的事情。謝謝老師傅噢！」又說：「我覺得這點心比清宮那時候還好呢！」

　　溥傑的二女兒嫮生（溥傑有兩個女兒，大女兒慧生因愛情的煩惱，於1957年12月和男朋友一起殉情於日本伊豆島天城山的幽谷之中。二女兒嫮生曾於1961年5月，隨母來京探望已經特赦的父親。當時溥傑夫婦都想把這唯一的女兒留在身邊，但嫮生因為從一懂事就生活在日本的姥姥家中，仍想回日本去。因此，在父母與女兒之

間發生了很大的矛盾。總理也瞭解了這件事情，就對嫮生說：「嫮生是不是還想回日本呢？妳如想回去可以去，幾時想來中國看妳的父母也可以來，幾時妳來中國不想再回日本了就在中國住下。妳想和日本人結婚也沒有什麼關係。妳的母親和中國人結了婚，妳和日本人結婚那又有什麼不可呢？我是同情妳的。」嫮生非常感動，眼淚早簌簌地落了下來，臨走，她深情地對總理講：「我從心裡尊敬您！」此後，嫮生多次往返於中國和日本之間）剛回到國內，也出席了這次宴會。她尤感興趣地走到老師傅面前，深深地鞠了一躬，很尊敬地說：「願意向老師傅學藝。」老師傅答應了，以後一連幾天登門到溥傑家向他的女兒傳藝。

溥儀的乳母王連壽

為了祝賀我們新婚，群眾出版社負責人李文達同志還曾在文化俱樂部西餐廳設宴招待我們，婉容的五姨夫察存耆同志也應邀出席。他們在《我的前半生》一書修改過程中，在一塊研究、磋商，結下了深厚的情誼。

5月4日，我們帶著乳母（溥儀的乳母名叫王連壽，溥儀吃她的奶長到九歲，結婚後又把她接進宮中。溥儀在天津時，乳母常去看他。偽滿時又把她接到長春。1946年舊曆正月初一，她在通化市公安局住宿，當夜國民黨勾結日本人叛亂，她身中流彈而死。溥儀對乳母感情很深，特赦後和乳母的兒子及兩個孫女保持密切聯繫）的孫女王佩英到北京植物園玩了一天。溥儀歷來是以植物園為家的，新婚之際當然要回家看看。

我們在上午十時許到達植物園。因為事

先通了電話，田裕民主任早在門外迎著了。溥儀把我和王佩英一一向田老作了介紹，田老把我們讓進會客室，向我們祝賀新婚，並關心地詢問我們婚後的生活安排等等，溥儀一一作了彙報。

中午到了，田老讓夫人做了許多菜，他說是招待植物園的親人帶回門的新娘。吃飯的時候，大家都誇田老夫人做菜的技術好。

飯後，田老陪我們參觀各種植物，溥儀則能一一講述它們的來歷。在溫室中，我們看到一種像大樹一樣的植物，溥儀講：「這種植物是外國傳入的，對於它的管理，不但要澆水，還必須精心培養。它和含羞草差不多，是一種比較嬌貴的植物。」說著，他拿起一把鬆土用的小鐵鏟，熟練地鬆著土，又說：「必須經常鬆土，我剛來植物園的時候，連這種小鐵鏟也使不好呢，哈哈！」

那天，我們真像新娘回門似地，充滿了歡樂。當我們告別田老離開植物園大門的時候，時針已經指過了六點。回到政協，天就全黑了。

眼前的溥儀，總是咧開厚厚的嘴唇憨厚地笑著

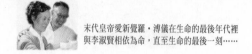

四、毛主席和周總理都關心我們

我們這個極普通的公民之家，承受了毛澤東主席、劉少奇主席和周恩來總理的關懷和愛護，這是我銘刻於心，永誌不忘的。

1963年11月26日，毛澤東同志接見古巴詩人、作家和藝術家聯合會文學部主任比達·羅德里格斯的時候，曾談到他見過溥儀，「請他吃過飯，他可高興了」。關於這件事，溥儀也多次和我談過。

那是1962年1月30日，溥儀在中南海毛主席的家裡度過了最幸福的一天。那天主席在家裡做了幾樣家鄉菜，邀請五位老人作客，除溥儀外，還有章士釗（法理學家，字行嚴，湖南長沙人，1881年生。曾留學英、日。歷任上海《民立報》主筆，《獨立評論》主編，北京大學教授，司法總長，教育總長，冀察政務委員會秘書長等職，1949年為國民黨和談代表，談判破裂後留京。解放後任政協常委等職。已故）、程潛（字頌雲，湖南醴陵人，1881年生，日本士官學校畢業。歷任北京政府湖南都督府軍務司長，河南省主席，國民黨政府參謀總長，西北行營主任，湖南省主席等職。1949年8月4日在長沙起義。解放後任政協常委、民革中央副主席、湖南省省長等職。已故）、仇鰲（湖南湘陰人，在北洋軍閥統治時期，主張議會政治，反對袁、段的軍事獨裁，曾策動了武力倒段的劉建藩零陵獨立。解放後曾任全國政協委員等職）和王季範（毛主席岳父楊昌濟先生的同學）等。

到了開飯的時候，主席請大家進入飯廳，並盛情地拉著溥儀的

毛澤東與溥儀的合影失落了，只剩一幀公開場合接見的照片

手，讓他坐在自己身邊。主席很風趣，愛開玩笑，對溥儀說：「你是我的頂頭上司嘞，我作過你下面的老百姓呢！」又夾過一口苦瓜菜放在溥儀盤內：「嘗嘗我們湖南的苦瓜吧！」同桌就餐的「五老」，除溥儀外都是湖南人——主席的老鄉，所以主席做了家鄉菜請客。主席看著溥儀吃進這口菜，問道：「味道怎麼樣？還不錯吧！」溥儀連說：「好吃！好吃！」

主席和溥儀一邊吃飯，一邊閒聊。

「你還沒結婚吧？」主席問。

「還沒有呢！」溥儀答。

「還可以再結婚嘛！」主席說，「不過，你的婚姻問題要慎重考慮，不能馬馬虎虎。要找一個合適的，因為這是後半生的事，要成立一個家。」

飯後，主席和「五老」一起照了像。溥儀把這張珍貴的照片（很可惜，這張照片在十年動亂期間被「造反派」拿走，至今下落不明）擺在床頭几上，我們見到它就想起主席的親切關懷。

　　周恩來總理也十分關心溥儀的婚姻問題。1960年1月26日，總理在政協禮堂接見溥儀和他的親屬時，就曾提到溥儀的婚姻問題。總理就特赦後溥儀的工作安排問題徵求了溥儀本人的意見之後，微笑著對他說：「你還得結婚啊！」說完，總理把頭轉向一旁的載濤，「這件事，你七叔得給張羅張羅吧！」這位愛新覺羅家族的族長哈哈地笑了一陣，對總理說：「讓他婚姻自由吧！」另一次總理接見溥儀和部分文史專員時也談到這件事兒。總理很幽默地對溥儀說：「你是皇上，不能沒有皇娘嘞！」說完，總理和在場的人都大聲笑了。

1960年1月26日，周恩來在政協禮堂接見溥儀和他的親屬

60

周恩來和陳毅與特赦人員和家屬親切交談

我更不能忘記的是 1963 年 11 月 10 日那一天，溥儀會見了巴西貴賓後在將吃午飯的時候，十分高興地回到家裡，一進門就對我說：「周總理今天下午要接見咱們了！」聽了這個消息我激動萬分，只盼掛鐘的時針快些轉到預定時間。

下午三時半，來了一輛小汽車把我們接到人民大會堂。當我們被引進福建廳的時候，看到杜聿明夫婦等幾位專員及其夫人已經等在那裡了。

四點整，敬愛的周總理在陳毅副總理陪同下，滿面春風，健步走進大廳。我看見參加這次接見的，還有傅作義（字宜生，生於 1895 年。1936 年，因指揮抗日的百靈廟和紅格爾圖大捷而聞名中外。曾任察哈爾省主席，國民黨華北總司令。1949 年 1 月，他率部在北京起義，成為解放戰爭中和平解放的第一個

範例。解放後任政協常委、水力電力部部長等職。已故）、張治中（字文白，生於 1891年。北伐時任總司令部副官長，1937年任第九集團軍總司令。抗戰結束後出任國民黨新疆省主席及西北軍政長官，因主張和平民主，有「和平將軍」之稱。解放後任政協常委、民革中央副主席、國防委員會副主席等職。已故）、徐冰（當時任全國政協秘書長）、張執一（當時任全國政協常委、副秘書長）、廖沫沙等同志。

總理一眼看見我們，立即走過來，親切地同溥儀握手，關心地詢問溥儀的身體和生活狀況，並熱情地說：「祝賀你啊，成立了溫暖的家庭！」當總理把那慈愛的目光落到我身上時，我感到總理是那樣和善，一下子驅走了我的拘束。總理一邊同我握手，一邊指著我對溥儀幽默地說：「你娶我們杭州姑娘嘍……」總理的樂觀情緒感染著在場的人，大

1961年6月10日周恩來宴請溥儀、溥傑、嵯峨浩和老舍等合影。

家都笑了。我覺得挺不好意思，總理也爽朗地笑了。

按著，總理發表了熱情洋溢的講話，並和我們合影留念。

約六時半許，總理和大家在新疆廳共進晚餐。走出福建廳後，總理熱情地招呼我和他一起走。與敬愛的周總理並排走在一起，我感到自己無限幸福。途中，總理關切地問起我的身體和家庭情況：

「妳父親原來是做什麼工作的？」

「他原在上海中國銀行工作。」

「父母現在的情況怎樣？」

「父母都已不在了。母親過世的時候我還不懂事，父親去世時我十四歲。」

「噢！」總理同情地點了點頭。

總理不但關心我的生活情況，而且仔細地詢問我讀了幾年書，工作是否順心，等等。當我講到是在朝陽區一家醫院工作時，總理笑著說：「好啊！醫務工作者。」並鼓勵我說：「要注意學習專業知識，做好本職工作。」我領受著總理那似春風如雨露的教誨，激動的淚水在我的眼眶內滾動……

就餐時，總理拉著我們和他坐在一起，陳毅副總理也坐在旁邊。席間，總理勉勵溥儀說：「妳還年輕，好好學習吧！」他又注意到我由於拘謹很少夾菜，就對我說：「你來嘗嘗咱們南方菜嘛！」說著，夾起盤中的「獅子頭」放進我盤中，一直看著我吃進去。

總理無拘無束，談笑風生。他看到陳毅副總理很少說話，只顧大

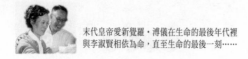
口喝酒，就和他開起玩笑了，說：「我叫你少喝點兒嘛！你還是這個樣子喝呀！」和我們同桌就餐的還有杜聿明夫婦。當時，杜聿明夫人曹秀清剛從美國回來（杜聿明被俘後，曹秀清女士攜帶兩兒兩女避居台灣。1958年蔣介石派她赴美說服女婿——著名美籍物理學家楊振寧博士到台灣工作，曹秀清女士從此長住美國。第二年年底杜聿明因特赦獲釋後，熱切地盼望著和老伴在北京團聚。他在政府的幫助下，透過多種管道給老伴寫了很多信。曹秀清當時真是又喜又憂，十幾年來，她日夜盼望的不正是這一天嗎？但是，如果回到大陸去，會不會引起蔣介石的仇恨？會不會給尚在台灣的兩雙兒女招惹是非？經過反覆的內心掙扎，她毅然決定立即回到祖國。1963年6月16日，曹秀清女士先以台灣的護照到達日內瓦，又透過那裡的我國使館辦理了回國護照，一路上克服重重困難，經布達佩斯和莫斯科，在北京和親人幸福地團聚了），總理轉告她說：「鄧穎超同志讓我代問妳好！」我們總理待人多麼真摯啊！

宴會結束的時候已經是晚上八點鐘了。

當晚，我和溥儀都很興奮，輾轉不能入睡，特別是從小就失去了母愛的我，更有不盡的感慨……

黨和國家的最高領導人，日理萬機還關心我們的生活小事。不僅關心溥儀的婚姻，我們建立了家庭之後，還關心我們的收入和安排。溥儀告訴我，1964年2月13日，毛主席在春節座談會又談到我們的生活情況。毛主席說：「對宣統要好好團結，他和光緒皇帝都是我們的頂頭上司，我做過他們下面的老百姓。聽說溥儀生活不太好，每月只有一百八十多元薪水，怕是太少了吧！」說到這兒，主席又轉向在場的章士釗先生繼續說：「我想拿點稿費，透過你送給他改善改善生活，不要使他『長鋏鐵歸來乎食無魚』，人家是皇帝嘛！」溥儀知道這件事後非常感

1963 年 11 月 10 日周總理接見溥儀和李淑賢

動，他對我說：「我們現在的生活不是很好嗎？靠勞動吃飯，這就是幸福！」又說：「主席的錢我們不能收，盛情我們領了。這樣妳說好嗎？」我同意溥儀的意見。不久，群眾出版社送來了《我的前半生》一書的五千元稿費。溥儀也是不想收的，許多同志再三勸說，他才同意留下這筆款。

我永遠不能忘懷的另一次會見是在 1964 年的「五一」節前夕，總理為我們提供了和劉少奇主席會面的機會。當時，我和溥儀剛從南方各省參觀訪問歸來，應邀出席中華全國總工會等十二個全國性人民團體聯合舉行的慶祝「五一」招待會。

宴會進行中，敬愛的周總理在大廳裡發現了我們，立刻把我們招

呼到主桌席這邊來。在這裡還有劉少奇主席陪伴著最尊貴的外賓。總理先把我們介紹給布隆迪王國國民議會議長塔德·西里烏尤蒙西閣下。總理指著溥儀說：「這是中國末代皇帝溥儀先生。」又指著我介紹說：「這是溥儀夫人。」議長閣下很禮貌地答道：「見到溥儀閣下和夫人非常榮幸！」我和溥儀也十分高興地向議長閣下和總理祝了酒。

溥儀和劉少奇主席早就熟識，趁著這個機會讓我和劉少奇主席見了面。他站在劉主席身旁對我說：「這是劉主席！」又轉過身對劉主席說：「這是我的愛人！」劉主席和藹地問我叫什麼名字，在什麼單位工作，結婚多長時間了，生活有沒有困難等等，我一一作答，劉主席滿意地點著頭，這給我留下了至今難忘的印象。

周總理與溥儀和李淑賢笑談著走出福建廳

66

五、夫妻之間

　　許多人懷疑溥儀和我能有共同語言，懷疑這位末代皇帝能和我這樣的普通民女建立起深厚而真摯的愛情。事實上，經過改造的溥儀已經不像人們想像的那樣了。無論是溥儀所在的全國政協，還是我所在的醫院，人們都知道溥儀對我特別好。溥儀思想感情方面的深刻變化，他自己也有所察覺。他曾對我說過：「我是從來不知愛情為何物的，只是遇到了妳，我才曉得人世間還有這樣甜蜜的東西存在。」

　　說起來也不怕大家笑話，溥儀這個人好像總也離不開我似的。我每次上街，只要他趕上了，就一定陪我一塊兒去，這在他的日記上有許多記載就不多說了。我在家裡，他也總是跟著轉。我洗臉時，他就看著我洗完；我在廚房做飯，他前邊後邊地跟著，笨手笨腳地幫著忙。我就故意訓他：「你怕我跑哇！」他卻嘿嘿笑兩聲。

　　我們醫務人員常有夜間值班的情況，每逢輪到我，溥儀都有幾次電話打來，或直接找到醫院。無論如何總要見上一面或到我所在的值班室待一會兒。有時候就拿件衣服或買點兒吃的東西送來，往往要待到十一點多鐘才回家去。這種情況逐漸地被醫院幾位領導知道了，大概也是照顧吧，後期就很少再安排我值夜班了，組織巡迴醫療，一般也不讓我參加。

我每次上街或出外買東西，如果吃飯時未歸，他沒有一次拿起筷子先吃，無論怎麼晚也一直等我回來。

政協經常發影、劇票，但我的身體很糟糕，常因不適而不能去看。我不去，他也就不去了。當我知道正是他非常喜歡的京劇節目時，就鼓勵他自己去看，他卻說：「妳不去看，我也不去了。把妳自己留在家裡，我的心就不踏實。」

婚後的頭幾個月，我還堅持在朝陽區業餘衛生學校學習。每天晚間上課，到家總有十點多鐘了。為了我提高業務，溥儀是贊成並支持的，他每次都耐心地等著我。有時候我回家後還要看書，他可「不客氣」了，一下把書合上，對我說：「妳一整天不在家，好不容易盼妳回來了，還要看書寫字的，怎麼成啊！」其實，他是怕累壞我。當然，也喜歡讓我陪他說說話。總之，能和我在一起，他就覺得高興。

1963年夏天，北京連日大雨，雨水漫過馬路面，連小汽車都無法通行了。溥儀下班後見我尚未到家，立刻帶了雨傘，冒雨蹚水去醫院接我。但沒有接到，他很著急，以為我一定是被雨截在什麼地方了。往回走的路上，他忽然發現一處沒有蓋的下水道口已被雨水漫過，從表面上完全看不清楚了。他知道這是我每天上、下班必經之地，怕我走到這裡不注意而滑落下去，於是，寧可張著傘守在旁邊。當他老遠地看見我走過來時，就高興地衝著我喊：「千萬注意下水道口——沒有蓋！」其

實，那事我已注意到的。關於這件事，溥儀在1963年8月14日的日記中，有八個字的簡略記載：「晚，雨。接賢，賢已到家。」

溥儀夫婦攝於 1962 年秋天

1963年冬季的一天，我們醫院原定的班後會議不開了，我趁機到王府井去理髮。往次我開會時，溥儀總要給我掛幾次電話的，這次他也很快就知道我並未開會。上哪兒去了呢？過了晚九點，我仍是未回來，這可把溥儀急壞了。他到處打電話找我，還是沒有找到。又跑到五妹家，讓五妹夫老萬幫他找，老萬說，北京這麼大的地方讓我到哪兒去找啊！溥儀還是不甘心，自己一條條馬路地找，用電話向許多派出所詢問，他以為我一定是出事了。當我十點半左右回到家時，溥儀正在沙發上掉眼淚呢！我問他為什麼哭？他說：「妳可把我急壞了！」並馬上高興地笑了起來。

1964年5月份發生了一件事，那事我把溥儀惹得不高興了。那天上午，我們應中國新聞社之邀去遊北海，直到下午才回家。我覺得很累，腳也磨破了。四、五點鐘的時候，政協又派車來接我們見外賓，我說累了，就沒有跟去。溥儀見外賓後回到家就批評我：「這是自由主義！」他很不高興地向我發火說：「妳這樣隨便多不好！」我說：「我的腳破了，有點兒疼。」又反問他：「你想讓我去，為啥當時不說？」

他說：「因為當時有別人在場，怕妳接受不了，所以沒說。妳雖然累了，腳也疼，但還是應該去的。」在他的批評下，我哭了。他又心疼地說：「我性急，說得太重了，方式方法也不好，請妳原諒我！」其實，我並非因為批評而哭，結婚以來，溥儀從來沒用批評的口吻說過我，發現我有錯的地方，總是用很婉轉的話使我認識到。這次一反尋常，說明我的錯誤是很嚴重了。因此我恨自己，哭了。我覺得溥儀是真心愛我的。

有人說，病後見真情。對愛情來說，病中是一個考驗。我和溥儀的體質都不好，經常鬧病，這當然不好，然而卻從這方面，我們夫妻之間多了一層體會。

我這個人經不得風霜，常常感冒。每次感冒，溥儀都當成一件大事，記在他的日記上，並逐日記載病情的發展。他護理我更是耐心周到。有一次我夜間發燒，他一宿起來五、六次，摸摸我的前額，給我準備退燒的藥品和開水。白天，他見我往窗邊坐，馬上伸手關窗，怕我受風著涼。1964年我患重感冒，這可把當時正住院的溥儀惦記壞了，要回還回不來，他一天數次打電話來詢問，還有時打電話給溥傑，請他送藥給我。

1963年1月間，我因婦科慢性病發作而不得不住院治療。當時溥儀正參加全國文史工作會議，每天都有領導同志的講話以及參觀、座談等活動，日程排得很滿，但他仍抽暇或請假，多次探病，給我很大的慰藉。可是後來，我做了一件使他很不高興的事兒。

那次住院，我被安排在醫院的地下病房。那裡一連死了幾個重病號，我有點兒害怕，就在尚未痊癒的情況下自己辦了出院手續。大夫們

1962年農曆八月十五日，溥儀夫婦在政協三樓參加賞月會

都知道溥儀關心我，不會贊同的，就勸我說：「溥儀不讓妳出院，要來找我們要人哪！」但我還是決心出院了。說也巧，回家路上正好碰上溥儀，他大吃一驚，對我說：「妳怎麼在車上？我是做夢嗎？妳怎麼隨便出院了呢？」我說，我不願意住院。溥儀說：「妳也太不聽話了，讓人操心！」他拉拉扯扯地偏讓我回醫院去，惹得同車乘客都笑了。他還是拉不動我，就又勸：「回到家，醫療條件差了，又沒有人照顧妳，我這些天正在開會⋯⋯」勸又不聽，也就只好「同歸政協」了。這幾個字是溥儀無可奈何之下記在當天日記上的一句話。當時，我家還在政協院內呢！溥儀上班也不放心，開會也惦記著。好在是一個院內，他一會兒回來看看，一會兒又回來看看。

為了治癒我的多種慢性病，溥儀東奔西跑，想了許多辦法，找了

71

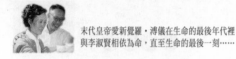
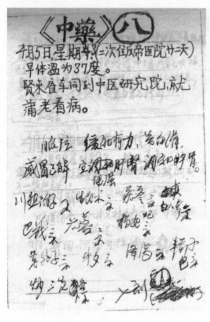

許多名醫。

他找過西苑中醫研究院的岳美中大夫，岳大夫曾任廣安門醫院高幹病室副主任，並出國為當時的印尼總統蘇加諾看過病，溥儀認識這位老大夫。

溥儀很想多請幾位老大夫，以便對我的病做出可靠的確診。有人向他提起蒲輔周老先生。蒲老是一位海內知名的中醫大夫，積多年臨床經驗，晚年時在中醫研究院任高幹病室主任，專門搞點兒中醫研究工作，有時候被中南海的中央首長請去看看病。此外，蒲老作為政協常委，他還必須參加一些社會性活動。提起蒲老的那個人又告訴溥儀：因老先生年事已高，精力有限，是不給一般人看病的。溥儀當時和蒲老並無一面之識，找不找他呢？為了愛人，溥儀決定試一試。於是，他在政協工友趙華堂的陪同下到了中醫研究院。先找到院長同志，作了自我介紹，然後說：「我愛人有病，想請蒲老先生看看。」院長立刻答應，很客氣地引導溥儀到蒲老處，蒲老也當即表示同意。蒲老又問他：

「是否馬上出診？」

「不！明天我和愛人一起來。您答應給我們看病，我就心滿意足了，哪能再勞您出診！」

回來後溥儀向政協的領導同志說起這件事，別人和他開玩笑說：「因為你是皇帝呀，能請蒲老出山！」

從此，溥儀和蒲老之間建立起深厚的感情，溥儀有病常請蒲老診治處方，從而留下了一批彌足珍貴的臨床藥方資料，填充了中醫研究的寶庫，這當然是後話了。

溥儀為了我東奔西跑，我是很感激的。可也有一次我對他有意見。那是1963年8月，我因感冒臥床，溥儀很著急，事先也不和我商量就把海軍醫院的老大夫張榮增先生請到家為我診病。張先生走後我批評了溥儀。我說：

「張先生歲數大了，讓人家出診不合適！」

「我看妳正在發燒，如果再外出就診，怕病情加重啊！」溥儀是這樣為自己辯護的。

「那可以先在衛生院打一針嘛！」

溥儀還是很接受意見的，打這以後，我們一般是一起到張大夫那裡去診病，而不輕易地找大夫到自己家來。

尤其讓我不能忘懷的是，當我1965年患子宮瘤以後，溥儀傾注了那麼多的心血，作為他的愛人，我也是深受感動啊！

我的病尚未確診時，溥儀特別擔心，一連數日吃不下飯，睡不著覺。有幾回竟自己掉起眼淚來，我問他為啥哭，他說怕我的病是癌症。說著說著又嗚嗚地哭了起來，還說：「妳可不能死呀！妳死了我也再不結婚了……」我笑著安慰他說：「還沒確診是什麼性質的，你先哭什麼

呀！」到了看化驗結果的那天，他陪我到醫院，一路上嚴肅得很，一語不發。到了醫院，醫生說是良性的，他又高興得像孩子似的笑個不住，回到家又笑又唱。

記得那是8月下旬，為了根治我的婦科頑症，溥儀託請人民醫院院長鍾惠瀾（當時任四屆政協常委、政協醫藥衛生組副組長、中華醫學會副會長）介紹一位婦科專家，鍾院長立刻給當時任協和醫院門診部主任的林巧稚大夫（當時任三屆人大常委會委員，中華醫學會副會長）寫了一封信。這樣，林大夫為我的病整整治療了半年，並建議我動手術，於是，溥儀又請協和醫院楊院長介紹了一位專治疑難病症的宋教授，為我實施了手術。手術住院期間，他每天都到醫院看我，晚上也來。由於他當時也手術不久，切除了左腎，又有點兒累著了，而且右腎又發現了問題，出現尿血現象。當他已經很難步行來醫院的時候，就雇計程車（為私事他從來不向政協要車）坐著來，直到我在「十一」前傷口癒合出院為止。

溥儀對我這樣關心，使我很感動。他在病中也得到了我盡心竭力的照護。漫長的宮廷生活早已糟蹋了溥儀的體質，特赦後他仍是經常處於病態之中。和我共同生活的五年半時間裡，溥儀先後九次住院，最後半年連生活也完全不能自理了，就在那十

1967 年 1 月 28 日溥儀在日記中記載了他不同意「換腎」的情況

74

年浩劫中的日子裡，我白天攙扶他步行就醫，晚上給他擦身洗腳。溥儀
去世前流著淚對我說：「沒有妳給予我愛情的溫暖，我是活不到今天
的。」

我還清楚地記得，1967年1月間發生的一件事：有一次，協和醫
院倪大夫跟我說，溥儀唯一的右腎又有問題，為了保住生命，可換人工
腎。倪大夫這句話就像在一片漆黑之中燃起一根蠟燭，我覺得眼前一
亮。是呀，我身上不是還有兩個健康的腎嗎？應該獻出我的右腎給他！
和溥儀共同生活的幾年中，那些值得回憶的往事又一件件浮現在我的眼
前。婚後不久，申老在政協秘書長辦公室和我談的那些話也一古腦地在
耳邊響起。申老說：「妳是溥儀的愛人，也應該作溥儀的保衛工作者。
妳知道，我們總理很關心他，因為溥儀的改造，這是我們黨的寶貴財
富……」現在，不正是一個關鍵時刻嗎？我決心一下就跑去找溥儀商
量。

沒想到他立刻和我翻了臉，問我是誰出的主意？我見他急出一身
汗，就告訴他說，倪大夫為你著想建議換個人工腎。溥儀說：「他怎麼
出這種主意？這是讓我要妳的命呀！」他那種著急的樣子簡直就像馬上
要進行換腎手術似的。我說：「現在是和你商量，這只是一個建議
呀！」溥儀說啥也不答應，「以後我不許妳再提這個事！我絕不答應換
腎！」溥儀還在當天的日記中記道：

　　賢自稱可將她的一個腎給我，我堅決反對這個建議。雖然只剩
　　一腎又病，我服中藥治療，也可控制並見好，豈能割之換賢？

很遺憾，當時我沒有辦法說服溥儀。這雖然能夠表明溥儀對我的
一片深情，卻也造成了我的終生悔恨：如果當時能夠實現倪大夫的積極

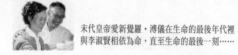

一張溥儀在天津靜園當寓公時
所攝的照片引起一段對話

建議，也許可以挽救溥儀的生命，那該是多麼幸福哇！我也算對得住申
老的囑託⋯⋯

　　總而言之，在我們共同生活的幾年裡，溥儀和我都得過幾場大
病，他是已經被病魔奪去了生命，我也幾度面臨死亡的邊緣。在長時間
的住院生活或病痛中，我們雙方無不感到愛情的溫暖和力量，我們互相
照料，互相關懷。我們這一對兒病魔纏身的弱者，由於愛情而獲得了自
立的可能，而愛情也在這裡受到了嚴峻的考驗。

　　中國的末代皇帝能夠這樣對待自己的妻子，這也是他十年改造的
一個成果。下面是我和溥儀有一次翻看家庭影集時，由一張溥儀在天津
靜園當寓公時所攝的照片而引起的一段對話：

「這是我出宮後在天津照的，妳看我當時能有多大歲數？」

「這麼年輕，大概不到二十歲吧？」

「妳看我領帶上的那枚別針，那是鑽石的。妳見過鑽石嗎？」

「鑽石當然見過，但沒有戴過鑽石別針。」

「如果妳是那個時候和我結婚的，我可以給妳很多的鑽石別針戴，現在我什麼都沒有了，不能給妳了。然而，如果妳真是那個時候和我結合，妳可就遭罪了。當時，我的妻子就是我的擺設品和玩物。我根本不懂什麼是愛，什麼是夫妻，高興就去說笑一陣。現在，我是從心裡愛著妳，我懂得了夫妻間應有的態度，我們建立了真正的家庭。總之，我能給妳鑽石別針的時候，卻不能給妳愛情，不會對妳好！」

不必解釋，這段對話足以說明問題了。

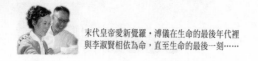
六、在公民選舉的日子裡

如果說,在前半生中溥儀對「皇帝」這一稱號曾是那樣的戀戀不捨,那麼,在後半生中溥儀對「公民」這一稱號同樣是愛護備至。

特赦以後的八年中,溥儀三次參加公民投票,運用自己的權利,選舉滿意的人民代表。他從自身歷史中體會到,手中的一張選票來之不易,他常對我說:「能夠投出這一票,我感到無限光榮和驕傲,那是任何語言也無法形容的。」

溥儀第一次投票是在 1960 年 11 月 26 日。那時,溥儀正在植物園勞動,而我們還沒有相識。他把自己當時的感觸寫進《我的前半生》一書中了。他說:

一九六〇年十一月二十六日,我拿到了那張寫著「愛新覺羅‧溥儀」的選民證,我覺得把我有生以來所知道的一切珍寶加起來,也沒有它貴重。我把選票投進了那個紅色票箱,從那一刹那間起,我覺得自己是世界上最富有的人。我和我國六億五千萬同胞一起,成了這塊九百六十萬平方公里土地上的主人。

這確實是溥儀的真實感受。直到我們結婚以後,他還多次向我談起這些感受。過去,我對選舉這件事是滿不放在心上的,經他這一番

溥儀正在投票（蠟像）

話，我也開始感到作為公民的榮耀了。

第二次投票是在1963年4月。當時，我們結婚不到一年，家就在政協大院內。溥儀雖然已經當上文史資料研究委員會的專員，但他仍是對「公民」這一稱號感情深切。

投票前多次召開預選會議，每次通知他，他都欣然參加，而且一定要親自參加。他還專門走訪過候選人，透過瞭解，十分滿意。

投票的前一天，即1963年4月13日，我下班剛到家，溥儀就興奮地告訴我：「明天我要參加選舉了！」溥儀說，他當上選民，能夠行使公民當家做主的權利，心情激動，特別高興。那一夜，他幾乎沒有合眼，一會兒開燈抽支煙，一會兒又開燈看錶，弄得我也睡不好。

「你高興是可以理解的，卻幹嘛不睡覺哇？」我問溥儀。

「淑賢，明天我將作為選民參加今生第二次投票，這是一件大事呀！」

凌晨四時許，溥儀已經起身了。他穿上那套筆挺的藍色制服，又對鏡梳頭，弄得很亮。我和他開玩笑說：「你又要搞對象啊！」他不回答我的話，卻衝我說：「妳也快起來吧，一會兒在政協集合了！」

投票活動是在豐盛胡同進行的。溥儀填好選票後，按順序莊嚴地投入了紅色的票箱。

投票結束後，他高高興興地拉著我的手到文化俱樂部內部食堂去。他說：「今天我請妳吃飯。這可是個好日子，妳一定要多吃一點兒。」他叫的菜也比往日多，吃得也多。吃飯中間，不少熟人過來打招呼，還問我們為啥跑這麼遠來吃飯？溥儀說：「今天是大喜的日子，值得慶賀。」

溥儀作為宣統皇帝曾經統治過全國

飯後，我們就在遊藝室裡打撞球玩，很盡興，直到下午五、六點鐘才回家去。如果不是心情高興，他是捨不得花這許多時間的，因為當時他正忙著寫書，經常搞到深夜的。

第三次投票是在1966年的4月。當時，我家住在東觀音寺，就在那兒參加選舉。

剛剛做完腎切除手術的溥儀，身體十分虛弱。並且他已知道，自己的病乃是絕症。但是，當他聽說召開選民會議的消

80

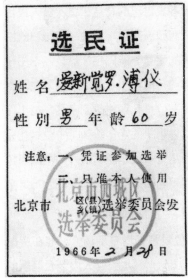

選民證。溥儀特赦後三次參加選舉，這是他的最後一張選民證

息後馬上要去參加。我想：他這麼長時間連班也不能上，何必還去參加這種選民會議？就對他說：「你現在病得這樣嚴重，又剛剛出院，不宜活動太劇烈。選民會就不用去了，我可以代表你去參加。」溥儀說：「那可不行！這個會，我應該親自參加。」

3月6日，我和溥儀一起到街道主任家裡參加選民會議。首先，由李忠主任講話，他談到人民代表的職責。他說，人民代表就是要代表人民說話和辦事。他們將在各級代表大會上反映人民的意見和要求，並討論和處理有關的國家大事。他強調，選代表的時候一定要慎重考慮。要把在社會主義建設中有貢獻的，又有遠見卓識的，精明強幹的人物選出來。上次選出的代表不稱職的也應撤換。接著，李主任又談到候選人的產生問題。他說，我們是採取個人提名和集體提名相結合的辦法，由下

而上，由上而下，使選民都可以充分的發表自己的意見。這次區人民代表候選人的初步名單是中共西城區委、西城區團委、工會、婦聯和政協各單位聯合提出的，還要徵求全區選民的意見方能確定。最後，李主任介紹了本選區七名擬提名的候選人的情況。他指出七人的名字，並說明了他們的自然情況。七人中四男三女，一位是軋鋼廠的副廠長、總工程師；一位是儀器廠技術員；一位是南草場小學的老年教師；一位是托兒所的保育員；一位是煉鋼廠的老工人；還有一位是認真負責的業餘學校教員；最後一位是勇於和壞人壞事作鬥爭的街道居民。李主任說，這是個初步名單，提出來請選民發表意見。

溥儀聽取李主任的介紹後，對幾位候選人均表示滿意。他在選民會議上發言的情形我至今記憶猶新。他說：「幾位候選人大多是基層的普通群眾，在各行各業，每人都有生動感人的事蹟。體察民情，完全可以反映人民的要求和願望，是能夠得到選民信任的。」溥儀以公民的身分，帶著莊嚴的神情，用很洪亮的聲音，表達了自己對候選人的意見。當時在場的人們大概誰也想不到眼前這位發言者竟是一個病入膏肓之人罷！我看到選民們都靜靜地聽他講。

4月3日上午九時許，我和溥儀一起走進設在南草場小學校院內的選舉大會會場。當我們隨著選民隊伍走過票箱並投入自己的一票後，在場的和溥儀熟悉的選舉工作人員都熱情地和他打招呼，似乎都在替他高興，替他驕傲。

七、美好的生活

我們婚後的幾年中間，常有國際友人到東觀音寺二十二號我家訪問。記得在 1964 年 5 月間，來了三位法國記者，其中有位女記者，頭髮是黃色的，披在肩上。她一來就盯住我問，弄得我怪緊張的。

「妳每天在醫院具體做什麼工作？」

「做護理工作。」

「下班以後呢？」

「有時和溥儀一塊散散步，看看電影或京劇，有時在家裡讀書看報，也聊聊天。」

「妳最喜歡的是什麼節目？」

「溥儀喜歡看京劇，我也喜歡，常陪他去看。」

「你們很幸福嗎？」

「我覺得很幸福。」

那天，法國記者們還當場錄了音，又拍了一些照片。

我和溥儀共同生活的時間不長，但那確是我一生中的黃金時代，是我所經歷的最珍貴、最難忘的一段時光。承國內外人們的關注，現就

回憶所及，敘敘當年的生活：還是先從衣、食、住說起吧。

　　我們戀愛的時候，溥儀每次見面總是穿套筆挺的制服，分頭也抹了髮蠟，亮光光的。給我的印象似乎他很注意修飾、打扮，也一定有很多的衣服。其實，這不過是根據五妹夫老萬的叮囑，在搞對象的時候「裝裝相」而已。我和溥儀結婚後才發現，原來他這個人並不講究穿衣戴帽。國家先後發給他幾套較好的制服，是每逢會見外賓的時候才捨得穿的。此外，他還有兩套制服：一套是藍色卡其制服，特赦後由國家發給的，平時每天都穿著它；另一套是黑色中山服，那還是在撫順戰犯管理所時所發，早已經穿得發白了。溥儀從不張羅添置新衣。他向我說過，國家經濟困難時期，他把發給自己的半年布票全部交還國家，並說自己衣服夠穿，應把這些布票送到國家急需的地方去。我們結婚前，組織上決定補助他，特許他用公費買衣服，可是他連一件也不買。老實講，我當時是很想買幾件好衣服的，他就勸我，不讓我亂花公款。我覺得他的話是有道理的，於是改變主意，只買了一件凡立丁西服裙。1964年我們在上海參觀，有一次逛商店，我相中了一雙男式亮面牛皮鞋，想

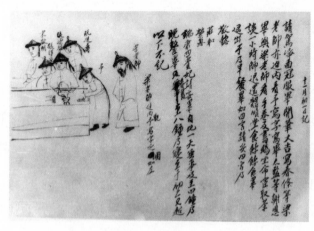

溥儀寫於1918年1月13日(舊曆丁巳年十二月初一日)的一篇日記(含漫畫)，題名為「開筆大吉圖」。畫中持筆者即12歲的溥儀本人，還有他的老師梁鼎芬，以及懋勤殿第二總管太監宋敬明(無頂無翎)、四十八處都總管張得安(宮中最高的太監)、養心殿第二總管太監阮進壽。這是溥儀少年時代宮中生活的寫實。

給溥儀買下，但他說什麼也不要，硬拉著我向「兒童玩具部」走，並說：「妳看那個大胖娃娃多好玩，還是買它吧！」真讓人哭笑不得。

有人以為溥儀在宮中時，吃飯有御膳房伺候，幾百名廚師，每餐一百多樣菜，當了公民以後雖然不能不從簡，也總要講究些吧？其實不然，他這個人很儉樸。

我們結婚初期，國家還處於困難時期。他常對我說，咱們過日子要注意節約糧食，每人節約一點兒，全國就是一個很大的數目。

夏天，兩個人吃飯往往總要剩一點兒，放不好，很短時間就變質了，稍稍有點味了。即使如此，他也不讓扔掉，叫我用涼水洗過再放鹹煮一煮。經過這樣處理以後他也並不讓我吃，說：「妳胃口不好，我胃口比妳好。」偏要自己吃。他說，糧食是農民辛辛苦苦種出來的，一粒粒麥子積起來的，實在不容易。

他愛吃麵食，平時也讓我給他做玉米麵餅子或做玉米麵、白麵兩摻的發糕等。他說，玉米麵營養豐富，吃它身體好。當然，並不是說他天天要吃粗糧，從他來說還是願意吃得好些，只是和過去比，確有根本的變化。

為了吃點兒有滋味的東西，他也常到外邊吃飯。不過，一般他只到政協或文化俱樂部的內部食堂就餐，有時候也到街上的小飯館去，只要一、兩樣菜，或是一盤炸魚，或是一盤油酥雞，吃到最後往往用米飯拌一下菜盤再吃掉。偶爾喝一點兒啤酒。

可是，我們在小飯館吃飯常常要冒「風險」的，因為有些上了年歲的老百姓尚不忘記宣統皇帝的「御容」，往往被他們「識破廬山真面

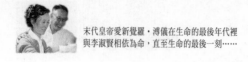
目」，於是少不了一場好奇的圍觀，鬧得我們飯也吃不消停了。

有一天，我們拜訪張仁甫老大夫回來，傍晌走到王府井，就隨便進了一家小飯館，買了幾碗餛飩吃。我們同桌對面坐著一位上了歲數的老頭，也在吃餛飩，他忽然認出了溥儀。

「啊！這不是皇上嗎？」老頭吃驚地說。

「我是溥儀！您怎麼能認出我？」

「誰能不認識宣統皇帝呀！您怎麼還到這種小飯館來吃飯？我想，您應該到高級些的飯店去。」

「那您可說錯了！」

「啊！經過學習和改造，您和我們平民百姓一樣了，以前您就不可能到這種飯館來！」

「是呀！以前我身為皇帝，沒有自由，想來也是無法做得到的。」

在飯館吃飯的人聽說宣統皇帝在這兒也都圍了上來，大家七言八語地議論著，聽老頭和溥儀對話。

「您現在還參加勞動嗎？」

「我經常到植物園去種花。」

「您住在什麼地方？」

「我已經建立了自己的幸福家庭！」

「聽說您喜歡畫畫？」

「小的時候學過，也不大會。」

「我家住在東城，平時喜歡畫畫寫字，家裡養金魚。您有空時請到我家玩玩，我和老伴都歡迎您。」

「您這樣盛情，謝謝！」

「您愛下棋嗎？」

「下不好！」

「我喜歡下棋，您到我家時下下看！」

我們吃完飯要走了，溥儀和那位熱情的老頭，還有不少圍觀的人一一握手告別。

溥儀有個嗜好，喜歡吃西餐，早在天津時就如此，特赦後還常常想吃西餐。我們每月到莫斯科餐廳、東安市場內或和平飯店吃一、兩次西餐。每次去之前他都找我商量，徵得我同意後才去。去了也不浪費，兩人吃一頓飯不過花三元到四元錢而已。

至於住的地方，溥儀一點兒也不挑剔，可是，政協組織對我們是滿照顧的。我們婚後，就在溥儀的獨身宿舍內臨時安家。有一次，我和溥儀一起到政協秘書處連以農處長家閒坐。連處長說：「你結婚了，現在住的房子太小，以後要給你換大些的房子。」還開玩笑說：「你過去住在紫禁城內，有那麼多那樣大的房子，現在一定不習慣吧？」溥儀說：「我覺得現在住的房子還很不錯嘛！」他講，宮裡的房子很多很大，但天地狹小；現在的房子雖小，卻天地廣闊，因為是兩個世界呀！

我們在政協大院住了一年多一點兒，到 1963 年 6 月 1 日搬進了西

1963 年 6 月 1 日搬進西城區東觀音寺
新居，是幾間洋式平房

城區東觀音寺的新居。這裡的條件好得多了。我們住著兩間臥房、兩間客廳、一間飯廳、一間衛生間，此處還有廚房和庫房。在十分寬敞的長形院落裡，長著各種各樣的樹木，有松樹、柏樹、梨樹、海棠樹以及榕花樹等等，盛夏之季繁茂無比。我們就在這清靜、幽雅的環境裡一直住到溥儀去世。後來剩下我一個人，實在住不了這麼多的房子，這麼大的院子，就要求組織給我調了房。

無論從物質生活看，還是從精神生活看，我和溥儀共同生活的那個時期，都能用「非常幸福」這幾個字加以概括。

和溥儀結婚以前，在我的想像中，皇帝一定是整天板著面孔，就像寺廟裡的大佛像似的，除了發布命令，下達指示不會幹別的。溥儀完全不是這樣的人，他和普通人一樣，熱愛生活，有廣泛的興趣。

溥儀喜歡讀書，而且常常讀到深夜。我一覺醒來，發現他還在燈光下看得很有興味。《紅樓夢》、《三國演義》，還有一些文言古書他都看過。

溥儀離不了收音機，他愛聽新聞，愛聽音樂，1963年初他就多次和我商量要買一台收音機，並說「買台便宜點兒的就行」。買回以後，他每天都有很長時間收聽廣播。

溥儀少時曾在名師指教下研習字、畫，頗有功力。特赦後很少繪畫了，但書法還練練。求他寫字的人也很多。親戚、朋友和同志都向他索字，許多國際友人和他會見後也往往請他題字，

溥儀離不了收音機，他愛聽新聞，愛聽音樂

還有一些不識之士慕名而來，千方百計地向他索字。有一次，我的同事鈕韻鋒和胡益萍在結婚前恭請溥儀題寫扇面，他欣然應允。

本來，寫幾個毛筆字對溥儀來說是可以展紙研墨、一揮而就的。但他不大願意題字簽名，他常說：「這沒有什麼意思！我的題字簽名有什麼價值？」因此，除了確實有原因向他索字或從書法角度請他題字的親友以外，他是不輕易給別人寫字的。我記得1967年4月間有兩位國際關係學校的教師訪問溥儀，他們自帶了宣紙、毛筆和墨盒，請他題字，溥儀斷然拒絕了他們的要求。他在當天的日記中記下了他答覆索字者的幾句話。他說：

……我是一公民，字沒有什麼特殊。如果因為過去當過皇帝，則更不是了。過去的封建皇帝多麼醜惡、骯髒，如果你們把我的

字懸在屋中，讓別人一看，對你們、對我都不好。你們為什麼懸那樣醜惡骯髒的人的字？我們彼此應當是新的人與人的關係。我們做任何事，都要對黨，對人民有利，無利的事不做。

溥儀這樣做，是因為他記住了周總理的教導，到什麼時候也不能飄飄然，忘乎所以。

十年改造期間，溥儀學會了鍛鍊身體。我們婚後他仍是堅持鍛鍊。每天早晨起床後他先在院子裡打一通太極拳，打得很帶勁。有一次，他正打拳時外賓走進來，很感興趣，讓他繼續打，一邊拍下許多鏡頭。溥儀還喜歡散步，每天晚飯後，他都讓我陪他到外面去溜彎兒，轉來轉去的。溥儀還喜歡騎車，大家都能記得他在宮中時為了騎車把宮門的門檻都鋸斷了，到了晚年他仍然沒有忘記這項運動，我為啥說是「運動」呢？因為溥儀從來不把自行車看做是交通工具。溥儀騎車非常快，

溥儀少年時曾經名師指點研習字、畫，頗有功力，特赦後書法還練練

溥儀喜歡騎自行車，為騎車把宮中門檻都鋸斷了，晚年仍樂意騎

真讓人擔心。他有好幾次想帶我騎，我可不敢坐。有一次，他借街坊的車，騎到胡同口把一位老太太撞倒了。他緊忙下車賠禮，問老人受傷沒有，又要送她到醫院檢查。老太太說：「沒什麼關係。」於是，溥儀留下自家的門牌，並告訴老人，如今後發生問題一定要找他。老太太倒很感動的。我曾和他商量過想買一台車，也在院子裡練一練。他雖然喜歡騎車，但不同意買車，就怕我學騎車出事。他對我說：「妳若買車，我會得神經病的。」意思是擔心。

溥儀喜歡聊天。特赦後的溥儀和各階層人士都有接觸，有的是高級黨政領導人、社會名流、高級知識份子；有的是一般群眾、老頭、老太太、小孩子，溥儀和誰都能聊得起來，海闊天空地講。談話內容主要是國內外形勢、工作或學習。他還常常和我談起宮中禮法。溥儀對我講

過，宮裡的規矩和禮法甚多，比如叩頭、請安就有多少樣兒。對什麼人，什麼時候須怎樣跪拜，都有一定的規矩。請安有雙腿安，兩條腿先左後右地跪下去，身子要挺直，還有單腿安，只跪下一條腿。他一邊講還一邊做示範給我看。

溥儀是個忘卻了憂愁的人，他平時愛說愛笑，特別愛開懷大笑，好像他從來不懂得生氣似的。他喜歡聽歌曲演唱，特別愛聽郭蘭英演唱的《歌唱南泥灣》，他說這是總理最喜愛的一首很優美的抒情民歌。特別有意思的是他還願意唱呢！我記得那是 1963 年 3 月間，溥儀把《國歌》和《國際歌》的歌詞抄錄下來，並認真學唱。收音機一唱他也跟著哼哼，但卻總是唱得不很像。有一年政協舉辦大合唱活動，他積極報名參加了合唱隊。

別看溥儀五十多歲了，可真逗，差不多每天都要和我說幾個笑話。因為他總和我開玩笑，有一次我也和他開了個玩笑。當他洗臉的時候我把他的近視眼鏡藏了起來，我自己也躲到了房門後邊。他洗完臉，沒有眼鏡戴，也找不到我了，就伸出雙手在半空中摸呀摸呀，也不敢邁步了。後來他討饒，我把眼鏡還給他，並故意逗他說：「你這個人過去是皇帝，現在是廢物，離了眼鏡連道也走不了。我要和你離婚！」

他一聽就急了，臉色突然變白，並盡力地表白自己。更想不到的是，他竟跑到廚房操起刀來要抹自己脖子。我急忙拉住他向他解釋：「這是和你開玩笑呀！你怎麼當真事了呢？」他聽我這樣一解釋，也「噗哧」一聲笑了，對我說：「我也是和妳開玩笑嘛，何必當真！」說完又哈哈大笑起來。說實在話，那次可真把我嚇得夠嗆！在溥儀一生的最後兩年中，當他已經確實知道自己患了癌症，仍然沒有發愁的樣子，

照舊說說笑笑。當他的兩條
腿已經腫起老高，連出外散
散步也困難了的時候，他又
想起了小時候玩螞蟻的遊
戲，用玉米麵在院子裡招來
許多螞蟻，看著玩，也挺感
興趣的。

我和溥儀共同生活的幾
年中，經常參加多種多樣的
文化藝術活動。

1962年農曆八月十五
日，我和溥儀在政協三樓參
加賞月會的情形給我留下了

1963年中秋節溥儀夫婦在全國政
協禮堂屋頂花園賞月晚會上

至今難忘的印象。那是我婚後第一次和溥儀參加這樣的活動。潔白的檯
桌上擺滿了煙、茶和月餅，一對對夫婦滿臉掛笑，整個場面輕鬆美好，
人們對月抒懷，有賦詩的，有題字的，有以團圓為主題發表種種感想
的。一位帶著錄音機的新華社記者很禮貌地走到我們跟前，請我們談感
想。問到溥儀時，他說：「我今年賞月感到和往年心情不一樣。去年和
前年是我蒙特赦後單獨賞月，月圓人不圓；今年則是帶著愛人一起賞
月，月圓人也圓。」記者又把錄音機放到我跟前了，我說：「有生以來
我沒有參加過這樣隆重的賞月晚會，我感到格外高興。這詩情畫意般的
場面真是令人陶醉。」

還有，1963年3月7日我們參加「三八」節慶祝活動的情況也很

值得說說。那天，在政協三樓會議室召開慶祝婦女節的會議。溥儀的幾個妹妹都來了，先到我家，又一起上了樓。我婚後第一次參加這種慶祝會。溥儀是陪我一同去的，到了會場又和我坐到一起。文史資料研究委員會的同事們見了他就開玩笑：「老溥怎麼總陪著新娘？今天可是婦女過節呀！」溥儀卻滿不在乎，振振有詞地解釋說：「她是初次在政協過婦女節，我應該陪陪她。」那天，鄧穎超大姐和許廣平大姐都參加了，並先後講了話。之後是文藝節目，

端康太妃過整壽那天，宮裡把梅蘭芳找來演《霸王別姬》

都是國內最著名的電影和戲劇演員表演的，十分精采。演出中，溥儀問我：「妳和我結婚以前參加過這樣的節日活動嗎？」我說：「醫院每年三八節也開會，但沒有國家領導人參加，沒有這麼隆重。」

在平時，我們經常參加跳舞晚會，看電影、看京劇、看各種文藝演出，每週至少一、兩次。他特別喜歡傳統的京劇節目。有時候同時發了京劇票和電影票，他總是動員我和他一起去看京劇。他甚至從愛看京劇到喜歡買京劇臉譜，每次到商店都買幾個，什麼大花臉、小花臉無所不有，後來竟陸續買了一大筐。溥儀去世後，我覺得這些東西沒什麼用處又佔地方，搬家從東到西地帶著怪費勁兒，很不方便，索性扔掉了。

回想起來，那段生活是夠甜蜜的，但是，也有一點是美中不足：缺少一個孩子。

「我們抱個孩子吧！」溥儀多次向我提出這樣的建議。每回別人把領小孩的線索告訴他，他都細心地記在本子上，不斷地提醒我。他非常喜歡孩子，總想自己能有個孩子才好，見著街坊和鄰里的孩子也都特別親。

我們在政協院內住了一年，那個大院裡的孩子也很多，他每天散步或休息的時候就走到孩子們中間去，和孩子們聊天，逗他們玩，給他們講故事，有時候還和孩子們捉迷藏呢！鄰居趙大媽常說：「溥儀五十多歲了並不顯老，就是有顆孩子心！」

我們搬到東觀音寺新居後，溥儀還是一幫一幫地往家招街坊孩子。孩子們來了，他教大家疊小飛機、小紙船、小紙漂玩；他買來各色

溥儀出奇地想孩子，出奇地喜歡孩子，是要補上童年生活的缺課啊！

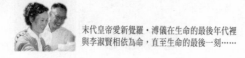
各樣的蠟筆和鉛筆，教孩子們畫畫；他還拿出糕點糖果來讓孩子們吃。他們一起玩得可高興了。有些孩子挺頑皮，又和溥儀熟悉了，就當面叫他「小皇上」。溥儀並不生氣，摸著孩子們的頭，對他們說：「當皇上並不幸福，關在宮裡不讓出來，就像關在籠子裡的小鳥一樣。你們生長在新社會，能自由自在的學習、玩，才是幸福呢！」孩子們起初不信，怎麼能說當皇帝不幸福呢？他就講當皇帝的一件件苦衷，直到孩子們相信了為止。從那以後，孩子們見著溥儀就擁來把他圍住：「給講個故事吧！」

有一天，沒等下班我就提前回到家裡，打開門，嚇了一跳，只見滿屋戴花臉面具的孩子正在打鬧，其中一個特大個的孩子戴著張飛的面具，也正比比劃劃地做動作。這個「孩子」見我進來慌忙摘下面具嚷了一聲：「糟了，這回叫妳看見了⋯⋯」原來就是溥儀。

我這才明白，為什麼每次回家總發現屋裡擺設不如出門時整齊，我們家都成了兒童俱樂部了！溥儀為了掩飾他的淘氣，在我下班前總要先收拾一下屋子，但我還是一眼就能看出：沙發變了位置，地上總有些未拾淨的紙屑以及從面具上掉下來的一綹鬍鬚，還有桌子底下或床底下的紙漂、紙船等等。我不埋怨他，因為我理解他，知道他為什麼這樣喜歡孩子。

我永遠記得那樣一件事，那是在 1963 年 6 月 1 日，就是我們搬家那天。上午，溥儀陪我到醫院請假，在汽車上遇見許多穿著節日盛裝的兒童，他們乘車到各處去參加節日活動。溥儀看著孩子們，滿心羨慕地對我說：「今天是下一代過節的好日子，他們可真幸福啊！」忽然，他又若有所思地問我：「妳小時候也過兒童節嗎？」我遺憾地告訴他：

「沒過一次兒童節！」他說：「我從小時候就關在大牆裡面，不知道什麼叫兒童節。」他又很感嘆地自言自語道：「咱們的兒童時代全浪費了，真可惜呀！」溥儀從這樣的心情出發，喜歡孩子不是完全可以理解的嗎？

溥儀關在四面高牆裡的童年，根本遇不到一個普通的小孩。妹妹偶然可以進宮陪他玩玩，弟弟溥傑和另外兩個男孩陪他讀書，都是以臣僕身分出現的。年長了，他在故宮再沒見到過孩子。以後在天津和偽滿宮中，他身邊出現過幾個當童僕的孩子，那是他的奴隸。如今，他出奇地想孩子，出奇地喜歡孩子，這是為了要補上童年生活的缺課啊！

當時我因為考慮到兩個人都有病，要了小孩怕伺候不起。所以總是勸溥儀放棄這個念頭，回想起來就覺得對不住他。

溥儀和妻子在自家院乘涼聊天

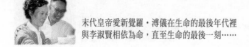

八、從頭學起

由於溥儀過了幾十年「衣來伸手，飯來張口」的帝王生活，嚴重缺乏獨立生活的能力。雖然據他自己講經過十年改造已經強多了，卻仍是笑話百出，那種可笑的事如果不是我親眼所見，是絕不可以相信也不能夠想像的。我們戀愛的時候，溥儀衣帽整潔，髮型優美，我還以為他很會生活呢！

其實，溥儀不會料理生活，在撫順時就已出名。雖然，他也曾努力學習疊被褥、洗衣服、縫縫補補，搞衛生之類的活計，但這個人特笨，多少有些進步，也不大。像做飯、生火爐這些活兒，他就沒有機會學習了，在有個家之前也用不著幹這些。現在有了家，在這些事情面前立時顯得狼狽不堪。

婚後的第一個早晨，我六點鐘起了床，可是他卻懶洋洋地不願起來。我怕來客人，就召喚他。他起床後大概是想自我表現一下吧，自己疊起被子來。我一看，疊的什麼被呀，不過是折成一個團團堆在床頭了。我開始教他，他認真地學了幾遍，但疊出的被還是沒稜沒角。他洗臉、吃飯都很不留心，新衣服剛穿上身就掉了飯粒，沾了油污，很快變髒了。洗臉也灑水，洗完臉則連整個上衣也全濕透了。

飯後，他也想幫我收拾一下，擦擦桌子或洗洗茶杯，卻顯得笨手

溥儀不會料理生活，在撫順時曾努力學習疊被褥、洗衣服、縫縫補補

笨腳。有時他還硬是要幫我洗洗衣服呢，然而並沒有一次能夠洗得乾淨。

　　1963年6月，我們剛搬到西城，尚未雇用保母。溥儀下班先到家就生起火爐來。等我下班到家一拉開門，滿屋濃煙往外冒，我以為著火了，嚇了一跳。等我蹲下細看時，溥儀還在火爐前邊點火煽風呢！

　　原來住在政協院裡的時候，天天有趙大爺幫他生火爐，現在趙大爺離得遠了，他就決心自己練習生火爐，可總是弄得滿屋煙。冬天，生完爐還要放煙，結果放空了屋中的熱氣，像冰窖似的。

　　有一天，來了一位朋友剛好碰上溥儀生火爐，見了這副狼狽的樣子，就趕緊動手幫助生好了爐子。溥儀則趁機會認真地學藝。這位朋友

說：「你過去當皇帝不會生火爐的，也難怪你呀！」

由於我們兩人都上班，身體又很糟糕，後來就雇用了一位保母。一個星期天，保母休息回家了，那天中午我們在莫斯科餐廳吃了一頓西餐，晚上就隨便做了點兒飯。飯好了，我在廚房收拾一下，對溥儀說：「把鍋端到飯廳咱們吃飯吧！」但他卻不懂應該用布墊一墊再端鍋，結果端到半路上，因為燙手把一鍋飯全扣在地上了。溥儀很難為情的樣子，一再自我批評說：「我太笨了，以後一定注意。我恨自己，什麼都不會做。」

我當時也真挺生氣的，飯菜灑了一地，濺了滿身，衣服、褲子全弄髒了。他也不讓我動手，掃地，擦地，洗衣服，又怪可笑的。

在這之前還有一回，我炒菜讓他取雞蛋，他拿了三個，沒等走到我跟前就全都摔到地上去了。

溥儀真有些「馬大哈」。1967年5至6月間，有一天吃早點的時候，他收拾飯桌，竟沒注意到我放在桌上的一塊價值260多元的進口手錶，一掀檯布，手錶摔在地上，碎了。我見他很著急的樣子，就安慰他說：「不要著急，一塊錶摔就摔唄，你的身體要緊。」他說：「我一定要給精彩買一塊新的，要比這塊更好的錶。」

可笑的是，溥儀自己上街的時候，還常常迷路呢！

我們結婚後，溥儀仍堅持每週到植物園去勞動兩天。一般是星期四晚上或星期五早晨去，星期六下午回來。按一般情況，下午四、五點鐘就到家了，有一次則到了七、八點鐘還沒見到他的人影。怎麼回事呢？打電話問，植物園說早就出來了，大家都很焦急。直到深夜十一點

溥儀剛特赦時住在五妹家

鐘，他才走進家門。晚飯都還沒吃呢！原來是換車時上錯了車，繞來繞去地走了幾個小時，後來才打聽著回來了。一場虛驚就此宣告結束。

從這以後，不讓他自己來回走了。去時政協派人送，回來時用植物園的汽車送到家。

在常人看來很普通的事情，對溥儀來說都有相當難度，好在他肯學。他常對我說：「不會就從頭學起嘛！」他正是這樣做的。

和溥儀共同生活的年代裡，我感到他有很強的自制力，能夠時時約束自己，不斷改正多年不正常生活所鑄成的不良習慣。

1962年秋冬之際，有一次在政協舞廳，何長工同志遇見我，問我說：「和溥儀在一起生活習不習慣？」我說：「溥儀的生活習慣是很特

別的，婚後很長一段時間內覺得很難生活到一塊兒。但他很聽話，也願意改正。在實踐中，他也確實把許多長年形成的舊習慣改了。」

這方面我能舉出許多實例，就說溥儀學待客吧，有一次，醫院一位大夫來看我們，溥儀坐在沙發上，只管坐著不動，也不讓坐，自己抽著煙，喝著水，卻不知道向客人讓煙、讓茶。

客人走後，我對他說：「你這樣待人是很不恭敬的，不瞭解你的人會說你瞧不起人。有客人來，應該站起來，讓坐、讓茶、讓煙，以示禮貌。」

過了幾天，又有一位政協委員來了。溥儀立刻起身，說：「您請坐吧！」又倒茶水，又拿糖和水果。客人說：「哎呀老溥！你這一套學得很不錯了，會招待客人啦！誰教給你的呀？」又打趣說：「現在應該

不敢讓溥儀單獨行動，去時政協派人送，回時搭乘植物園小汽車

102

和你算帳了，以前到你家來，你向來不招待我呀！」溥儀笑著說：「欠帳就一筆勾銷了吧！」打這以後，誰到我家都能受到溥儀的熱情招待，趕上飯時也一定留吃飯的。

當然，他做錯的時候，也還不少，這時他總是說：「別著急，別著急，我慢慢一定學得會的。」等他每做出點「成績」來，也不「埋沒」自己，情不自禁地要問我：「學得怎麼樣？」有次他洗了一件衣服，叫我檢查領口，我看也可以便誇獎了他，他很得意。還有一回，他一定要烙餅給我吃。烙出一張，前後看看還不錯，就拿來讓我瞅，等我誇他幾句，好像我說兩句話也挺值錢似的。可是他烙糊了的，就不讓我看了，自己悄悄地吃了。其實，我哪能不知道呢！

溥儀常和我說：「不良習慣逐漸改嘛！」可是，他丟三拉四的習慣卻始終未改。有一次我問他，你別的毛病都能改，丟東西這一條為啥總不改？他笑笑說：「丟了東西你別急，它會回來的。」這是開玩笑的話，卻也道出了一個事實，溥儀丟過多次東西，真都回來了，有的自己找回來，有的別人送回來。

溥儀特赦不久，在五妹家住的時候，有一次到服務站打電話，就把裝有錢和糧票的皮包丟在那兒了，很快被服務站同志原封送回。

1962年3月間，溥儀列席了全國政協會議。其間，政協在新僑飯店招待專員就餐，可以攜帶夫人。當時，我們尚未結婚，我以朋友身分參加。溥儀高高興興地到我家找我，我們又一起乘車赴宴。車到南小街時，溥儀突然發現兜裡的工作證和會議列席證全沒有了，我們都很焦急，又返回我家找，果然在我家地上呢！原來是溥儀掏手絹時掉落的。

溥儀列席或出席全國政協會議的證件

　　1963年8月底，溥儀和我去看望三妹，順便取出了在洗衣店洗好的被單。溥儀拿著被單和布包上汽車，當汽車開出後他忽然發現被單和布包都不見了，於是，到站停車後他緊忙下車往回走，在原來等車的地方找來找去，有看見的人告訴我們說：「剛才被一個小學生拾到交給了交通民警。」第二天，東四北大街十二條交通隊果然通知政協人事科，讓溥儀領回了失物。

　　1964年中也鬧過幾次丟東西的事。

　　一天，溥儀焦急地到醫院找我，問我見沒見到他的懷錶，就是那塊出宮時在烏利文洋行買的法國金懷錶，特赦時管理所又還給了他，他覺得有紀念意義，丟了可惜。等我下班回到家，他又興沖沖地告訴我：懷錶已經找到，原來是他捲窗戶簾子的時候，裹在裡面捲了上去。「馬大哈」帶來一場虛驚。

　　深秋時節，我們一起到政協禮堂看文藝演出。因為怕晚上回來時

要冷，我就帶了一件大衣。溥儀卻一定要替我拿著。可是我們上了七路汽車後就發現大衣已經不知去向，到站停車後我們急匆匆下了車又快步走回原來上車的站點，真不錯，大衣一動未動地放在原處。我們這才鬆了一口氣。這時，我看他急出一身汗，笑著說：「看你急成這樣！」溥儀也笑了：「妳又要說我了！」我們正說著，來了一輛汽車，溥儀立刻登上去。可是，車開出以後，他才發現又丟了愛人，由於人多，我沒有擠上去。於是，他照例下車返回原站，等我們重新聚齊並共同登車到達政協禮堂時，節目已經演過了半場……

溥儀這些事真是說也說不完。

我想，溥儀當了四十年皇帝，又來作公民，遇到些問題，鬧出些笑話，也是免不了的。溥儀有一句自我安慰的話：「從頭學起，樂在其中。」所以要學是因為當上了光榮的公民，所以要樂是因為擺脫了封建統治者的讓人感到羞恥的「寶座」。

溥儀這話不無道理呀！

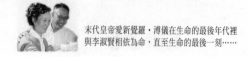

九、會見國際友人

許多國際友人萬里迢迢來到中國，都想看看末代皇帝現在是什麼樣子。大部分人都當做一件奇蹟，想從中增長見聞；也有人疑團莫釋，完全不相信當年威風凜凜的皇帝能夠變成今天普普通通的公民，還有的則純粹是為了獵奇。

溥儀會見外賓是很多的，1963年和1964年幾乎每個星期都有兩、三次這類活動。多數會見活動在政協會客室、北京飯店或我們家裡進行。外賓到我家訪問，一般我總是參加的，在別處會見，有時也邀我陪溥儀一起去。

記得我們在1963年從政協大院往東觀音寺搬家前不久，一位日本的貿易界人士曾來訪問溥儀。溥儀對這次會見留有很深的印象。他當時對我說：「每次提到日本，見到日本人，我就像被一根很粗的鋼針扎了一下，這是因為偽滿那段歷史總讓我隱隱作痛。今天還好，我們交談十分融洽，一聊起來，也不知道為什麼我的話那麼多！」

我整理溥儀遺稿的時候很幸運地找到了那次會見的簡要記錄，那是溥儀在會見當天晚上追記的，只是個大意，卻可以由此想見當時的情景和氣氛。

　　這次會見的時間是1963年5月22日，會見人是日本北海道輸出入協同組合、自由民主黨北海道議會議員阿部文男先生，陪同來訪的有我國國際貿易促進委員會聯絡部董部長。談話內容大致如下：

　　阿部：我是第一次到中國來，對新中國的許多事情是不瞭解的。今天能見到您非常高興，很願意知道您的近況。我覺得您很健康，也很年輕呢！

　　溥儀：在新社會，我確是愈活愈年輕了。作為一個中國公民，我歡迎您來我國訪問。我願意向您表示我熱烈地支持日本人民的心情，日本人民反對美日安全條約的鬥爭，反對日本軍國主義化的鬥爭，是一定會勝利的。

　　阿部：您過去身為皇帝，在生活上總有許多人伺候。今天不一樣了，您感到不方便嗎？

　　溥儀：我的感覺完全相反。我自幼養尊處優，過著飯來張口、衣來伸手的驕奢淫逸的生活，這使我不幸地失去了一般人都具備的生活自理的能力，就好像溫室裡長大的鮮花，經不起風風雨雨，加之生活無規律，造成身體虛弱多病，因此說，正是那種許多人伺候的生活害了我。從蘇聯回國以後就過集體生活了，逐漸鍛鍊，身體才開始好起來。我去

廿一日	星期二	廿八日	甲子		
廿二日	星期三	廿九日	乙丑		
廿三日	星期四	閏四月初一日	丙寅		
廿四日	星期五	初二日	丁卯		

1963年5月22日，溥儀會見日本自由民主黨議員阿部文男談話記錄

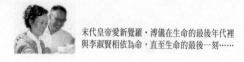
年結婚後，有人勸我們雇用保母，但我和愛人都反對。我們已經懂得了：在能夠獨立生活的情況下，讓別人服侍自己是可恥的，也是對身體有害的。現在，我們生活得很好，精神方面也比當傀儡皇帝的時候愉快多了，因為我是一個自由自在的公民，沒有什麼必須掛心的事。

阿部：我曾聽說您在蘇聯時期受到「赤化」教育，是這樣嗎？

溥儀：（笑了）這是反動派的胡說。我在蘇聯期間看書看報完全自由，受到的是人道主義的教育。中國共產黨也從未強迫我「洗腦筋」。我是認識了真理，不能不向真理低頭。

我是一個中國人，清楚地知道過去那個舊中國。那時候，中國人不能在自己的國度裡行使法律，連北京也被外國人統治著。今天，先生來此，可以看看我們這個國家，難道還存在那種現象嗎？現在才是中國人民自己的天下了。

鑑於歷史上改朝換代的時候，皇帝及其家屬沒有能繼續生存的這一點，我在被蘇聯遣送回國的時候自念一定被殺，當時完全陷入了死刑的恐怖之中。然而在事實上，我不僅好好地活著，還成為國家的主人——公民。

本來嘛，多數人遭罪受窮，少數人作威作福是很不合理的。拿偽滿來說，可以盡情享受的人是日本天皇、大軍閥和我這個「康德皇帝」，而人民吃一頓大米飯也犯罪。現在，人民依靠自己的鬥爭，擺脫了那種醜惡的剝削和壓迫，難道這也是不應該的嗎？

在舊中國，帝國主義老爺不許我們在自己的國家裡發展民族經濟，建立自己的體系，無論工業或農業都充滿了殖民地的色彩。而今

天，最先進的科學技術正不斷地被採用，從來不能製造的工業製品正在國內大批生產出來。

這都是我親眼見到的事實，由此，使我得以逐步認識了真理，這也能說是「洗腦筋」嗎？

再拿和我一起在撫順改造的日本戰犯來說吧，他們不也在事實的教育下，向真理低頭了嗎？他們曾經親手殺害了無數的中國人、共產黨員、愛國人士以及和平居民。殘酷的集體屠殺，用活人做細菌試驗，等等，最慘無人道的手段無所不用其極。革命者落到他們手裡更是百無一活。可是，共產黨對日本戰犯怎麼樣呢？沒有一個處死刑的，絕大多數現已獲釋回國。他們被捕時對我國既害怕又詆毀，在充滿人道主義待遇的改造中才逐漸轉變了觀點。他們獲釋回國前，日本記者前來訪問，他們無一不說中國好，記者們不相信，以為他們在中國土地上不敢說真心話。但他們登上客輪，並且遠離了中國海岸以後，仍然說中國好，這使某些別有用心的右派記者大失所望。

我聽說有一位日本戰犯在釋放後的歸途中，當列車通過山海關的時候，他突然大聲痛哭起來。在場的記者向他詢問緣由，他傷心地回答說：「當年我就在山海關這個地方殺死許多中國人，他們不能活了，不能和家人團圓了。可是，我這個殺人兇手卻又得到了回家團圓的機會，我怎麼能對得起就在這裡死難的那些中國兄弟和他們的家屬啊！」說著，又嗚嗚地哭了起來。這不正是他的天良發現而向真理低頭嗎？難道這也是強迫洗腦筋的結果？

我還可以舉一個在撫順戰犯管理所見到的例子。那個管理所在偽滿時代是日本人囚殺中國人的地方。有一棟房子正是他們對我國同胞施

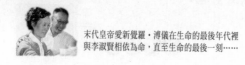

末代皇帝愛新覺羅‧溥儀在生命的最後年代裡
與李淑賢相依為命，直至生命的最後一刻……

加種種酷刑和處以死刑的所在。有一年，管理所修繕這棟房子，一些對我黨政策尚存疑慮的日本戰犯，以為中國人民是要進行報復，對他們施以酷刑和加害，想不到經過了修繕的這棟房子，成了為他們治病的醫務室。那些「以己之心度人之腹」的日本戰犯受到了深刻的教育，他們開始懂得了：應以人之心變己之腹。

最後，我還可以說說自己的切身感受。我過去當皇帝都是受制於人，並不自在。我是北京生人，卻連北京是個什麼模樣也不知道，成為「康德皇帝」以後，更在日本人的完全控制下，連會見家屬的自由都沒有。在後半生的公民生活裡才有了真正的自由，有了真正的幸福。

阿部：您的話讓我瞭解了一個事實，共產黨並不強迫犯人就範，而是引導他們認識真理。這是我很願意知道的事情。現在我想再問問您擔任什麼工作，最近在做什麼？

溥儀：我在全國政協文史資料研究委員會工作，正在修改我寫的一本書，書名叫《我的前半生》。

阿部：我很想看到您的書，我相信，日本人民都會喜歡您這本書的。

溥儀：我的書不一定能寫好。

阿部：您太謙虛了。和您談話，我有很多感觸。我承認自己的頭腦還很舊，我覺得您過去是皇帝，我以平民的資格和您談話，心中是惶惑不安的。談話過程中我逐漸發現您完全是以平民的身分對待我，才使我的心情安定下來，因此我是非常感激您的。

溥儀：願我們共同努力，為爭取日本的獨立、民主和世界和平，

為中日早日恢復邦交而鬥爭。

阿部：我要向您辭行了，臨別前有個小小的請求：希望和您一起照張相，並請您題字簽名。

溥儀會見斯諾

溥儀滿足了客人的要求，照相後又在客人的筆記本上信筆寫下一句話：「決定歷史前進的是人民，人民的力量才是不可抗拒的力量。新興的力量一定代替腐朽的力量。」

訪問溥儀的外國客人最感到興趣的問題之一，是溥儀特赦後的生活，特別是他婚後的家庭生活。

有一次，一位英國記者背著個照相機到我家訪問，話題很快就集中在我們這個家庭上面。

「我很想知道您夫人的父親是怎樣的人？能談談他的身世和職業嗎？」英國記者問道。

「他是一位銀行職員。」溥儀回答說。

英國記者立刻顯露出十分驚奇的神情。

「一位當過皇帝的人娶普通職員的女兒作妻子，這在我國是不可思議的，不可思議的！」

「請您不要忘記：我現在只是一個公民。」溥儀認為這根本不值得驚奇。

「您的夫人也每天上班嗎？」

「是的！她在醫院工作，是個普通的護士。」

「這太有意思了！我認為，現在你才真正過著人的生活。」溥儀認為英國記者的這個評價是很有代表性的。

這位英國記者很有感觸地談到英國貴族的生活，「他們不過是扮演社會生活中的一些角色，並不是按照正常的人那樣去生活。」他說到溫莎公爵當年放棄皇位和一位美國婦女結婚的故事，這是三十年代轟動一時的新聞，溥儀也記得。但溥儀認為拿溫莎公爵的故事和他特赦後的新婚相比，完全不倫不類。「不過，」溥儀說，「溫莎公爵一心要和心愛的人結婚，要建立一個和睦相愛的而不是擺樣子的家庭，其心情我是

1960 年 3 月 17 日，溥儀會見蘇聯烏克蘭女作家克拉維茨

1964年10月11日，溥儀夫婦會見日本廣播協會中國特別採訪團

理解的。我現在也有個溫暖、幸福、美滿的小家庭！我能夠建立起這樣的家庭，不是因為放棄了皇位，而是因為當上了公民。」

溥儀透徹地懂得，這眼前的幸福到底是怎樣得來的。當一位外賓問他，「你不以為過去當過皇帝而有自豪感嗎？」的時候，他答道：「皇帝，這是我認為最可恥的稱號，自豪的是我今天成了一名中國公民。」

短短幾年裡，溥儀會見了幾百位國際友人，他的工作和生活，以一種新的方式在世界範圍內產生了影響。據我所知，他會見外賓的活動都有較好的反映。許多客人曾被他的談話所感動。一位日本朋友回國後寫了一篇文章叫做〈人間奇蹟〉，敘述了訪問溥儀的經過和自己的感

想。加納一位記者說：「西方人瞭解溥儀比瞭解雷鋒容易些。」法國一位記者聽了溥儀的談話，對溥儀說：「你現在是真正獲得了自己的人格。你的工作對國家的貢獻是很大的。你的著作對世界人民有特殊的影響。」

這位法國記者談到的「著作」就指的是《我的前半生》，正如一

溥儀與香港《大公報》記者潘際
坰（右一）在政協禮堂門前合影

位香港記者所評論的，「事是奇事，書是奇書」。這在這部書出版之前，許多國家朋友都提出，要求把書譯成他們國家的文字。智利一位客人還希望把書譯成拉丁文。看過這本書的人從各地不斷給他來信。政協文史資料研究委員會一位幫助溥儀處理來信的工作人員在出書後四個月曾寫過一份簡報，其中說：「溥儀的國內外來信一直很多（每月約有十多封），自他的《前半生》出版後來信更多。其中國內來信有詢問清朝文物的，有要求作報告的，有要求題詞、借、贈《前半生》的，也有一般表示景仰、盼取聯繫的，甚至也有盼能介紹工作或者『奉侍左右』的。國外來信有英國、丹麥、西德、印尼、墨西哥等，多是要求簽名或者贈給照片，也有盼對《國際名人錄》所載有關溥儀的記述提出增改意見的。」

　　一位巴基斯坦記者曾經提出一個建議，他向溥儀說：「從皇帝到公民，你是世界上第一個。你應該到世界各國去旅行，告訴那些皇帝和國王，當皇帝是不好的。」溥儀沒有去旅行，但是他的著作、他的文章以及他的談話，就像長了翅膀似的，越過高山，越過大海，越過一道道國界，走遍天涯海角……

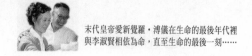
十、北京覽勝

　　北京風光秀麗，有許多著名的風景區和名勝古蹟，這為我們的生活提供了美好的環境。在共同生活的幾年中，利用節、假日，我們一起暢遊了故宮、頤和園、北海、景山以及動物園等地，有些地方則去過多次。溥儀每到一地，往往感想萬千，我現在回憶起來，印象還是很真切的。

　　我和溥儀多次遊覽故宮，每次都由他導遊，也遇上不少新鮮事。現在我只能綜合地講一講，雖然還記得某些細節，但已想不起它們究竟是哪次遊覽所得到的印象了。

　　我們走到神武門外，進門之前，溥儀總要停住腳步，看看這座由古代勞動人民創造出來的偉大建築的外觀。他的目光由環繞著故宮的護城河開始，先轉向那玲瓏剔透的角樓，再轉向紅色的高牆以及「故宮博物院」幾個大字和它下面的極為壯觀的城門。他頗有感觸地對我說：「這是在五百多年前的明朝永樂年間，搜刮全國人民的人力、物力和財力修建而成的。先後有明清兩朝二十五個帝王，在這裡過著錦衣玉食、后妃成群、一呼百諾、驕奢淫逸的生活。直到我被逐出宮，才結束了這數百年的罪惡歷史。」

　　我們步入神武門，信步在畫棟雕樑和瓊樓玉閣之間，望著那玉階

金瓦，朱碧輝映的建築群，他說：「只有現在我才意識到，它是古代勞動人民的藝術傑作。而多少年來，我卻一直認為它是屬於我個人私有的家產。」

溥儀被逐出宮，結束了明清兩朝 25 位帝王五百多年的宮廷生活史

走到毓慶宮附近時，他說，這是他小時候讀書的地方。他又指著靠西邊的一棟房子說，他愛在那個小樓上看書。這時，我們聽見有個遊人正講：「這就是宣統讀書的地方！」溥儀拉著我聚精會神地聽他們議論著，卻又害怕被他們認出身邊站著的宣統皇帝。溥儀輕輕地笑著並盡量壓低了聲音對我說：「我當時不愛讀書，老師也沒辦法，每天早晨讓太監在我的房門外把學過的東西從頭念一遍，希望我能用耳朵

慈禧太后住過的儲秀宮

117

聽進一些。」他還給我講兒時的惡作劇。他說：「有時候老師打瞌睡，我就把紙條捻成一根紙棍，用來捅老師的鼻子。」

我們走到西太后住的地方，他給我講了一段關於西太后發跡的歷史。他說，西太后乍一入宮時是個宮女，名叫蘭兒。咸豐皇帝很喜歡她，便在暗中有了孕。咸豐的皇后鈕古祿氏（即慈安太后）聽說此事，趁著咸豐坐朝聽政的時候，命人來抓蘭兒，打算拷問毒打，當此之際，咸豐帝趕來，以「蘭兒有孕」一言結束了一場風波，並「冊封」她為蘭貴人（據朱家溍同志考證，溥儀先生的這個說法是與事實有出入的，根據清朝制度，秀女有兩個來源：一是從上三旗包衣的女子中選，目的是作為宮女使用，當然進內以後也有可能成為答應、常在、貴人、嬪、妃，另一來源是從八旗官員的女子中選，目的就是預備作為貴人、嬪、妃。西太后的父親是個道員，她屬於後一個範圍，所以說她沒當過宮女，並且也不是懷了孕就升為貴妃的。她是咸豐元年被選中封為貴人的。據故宮博物院所藏檔案，咸豐二年二月二十八日的一個奏摺：「總管內務府謹奏，為奏聞事，咸豐二年二月十一日，由敬事房回傳：奉旨，貞嬪、雲嬪於本年四月二十七日進內、蘭貴人、麗貴人，著於五月初九日進內……欽此。」這裡提到的蘭貴人，就是後來的西太后，說明她進宮時已封為貴人，沒有當過宮女。又據「宗人府全宗」咸豐年修訂的滿文玉牒，其中一節譯成漢文是：「蘭貴人葉赫那拉氏，道員惠徵之女，咸豐四年甲辰二月封懿嬪，六年丙辰三月封懿妃，七年丁巳正月封懿貴妃」。葉赫那拉氏於咸豐六年三月生下兒子，這就是後來的同治皇帝。這時候她的名號是嬪，生子後晉封為妃到七年才晉封為貴妃。見《故宮博物院刊》1980年第3期）生下同治以後，又母以子貴，扶搖直上而為皇后。這就是在咸豐死後，鈕古祿氏和她並稱東、西太后的緣由。咸豐臨危時已看出慈禧將要霸道起來，就把鈕祜祿氏叫到病床旁邊，對她說：「我知道妳為人過於老實，而她（指西太

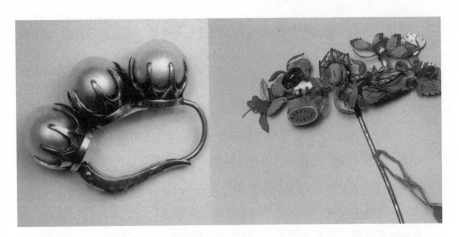

在珍寶館，溥儀介紹慈禧佩戴的珠寶玉器等各種
珍寶的來歷和用途

后)又不是個安分守己的人，恐怕她將來要鬧大事，妳又制不了她，我把寫好的遺詔交給妳，她安分守己便罷，若不然，妳可宣布我的諭旨，令其自盡，以除後患！」然而這件事還是讓慈禧知道了。於是，她在東太后面前表示親熱無比，騙取信任，以忠厚出名的慈安終於上當，並拿出珍藏的咸豐遺詔，對慈禧說：「現在咱們這樣的姊妹，還用得著這個！」於是，一把火焚化了。

不久，慈安患了一點兒小病，當天上午還能坐朝聽政，慈禧讓人送奉一服藥，她食後突然於傍晚暴斃。從此，慈禧獨攬朝政，在中國歷史上掀開了最黑暗的一頁。

參觀故宮內珍寶館的時候，溥儀依次向我介紹各種珍寶的來歷和它們的用途。介紹慈禧佩戴的珠寶玉器尤詳。他說：「西太后接見外國駐華使節及其夫人時，最喜歡佩戴許多珠寶首飾。這不過是為了顯示『中華之物力』，以表明有足夠的力量『結與國之歡心』。」講解時，

為了避免麻煩，他儘量壓低聲音，迴避遊客。結果，因為他講得非常細緻，許多又是外人不能知的內情，終於被幾位遊客察覺了，立刻圍上去追問溥儀：「你怎麼知道得這麼清楚？」圍觀者愈來愈多，溥儀連連說：「不清楚！不清楚！」趕緊脫身出來。

　　來到坤寧宮，溥儀說：「結婚那天，我並未住在這裡，只是因為好奇，掀了新娘的面紗，一看婉容長得挺美，之後就跑回養心殿寫字、畫畫去了，直到天亮再也沒到這新房來。」溥儀又談起在坤寧宮吃「子孫餑餑」的一段往事。按照習俗，新娘必須找一名父母兒女俱全的「全合人」當伴娘，由伴娘指示「子孫餑餑」的吃法。婉容的伴娘端著那餑餑問溥儀是生的還是熟的？溥儀說是熟的。伴娘很吃驚，也只好先讓溥儀吃了，再讓婉容吃的。家族的人們聽說，連臉色都變了。按照迷信的說法，生即生孩子，熟即無後，因此，說「熟」是很不吉利的。

溥儀談起在坤寧宮吃「子孫餑餑」的往事

120

在養心殿小院裡，溥儀領李淑賢來到他當年的臥室

　　我們參觀溥儀臥室的時候，他仔細看看被褥，對我說：「這被子正是我當年蓋過的，原物！」

　　「四、五十年了，真結實呀！」我說。

　　「那就是我睡覺的地方。」溥儀指著殿內的硬板「龍床」說。

　　「在這兒睡覺能舒服嗎？皇后也在這兒住嗎？」我頗感興趣地這麼問他。

　　「結婚後我有時候到婉容那裡去住。」他回答說。

　　「也上文繡那兒去嗎？」我又問。

　　「不常去。偶爾也去看看，待一小會兒就走了。」他答道。

　　我們走過太妃住過的宮室，溥儀說：「我小的時候常和太妃們鬧

彆扭，她們想約束我，我不服，向她們發脾氣。心想：我是皇上，要誰
管呢？」

參觀宮廷御膳房的時候，溥儀說，他從小愛吃甜點心，宮裡每天
給他做許多樣，端來後只是吃一、兩塊，絕大部分擺樣子或賜給太監。

當我們坐在御花園的長凳上休息時，溥儀十分感慨地說：「我三
歲受西太后之命進宮，直到十九歲出宮，四牆之內，如此大一塊地方，
可把我膩煩死了。小時候整天和太監用布蒙住臉藏摸摸玩，太監追上
我，就罰他站半個鐘頭，我若追上太監，就賞他點心吃。當然，太監總
是能讓我追上的，但逐漸長大起來，這已經不能使我滿足了，我只想插
上翅膀飛出這監牢一般的宮廷。直到今天，想起當年的苦悶，我還痛恨
西太后呢！」

頤和園，我們也去過多次。第一次去的印象還很深刻。

我3歲進宮，19歲出宮，只想插翅飛出這監牢一般的宮廷

1963年6月，溥儀和李淑賢在頤和園吃活魚

那是1963年6月間的事，沒去之前他就告訴我：那裡有個賣活魚的地方很有名氣，可以在那兒用餐，等我們到達園內已接近中午，於是就先到那個有活魚的地方吃了飯。

飯後，我們首先遊覽了東山的亭、台、殿、閣建築，在仁壽殿後面的漪瀾堂西殿屋內，見到一堵青磚牆，他說，這堵牆本來是沒有的，是為了幽禁光緒才砌起來的。

大清國慈禧皇太后

123

在一座大殿內，我們看到高高的慈禧畫像，他說：「每年一開春，慈禧就到這兒來了，天一涼就回城了。她每次來都是由許多人抬著大轎，一步一步地從城裡抬過來，而且，轎夫也要腳不沾地，從紫禁城到頤和園全部鋪上地毯。」

　　我們走到慈禧的寢宮——樂壽堂，溥儀指著屋中的陳設說：「她置國家危亡於不顧，帶著女官和畫家在這裡盡情享樂。」

　　接著，我們又轉到前山，溥儀遊興甚濃，竟一個人登上萬壽山的頂層，在上面向我招手，然後又很快地走下來。我則只能等在下面。

　　從萬壽山下來，我們又沿著長廊走到石舫。溥儀指著園內的山水亭台對我說，慈禧太后為了自己享受，在光緒十四年挪用海軍經費三千萬兩修建了這片園林。可氣的是西太后死後，光緒皇帝的皇后隆裕為了「孝敬」婆婆，又花了數以萬計的銀兩紮紙船、紙人燒。她活著害人，死了還糟蹋人，逼得百姓活不下去。

　　那天，直到午後四時多，我們才離開頤和園。

　　1962年6月的一個星期天，我們約了周振強和毓靈筠（溥修的大女兒，溥儀的侄女）一同遊北海。

　　進園後，我們站在湖邊的漢白玉欄杆前，看那湖上的綠渚清波，看那牌樓後面的朱廊翠瓦，看那小山上如同用玲瓏白玉雕琢而成的西藏式白塔。溥儀講起了北海的來歷：他說，遠在西元九世紀的遼代，就在這裡修建了「瑤嶼行宮」。金代時，又建造了「瑤光殿」、「廣寒殿」、「團城」以及環繞北海的小山等，同時，由開封等處運來大批艮嶽山石，砌成園中的假山。到清代順治年間修了這座白塔，同時興建了白塔寺，以後又陸陸續續建起許許多多亭台殿閣。乾隆時，在其母八十壽辰之際，建造了「萬佛樓」。據說在一座三層樓中，有一萬個大大小小的佛洞，而每個洞內都有一座金質的無量壽佛。八國聯軍殺進京那年，帝國主義者們便捎帶著把這一萬個金佛以及「闡佛寺」大佛身上的無數的銀嵌珠寶和具有高度藝術價值的雕刻並珍寶全部掠走。

出故宮神武門，馬路對過就是景山，也是溥儀和李淑賢常來的地方

　　我們幾人一塊兒走到「九龍壁」前，溥儀拉著毓靈筠的手，又滔滔不絕地講起「九龍壁」的來歷。毓靈筠覺得怪不好意思，可是溥儀卻是若無其事的樣子，他是個非常隨便的人。

　　到了茶座，我們喝水、休息。老周開玩笑地對溥儀說：「你過去當皇上能這樣來喝茶嗎？」溥儀說：「那時候來一次北海，地鋪皇氈，人抬大轎，還要多少人鳴鑼開道呢！但，那算什麼自由呢？現在，我可以和愛人、朋友，一起來逛逛，喝茶水，吃點心，多隨便呀，這才是自由。」

　　休息一會兒，我們又登上一條大船，到對岸去玩了一圈。

　　當我們爬到白塔之下，並從那裡瞭望北京全景的時候，溥儀高興地說：「過去我連幾步路都走不了的，現在爬了這麼高的山並不覺得累。」

　　1963年3月，我和溥儀遊景山。他對景山的歷史簡直是瞭若指掌，走一處，說一處，從根到梢，說個明白。

　　我們從正門進園，映入眼簾的首先就是一座形如筆架的有五個鞍峰的土山。溥儀說，五百多年前，元朝皇帝就把這塊地方據為「禁苑」，當時只有一個小土丘，喚作「青山」。明代永樂年間，因修築皇宮在此堆煤，又被稱作「煤山」。後來，挖護城河的泥土堆在這裡，從而形成五個整整齊齊的山峰。乾隆時期又在山上修了五個具有詩情畫意的亭子，在山後修建了幾座宮殿，即「壽皇殿」，用以供奉歷代皇帝，皇后的遺影遺物。溥儀說：「直到1924年我被逐出宮前，這個地方始終被皇帝及其家族獨霸著。」

　　我們從綺望樓沿著山路往東走，到紅牆的拐彎處又折向北，再往西踏上登山的平坦山道，再走幾步就看到在山道左邊有一座矮牆，圍繞著一棵古色古香的老槐樹，這就是崇禎帝上吊的那棵樹。溥儀若有感觸

地看著這棵樹,並留心地聽遊客們七嘴八舌地議論著,當只剩下我們二人的時候,他輕聲對我說:「這位崇禎是明朝的末代皇帝,他當時被包圍,走投無路了。皇后、妃子紛紛自殺,他就跑到這裡吊死了。這件事發生在1644年3月19日,說明壓迫人民的皇帝終究不會有好下場。崇禎也似乎了不得,李自成打進了北京,他就什麼辦法也沒有了。」他深深嘆了一口氣,又說:「如果不是建立了新中國,弄不好,我也一定要跑到這棵樹下吊死的……」

我們又順著山路走向景山的主峰。經過兩座富有民族藝術色彩的美麗而幽雅的古亭,到達景山中峰最高處的「萬春亭」。我們進入這座三重簷的綠琉璃瓦的亭子,縱覽四面風光。溥儀指著東邊山峰的兩個亭子說:「那是周賞亭和觀妙亭」,又指著剛才經過的兩個古亭說:「那是富覽亭和輯芳亭」。他說,過去這五個亭子各有一尊富有藝術價值的銅佛像,後來被八國聯軍掠去四尊,萬春亭那尊也被砍斷了左臂,後來又補鑄的。

溥儀扶著萬春亭的欄杆,從那蒼松古柏的淡煙輕靄中,俯瞰偉大首都的面貌,心中充滿了感慨。

我們家住的地方離動物園很近,溥儀還很喜歡動物,因此,我們成了動物園的常客。每次去動物園之前,他都買點當作次

品處理的水果或餅乾之類，並切成小塊，帶到動物園去。他餵熊，熊就用兩條後腿站起來接，並會合掌致意，似乎表示謝謝，這使溥儀感到有很大的興趣。

我們還曾一起到廣濟寺參觀。廣濟寺是一座不開放的佛教寺院，該寺的巨贊法師是一位政協委員，又是中國佛教協會的副會長，和溥儀在同一個小組裡學習，因此，他們相處頗熟。有一次，溥儀從報上看到有關佛牙的報導，才知佛牙現存廣濟寺，這引起了他想觀瞻佛牙的願望。巨贊法師瞭解他的心願後，熱情地邀他到寺院作客。溥儀很感激的答應了。

1963年2至3月間的一個星期天，我們如邀來到廣濟寺，身穿灰色僧衣的巨贊法師在大門口迎接了我們，並把我們引進西院他自己的居室。房間不大卻有兩個很高的立式書架，擺滿了各種版本的佛教經典以及大量的哲學著作。看得出來，屋主人一定是一位淵博的學者。好客的法師沏上了最好的香茶，溥儀喝了一口，連聲誇讚：「好茶！」

聊了一會兒，法師就陪我們參觀。他拿了一大串鑰匙，先領我們到大雄寶殿。殿中央是一尊釋迦牟尼佛的高大塑像。左有迦葉弟子，右有阿難弟子侍立佛前，而大佛兩側則分別為東方琉璃世界佛主藥師佛和西方極樂世界佛主阿彌陀佛。大殿兩牆還並列共十八尊護法神。法師詳細地向我們介紹了諸佛來歷。我是不大懂的，但溥儀似乎很懂，因為他在長春偽宮中是天天念佛的。

然後，法師又把我們領到圓通殿。這裡有觀音菩薩像。

最後，我們來到法堂。巨贊法師告訴我們，這是寺內向教徒講經說法的地方。從這裡登上二樓，就是存放佛牙的舍利閣了。溥儀反覆端詳那顆約有三分之二小拇指大小的佛牙。

巨贊法師給我們講述了佛牙的傳世情況，他說，這顆佛牙是六朝時南齊和尚法獻在新疆南部找到的。他帶回南齊後自己保存起來，後因消息傳出，法獻和尚的住處被搶，佛牙失落。直到陳武帝時才又重新出

現，並被陳武帝供奉於宮中，從此，正式受到佛徒的朝拜。隋唐時期，佛牙隨著都城的遷徙而輾轉，唐末以後來到北京。遼道宗時即在西山靈光寺造塔存放佛牙。該塔在八國聯軍打進北京後被擊倒，佛牙又暴露在外了，當時人

們看到這顆佛牙被裝在檀香木的盒子內，而木盒又藏在一個石函裡。軍閥統治時期寺院潦倒，佛牙竟一度被送進「當鋪」，後經贖回，保存於靈光寺內。1953年佛教協會成立後，才把佛牙請到廣濟寺，放在這個舍利閣內。

參觀完畢後，巨贊法師又引我們回到他的居室喝水。到開飯的時候了，法師很客氣又極誠懇地對我們說：「這裡的素齋做得很好，有專門的手藝，你們可以嘗嘗。」但溥儀執意要走，法師也只好送客了。

我們走出很遠還看見那位身穿僧衣、年近花甲、個子不高、紅光滿面的法師，光著頭，久久地站在寺院門外，目送著我們的背影。

此外，我們還一起遊覽過其他許多地方，如西山八大處、臥佛寺、香山、碧雲寺、天壇等等，只是印象已經不大深刻了，記不清當時的情景了。

溥儀遊覽香山

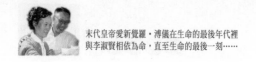

十一、漫遊祖國

1964 年裡，我和溥儀隨著全國政協參觀團，兩次到外地參觀遊覽。一次到南方，一次到西北和中原。

還是讓我按照時間順序，先說說到南方的情況吧。

從 3 月 10 日起到 4 月 29 日止，我們經過江蘇、浙江、安徽、江西、湖南、湖北六省和上海市，行程一萬兩千多華里，先後參觀了二十三個工廠、四個人民公社、一個水力發電站廠、一所大學、一個天文台，瞻仰了井岡山革命聖地，韶山毛主席舊居，遊覽了南京的中山陵、玄武湖，無錫的太湖、錫惠公園、梅園、蠡園、黿頭渚，蘇州的網師園、留園、西園、虎丘、獅子林、拙政園，杭州的西湖，安徽的黃山，漢口的東湖等名勝古蹟，歷時五十天。

溥儀告訴我，這次參觀是根據周總理的指示安排的。由當時擔任人大常委會副秘書長，全國政協常委、民革中央常委兼宣傳部部長陳此生同志和全國政協秘書處副處長連以農同志帶隊，隨同前往的還有中國新聞社的幾位記者。

3 月 10 日上午九時三十分，政協送站的汽車到家接我們，那天我稍稍有點兒感冒，但心情還是很興奮的。我看溥儀更活躍，他手舞足蹈

的樣子簡直像個未成年的孩子，因為這是他第一次到南方啊！我們把家交給二妹和妹夫照看，就高興地登車到了北京站。

溥儀夫婦來到南京紫金山天文台

當北京站的大鐘以悅耳的樂聲向人們報導十點半鐘的訊息後，南行的列車徐徐開動了。

在軟臥車廂裡，我們和宋希濂夫婦（宋希濂是在 1962 華夏天結婚的，夫人名叫易吟先）住在同一個房間。溥儀望著窗外，一望無際的河北平原上還是有壟無苗，小河裡結著冰碴，道邊的楊柳還沒有長出綠葉，這裡正是早春時節。

中午，我們在餐車上喝著啤酒，欣賞一路風光，大家說說笑笑，輕鬆愉快，心裡美滋滋的。

車到黃河的時候，夜幕降臨了。我們在列車上度過了安靜的一夜。當我們透過明媚的晨曦又向窗外望去時，看那可愛的大地上，草綠了，花開了，禾苗生長出來了。啊！美麗的南方到了。溥儀伏在窗前小桌上，望著南方春色，飛快地寫下一首頌詩：

一望無際的祖國大地，

錦繡如畫的林野山河，

五星紅旗處處飄展，

萬戶千家喜笑高歌。

我們熱情歌唱，

歌唱共產黨，

歌唱毛主席。

有了您們的正確領導，

才有幸福、快樂的新中國。

　　滔滔的長江已在眼前，我們和前來迎接的江蘇省政協負責同志一起乘汽艇橫渡。在船上，那位江蘇省政協的同志講起「百萬雄師過大江」的故事。他是身臨其境的一名戰士，講得繪聲繪色。他說，當時就是用小木船、小帆船運送解放軍的，整整兩晝夜，冒著敵人的猛烈炮火強渡。像秋風掃落葉一樣解放了南京，把勝利的紅旗插上偽總統府的樓頂。聽著那位同志的講述，望著船頭正在飄揚的紅旗，我看出溥儀是十分激動的。

　　我們在3月11日中午到達南京，受到市政協唐秘書長等人的熱情迎接，並把我們安排在條件舒適的福昌飯店住宿，等我們乘坐的汽車到達那裡時，一碗碗香茶，一盤盤糕點已經擺好，迎賓的客廳裡溫暖如春。

　　接著，我們又被引到富麗的五樓餐廳，美味佳餚，十分豐盛。午餐後為了消除旅途疲勞，休息半天，參觀活動從第二天開始。

　　在南京期間，我們遊覽了中山陵、明孝陵、靈谷寺、梅花山、玄

武湖以及紫金山天文台等名勝古蹟或風景區。

　　我因為身體不好，從北京出來時又鬧點兒感冒，許多參觀活動未能參加。溥儀隨著參觀團到過不少大工廠，可我尚有印象的只有南京化學工業公司。這是歸中央化工部直屬的一個萬人以上的大廠，年產化肥六十萬噸。我們在這個公司裡看了工人宿舍，看了職工第四小學和第九村幼稚園。活潑、天真的孩子們給我們表演了小歌舞，一向喜歡孩子的溥儀像著了迷似的，向這個孩子問：「幾歲了？」向那個孩子問姓名，別人已經走出老遠，他還戀戀不捨……。那天我們還參觀了該公司的氮肥廠和磷肥廠。中午，公司招待我們吃了一頓可口的午餐，而工人們則讓出自己的寢室請我們休息，真是上上下下一片溫暖。

　　參觀期間，溥儀是很關心我的。一天，我病倒了，沒能隨溥儀一起參觀南京汽車製造廠。溥儀回到福昌飯店就急忙看我，他進了房間找不到我十分焦急，就對周振強說：「淑賢丟了！」老周立刻陪他到街上去找，果然在一家商店裡碰上了我，那天我一個人待在飯店裡太悶了就出來走走。溥儀見到我，一把拽住我的手，說啥也不鬆開，好像一鬆手我就要跑丟似的。

　　我記得有天上午，我們參觀藝新絲織廠和友誼服裝廠，參觀結束時離吃午飯還有一段時間，於是，汽車又開到南京一條最熱鬧的街道——夫子廟那裡，我小時候就聽父親講過這個地方，它曾是紀念孔子的「聖地」，卻也是舊社會歌女、娼妓、流氓和賭棍麇集的場所，我和溥儀也懷著好奇的心情下車到街裡去。我們在這條街上買了一些特產作為紀念品，又是進一個賣湯圓的鋪子，我從小就喜歡吃湯圓，於是買了一大包，有糖餡的，有肉餡的。溥儀說：「怕無法吃得下呢！」其實，也

只能算做一種紀念品吧！我們又沿著這條碎石子鋪成的路面，走到城隍河的欄杆那邊，和以船為家的當地老鄉聊了起來。正是這個地方，解放前不知有多少天涯歌女淪落乞生，而現在他們的生活是很幸福了。

商女不知亡國恨，

隔江猶唱〈後庭花〉（唐代著名詩人杜牧所寫〈泊秦淮〉一詩中的兩句）。

往回走的路上，溥儀低聲吟誦這兩句詩，像是自言自語，又像是對我說：「那樣的情形是絕不會再重演的了。」

在南京的最後一天的參觀活動，給我留下了至今難忘的深刻印象。那天上午，我們懷著沉痛的心情，晉謁雨花台烈士陵園。國民黨統治時期，在這裡屠殺了二十多萬共產黨員和進步人士，以致雨花台下的河道也變成了鮮血那樣的紅色，人間慘劇莫過於此。溥儀又想起日寇血洗南京並聯想到日寇在東北製造的無數慘案，覺得心情更加沉痛，於是，由他提議和廖耀湘、宋希濂等人一起，在擺滿了花圈的高大宏偉的烈士紀念碑之前默哀並照相留念。

溥儀夫婦來到南京原國民黨總統府西花園

那天下午，我們遊覽了西花園，接著看了偽總統府。溥儀原以為蔣介石的辦公府邸一定規模龐大，其實不然。從大門到正房相當幽深，

蔣介石的辦公室在最裡邊，並不大。外間則是一個僅有六，七平方米的會客室。溥儀說：「蔣介石的辦公室原來這樣小！」我想，這好像是為陰謀家特製的房子，幽深而狹小，既便於策劃陰謀又易於防備暗算。我坐在會客室內的單人沙發上，溥儀依靠著沙發扶手，我們合照了一張相。溥儀感慨地對我說：「蔣介石殺害了數以千萬計的祖國同胞，而我和蔣都是一樣的反動統治者，他統治著大半個中國，我則在東北當上偽滿皇帝。」現在，這個偽總統府回到了人民手中，成為省政協和參事室的辦公處。

在南京參觀期間，有一天晚上開座談會，我和家屬們一起另為一組。會前溥儀一再動員我「說一說」。我說，十幾歲的時候，我曾隨父親來過南京，親眼看到了一個被日寇屠殺的家庭，真是慘不忍睹。今天又看見了南京的新面貌，這種參觀對自己大有益處。最後我說：「我一定勉勵愛人不要辜負黨的期望，要加強改造，努力工作。我將和愛人一道，齊心協力，共同進步。」會後，溥儀又微笑著問我發言的情況，他對我的發言表示滿意。

我們在南方參觀的第二站是無錫。無錫南濱太湖，西倚惠山，是江南著名的風景區之一。面積二千二百平方公里的太湖是灌溉周圍農田的天然水庫，七十二山峰隱約湖中，風帆點點，景色壯麗。湖濱的黿頭渚、蠡園、梅園等園林山明水秀，風景如畫。錫山、惠山及其周圍保存著許多文物古蹟和精心構築的園林，有著名的「天下第二泉」，歷史悠久的寄暢園等。溥儀的遊興很濃，我們和同伴們一起，由梅園到蠡園，再到黿頭渚，又乘汽艇遊太湖小箕山。

我們還參觀了無錫泥人研究所。這裡生產的彩色泥塑古裝美人好

1964 年 3 月 16 日溥儀來到無錫泥人研究所參觀

看極了,溥儀見我喜歡就買了幾個帶回家。這無錫產品——「惠山泥人」,造型精美,神采生動,真是名不虛傳。

　　我們來到古城蘇州,立刻被那玲瓏剔透、美麗無比的園林風光吸引住了。我們遊覽了網師園、拙政園、西園、留園、獅子林以及虎丘等著名園林。南方的山光水色使溥儀感到新奇。就拿獅子林來說吧,尚未進園,溥儀就刨根問底地向導遊同志詢問園名的由來。導遊同志說:這處園林始建於元代至正年間,當初天如禪師到蘇州來,為了紀念他們的老師中峰和尚,創造此園。因為中峰原住天目山獅子岩,而園中很多石峰都像獅子形,因以名園。我和溥儀都很喜歡園內的的石蜂,有「含暉」、「吐月」、「玄玉」、「昂霄」等等名稱,其中最高的叫做「獅

子峰」為諸峰之主，石洞高下盤旋，連綿不斷，進了洞也必得順著山路走才能出來，走錯了就會繞來繞去還在原處，而且每換一洞都會感到有不同的景象。舊時有「桃源十八景」之稱，整個假山全用湖石壘成，外表看上去非常雄渾，內部卻玲瓏剔透，處處空靈，巨大的峰石都在洞的上面，石縫裡還生長著百年大樹，這種奇突的

溥儀、溥傑兩夫婦和李以劻（左二）丘文昇
夫婦在蘇州拙政園

技巧簡直令人難以想像。我看得出來，勞動人民的智慧和創造使站在我身邊的、從小生長於紫禁城中對雕樑畫棟習以為常的溥儀，簡直著了迷。

世界聞名的「蘇繡」是怎樣製造出來的呢？為了幫助我們瞭解這個問題，領導安排了有關的參觀活動。在絲綢廠，我和溥儀欣喜地看到那一匹匹非常漂亮的絲綢成品被製造出來；在刺繡廠，我和溥儀很有興致地鑑賞那繡有大貓和青虎圖案的異彩奪目的地毯；在刺繡研究所，我和溥儀訪問了金錫所長。她在解放前已是一位蘇州知名的刺繡藝人，在那戰亂頻起的年代，也只好失業務農，給別人傭工。解放後，她被請到刺繡研究所當了所長，並被選為市政協委員、省人民代表。她帶了許多徒弟，才能得到了充分的發揮。溥儀向金所長請教刺繡的原理和工序，金錫同志耐心地給我們解釋，幫助我們擴大了眼界，增長了知識。

我們到達上海的時候天已黑了，對於這個曾被稱為「冒險家的樂園」的大都市，溥儀早就嚮往著一飽眼福。晚飯後，溥儀就急著催我到樓外去領略上海風光，我們走出富麗堂皇的上海大廈，緩步漫行在黃浦灘頭。我們向江上望去，那裡有我國和世界各國的巨輪停泊著；我們向馬路的遠方望去，那裡有聳立的高樓，五顏六色的霓虹燈和千變萬化的廣告商標，而從那街的盡頭，又不斷傳來海關大鐘的悅耳之聲……此時此刻的溥儀想到了什麼呢？和紫禁城相比，這裡完全是另一番景色；在舊社會，一個是封建王公貴族的享樂之地，一個是帝國主義者及其走狗的賭場。溥儀感慨萬千地對我說：「從前，這地方也一定和紫禁城一樣，是不許一般人隨便來的。」我們回到房間以後，溥儀讓我先睡，他自己則伏案燈前沒完沒了的寫呀記呀，到第二天我起床後看到桌上的筆記本又記滿了十幾頁，還寫了一首詩呢！我知道他一定睡得很晚，因此

溥儀夫婦參觀刺繡廠和刺繡研究所

沒有驚動他，讓他安靜地多睡一會兒。

　　溥儀在上海的幾天裡，聽取了上海市委統戰部吳康副部長介紹上海情況，瀏覽了上海市容，參觀了上海第一鋼鐵廠、塑料製品第三廠、第一印染廠、吳涇化工廠、微型軸承廠以及嘉定縣徐行人民公社，還參觀了街道以及工人文化宮、上海青年宮等文化單位。

　　那些天，我由於身體始終沒有恢復好，不能參加許多有趣的集體活動，直到今天還因為自棄良機而惱恨自己呢！不過，溥儀每次參觀回來都要給我「補課」。有一天，溥儀告訴我，說他們看了幾條街道：張廟新村和蕃瓜弄。他介紹說，這些地方原被稱為上海的龍鬚溝，解放前是窮苦人聚居的地方，地勢低窪，終年潮濕，臭氣熏天。現在完全不同了，過去的泥濘土路，今天是寬敞的林蔭大道，過去的茅屋草棚，今天是一排排整齊的樓房住宅，飯店、商店、理髮店、銀行、儲蓄所、醫院、學校，和為工人設置的服務性企事業樣樣俱全。特別是蕃瓜弄，已經成為全國聞名的衛生城。溥儀的介紹使我感到，他對於參觀確實很認真，是很動腦筋的。

　　那幾天裡，我這個「病號」是怎樣度過的呢？大家出外參觀的時候，我就一個人待在房間裡，有時到街上溜彎兒，逛逛商店，買點東西。在溥儀自由活動的時間裡，也和他一起走走，這樣，上海的四大公司：永安、新新、大新、先施等，我們都逛了。

　　溥儀每到一個商店就往兒童玩具部和文化用品部擠。在前一處買些小洋娃娃呀、小手槍呀什麼的，在後一處則買些戲裝臉盔呀、小花臉子什麼的。反正都是小玩意兒，見啥都想買。我說：「你沒有鞋穿呢，買雙皮鞋吧！」他說：「還是買小玩意兒吧！」我索性任著他的性子去

買。

我從小住在靜安寺路，現在叫南京西路，直到十六、七歲才離開
的。有一天，別人都去看上海雜劇，我和溥儀卻跑到從小住過的地方去
了。從街的這一頭走到街的那一頭，我們一邊走著，我一邊講述兒時在
這裡生活的情形。他很細心地聽我講，並以惋惜的口氣對我說：「如果
妳父親、母親都還活著該多好哇！兩位老人一定會歡迎我們的。」我注
意尋訪當年的老鄰居，也都不知道搬到哪裡去了。在這條街的盡頭處，
我們雇了一輛三輪摩托車，回到大廈的時候夜色已深了。

參觀團離開上海以後就來到我的家鄉——杭州。晚上十點多鐘，
杭州市政協的同志把我們接到杭州飯店，我和溥儀所住的房間正好面對

1964 年 3 月 27 日溥儀夫婦在杭州西湖湖心公園

西湖。

我們站在窗前望那西湖夜景，山影迤邐，水光月色，清秀安謐，十分迷人。眼前的一切都不能不讓我憶起孩提時代的往事，我八歲離開杭州後，十歲時又隨父親回來一趟，以後一直到今天重遊。溥儀對我說：「到了妳的家鄉，妳看出有什麼變化嗎？」我說：「從小的記憶很淡漠了，但那西湖岸邊殘破的大牆給我留有很深的印象，你看現在不是已經整修如新了嗎？」溥儀也感慨地說：「許多變化是想也想不到的。如果沒有這變化，我是不可能和妳一起到妳的家鄉來參觀訪問的。」

第二天一早，還沒吃飯，溥儀就和連老等人一起去看岳飛墳，回來就對我說：「奸臣稱王霸道，昏君偏聽偏信，好人慘遭陷害，國家則必亡無疑！」

那天下午，我們分坐幾條搖船，盪於西湖之上。這裡和北海不同，所乘之舟並不是那種雙槳小船，比較大些，還有船工擺槳。和我們同坐在一條船上的，除溥傑夫婦和杜聿明夫婦，還有位隨行記者。大家說說笑笑，心曠神怡。溥儀是從來不玩撲克的，在這條令人陶醉的大船上，也加入到小圈子裡邊，盡興地玩起撲克來。而我們的船則在美麗的湖面上緩渡慢行，興致勃勃的人們一面欣賞風景，一面

美麗的西子湖畔

143

講起歷代詩人和詞賦家歌誦西湖的佳句。

西湖原是一個海灣，後因錢塘江泥沙淤塞而逐漸成為內湖。唐朝以後，西湖風景逐漸聞名於世。人們常常把它比作古代有名的美人西施，因而得名。宋代詩人蘇東坡有一首名詩云：

水光瀲灧晴方好，山色空濛雨亦奇，

若把西湖比西子，濃妝淡抹總相宜。

忘記了是誰在船上講了一個笑話：蘇東坡對「姑蘇城外寒山寺，夜半鐘聲到客船」兩句頗不以為然，認為應改為「不到虎丘來杭州」，溥儀對比評論說：「杭州很美，蘇州也很美，在歷史上蘇杭一直並提，我們不能身在杭州就冤枉了蘇州嘍！」杜聿明接著說：「我們的祖國無處不美！」船上的人都笑了，唯有坐在船尾的那位記者一直沒搭臉，原來他趁大家笑談之機，早已攝下了許多個令人回味的美好的瞬間。

在那個愉快的下午，我們遍遊了西湖名勝，蘇堤和白堤、孤山、三潭印月、花港觀魚、保俶塔等，溥儀每到一處必讓我這「杭州夫人」講述來歷，感到很大的興趣。

當我們一起來到秋瑾墓前時，溥儀對我說：「秋瑾是一位了不起的女革命家。她是在我即位前兩、三年時被清朝政府殺害的。」在那附近，我們還看到了名妓蘇小小的墳墓。

溥儀夫婦在杭州西湖保俶塔前

在遠遠可以望見保俶塔的地方，溥儀突然問我：「妳看過《白蛇傳》嗎？」我說看過。溥儀又說：「那本書中的主角白娘子被法海壓在雷峰塔下，白娘子的兒子長大後為拯救媽媽推倒了雷峰塔。這雖然是傳說，卻能以它優美的故事情節教育後人，讓人們樹立良好的風尚和崇高的品德。」

那天晚飯後，我們邀了宋希濂夫婦到繁華的市區遊覽市容。呈現在我們面前的杭州是個極為清潔的城市，商業繁盛，特產豐饒，什麼小核桃、芝麻片、龍井茶等等，應有盡有。街面上的小商店一直營業到深夜。

我們到杭州的第三天，參觀團乘車去新安江水力發電站參觀訪問，我因為身體不好沒能隨大家一起去。溥儀參觀回來後，一進屋就連

聲向我說：「妳沒到新安江去，這太遺憾了！太遺憾了！」飯後，溥儀陪我在西湖之濱漫步，並把他在新安江看到的情景很細緻地對我講一遍。

一天上午，我們隨參觀團來到龍井茶的家鄉、以培植龍井茶為主的西湖人民公社梅家塢茶葉生產大隊參觀訪問。

1964 年 3 月 31 日溥儀參觀龍井茶之鄉——梅家塢生產大隊

　　這個大隊有兩百二十八戶人家，一千一百六十八口人，其中勞動力六百名。全大隊採茶面積共七百畝，此外還有少量的果樹地和大片的山林。解放初期平均總產量三萬多斤，到一九六三年已達到十八萬兩千斤，增加六倍。

　　參觀團到達後受到社員們的盛情歡迎，他們從自產龍井茶的茶葉蕊中挑最好的給我們沏上，色美味香，飲之宜人，真是名不虛傳。

　　這個公社的社長叫盧振豪，很年輕，五官端正，舉止大方，體格

魁梧。他給我們介紹了公社的情況，還講了他自己在解放前後的經歷。
他說：

　　我十二歲的時候，父親欠了地主六十元錢的乾糧，過了一年就
要一百二十元錢的乾糧，父親還不起，被奪去了祖宗留下的幾畝
地。父親被逼憂鬱而死。我十四歲的時候，母親慘遭一個富農的
毒打，臥床一年後也不幸地死去了。我找保長告狀，他卻說該
打。從此，我領著弟弟和妹妹以乞討為生，到處流浪，嘗盡了人
間辛酸。

　　解放後我才開始學習文化，現在已達到初中畢業程度，也當上
了幹部。我和妹妹都結了婚，弟弟是人民教師。

　　盧社長講到父母雙亡時，我看到溥儀落了淚，他很受感動。盧社長講完，溥儀請他在自己的筆記本上簽名，這位年輕的社長同志竟能寫一手好字呢！

　　接著，我們參加採茶勞動，我恰恰和盧社長的妻子在一塊兒。她是一位還不到三十歲的年輕婦女，身體很健壯。我們邊勞動，邊聊，還在茶葉地裡照了相。

溥儀夫婦和溥傑夫婦在杭州竹林

　　參觀大隊幼稚園的時候，溥儀更興奮。他非常喜歡地看著天真活潑的兒童說：「我沒有想到一個農村的幼稚園竟有這麼好的條件。」

　　最後參觀社員住宅，也到了盧社長的家。一座座小樓上，房間明亮寬敞，陽光充沛，室內大都有收音機、縫紉機，家具擺設井井有序，整整齊齊。溥儀看到一位社員家堂屋內掛的對聯有了感觸，立刻掏出筆記本記下來，那副對聯的上聯寫著「毛主席恩情似海」，下聯寫著「共產黨德重如山」，橫批是「勞動萬歲」。

　　我們在杭州期間還遊覽了靈隱寺、玉泉、玉皇山、黃龍洞、虎跑、淨慈寺以及煙霞三洞等名勝，日程雖緊但心情高興。

　　我們是在4月2日啟程赴黃山遊覽的，由於長途汽車顛簸動盪，連以農處長怕我受不了，特意把我安排在他自己的小車裡，可以稍微舒服

一點兒。當晚抵黃山賓館。

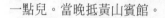

　　黃山位於安徽南部，秦朝時稱為里多
山，到唐玄宗時下諭改其名為黃山，以示中華民族的祖先黃帝曾經居
此。黃山自古就以它雄偉挺秀聞名於世，山中有三十六大峰、三十六小
峰、十六泉、二十四溪、五海、二湖以及岩、洞、潭、瀑等名勝，並以
奇松、怪石、雲海、溫泉稱「四絕」，松、石、雲稱「三奇」。

　　每天，我只能在賓館附近轉一轉，不敢走遠，但溥儀一有機會就
去爬山，我遠看那陡峭的山峰真替他擔心，可他安慰了我又去爬。有一
天他回來告訴我，說他到了丹井、三疊泉和鳴弦泉等地。他說，那裡的
景色極為奇麗：泉從高山瀉下鼓著橫列如琴的岩石，聲如古琴。泉右下
有一石，據民間傳說：李太白在此喝酒吟詩，酒醉繞石三呼，因此稱此
石為「醉石」，而鳴弦泉旁的洗杯泉，傳為李太白在此洗盞更酌。溥儀
每天都向我講黃山中的傳說，可惜大多都忘了。

　　在黃山那幾天，溥儀天天到溫泉游泳池游泳。他十分高興地說：
「過去在宮裡是不許接觸水的，更談不到游泳。長春偽宮中雖然曾為我

修建一個游泳池，可我只在那兒沾了一次腳。」現在，他在黃山穿上了游泳褲，戴上了游泳帽，卻還是有些靦腆的樣子。然而過去辦不到的事情現在總算是都辦到了。

我們在黃山參觀的最後一天，乘飛機趕到的安徽省委統戰部洪沛部長以及安徽省政協戴戟和李雲鶴兩位副主席，在黃山宴請參觀團全體同志。宴會前又接見溥儀等各位專員和夫人，因為我遲到了，溥儀很不高興，事後批評我說：「這樣可不大好哇，以後要注意。」

結束在黃山的參觀遊覽活動以後，我們又折返杭州，轉赴南昌，開始了對江西省的參觀訪問。

我們是在4月8日的深夜到達南昌的，江西省政協的同志把我們安頓在江西賓館。

第二天，我們參觀了南昌的幾處革命遺址。在「八一」南昌起義指揮部，溥儀仔細地觀看了周恩來、葉挺、賀龍，朱德、劉伯承等同志開會商討舉義大事的地方，看了關於「八一」起義的圖片、文件和實物展覽，還看到了賀龍同志當年的指揮部和革命烈士紀念堂。溥儀由此聯想到他和賀龍元帥的首次會面，他向我講述了當時的情形：1955年3月中旬，先後有許多解放軍首長到戰犯管理所來，有一天賀龍元帥和聶榮臻元帥也來了，因為溥儀常在報紙上或電影上看見兩位元帥的形象，所

以一見就能夠認出。正在溥儀伸頭張望的時候，賀龍元帥早認出了他，走到他的面前溫和地說：「你是溥儀吧！」溥儀低下頭說了一聲「是」。賀龍元帥和溥儀談了話，勉勵他好好改造。溥儀說：「這件事使我太感動了，永遠也不能忘記的。」

參觀團於4月10日從南昌出發，經兩天的汽車路程，過吉安，到井岡山訪問革命聖地。溥儀多麼希望我能和他同行啊！然而我的身體不做主，只好待在江西賓館中。參觀團是4月15日返回南昌的，溥儀見到我，露出十分惋惜的神情，對我說：「不應該失去這樣的機會呀，井岡山很值得一看。毛主席、朱老總在井岡山的生活很艱苦，江山來之不易呀！」

4月的南昌天氣很熱了，下場透雨才涼快一點兒，天一轉晴又熱起來。有時晚上熱得難受，我怎麼也睡不實，溥儀就拿扇子替我搧，直看到我睡熟他才肯去睡，有時覺出我翻身就又拿起扇子來搧。在參觀中，溥儀時時關懷著我，這已是人所共知。吃飯時他總是先把他得意的菜往我碗裡挾幾口，好像怕我吃不上似的，又好像我吃了這幾口菜就能長幾斤肉似的。參觀時只要我能去，溥儀就一定形影不離地和我走在

在毛澤東少年時代游泳過的池塘邊留影

152

一起，別人常常因此和我開玩笑說：「李淑賢，妳可真有福氣呀！有這麼一個好愛人照顧妳，真讓我們羨慕呢！」

我們在南方參觀訪問的最後目標是兩湖。在湖南，我們參觀了毛主席在長沙的革命遺址，並來到美麗的韶山沖，在這裡，溥儀瞭解了韶山的歷史以及毛主席青少年時代的生活。望著這個山清水秀的地方，溥儀真有點兒

在武漢鋼鐵公司，溥儀參觀了初軋廠、煉鐵廠、焦化廠和煉鋼廠

難捨難離之意，不覺說出「如果能長久的住在這裡，該有多好哇！」

在長沙，還有一件很有趣的事兒。一天午餐後，大家都討論一道頗有滋味的肉菜，溥儀也跟著大家說「好吃」。後來有人告訴他：那道肉菜正是聞名的湖南狗肉。溥儀聽了很後悔，真想再吐出來，卻無論如何也是辦不到了。溥儀是從來不吃狗肉的，他認為狗懂人性，比貓強，無論把牠放到哪裡都能跑回家去。貓則太饞，你家窮了，牠也就要改換門庭了。因此，儘管狗肉很好吃，他的心情也是不愉快的，埋怨愛人沒有告訴他。其實，我也是吃完飯後才知道是吃了狗肉。

在湖北，我們重點參觀了長江大橋和武鋼。長江大橋是擁有最新設備的世界罕見的巨大工程，1955年9月破土動工，1958年8月竣工，比原定計劃提前一年半；武鋼則是在1955年10月破土奠基，在一片丘陵地帶上建廠，1956年建設輔助工程，1957年建設主體工程，速度之

溥儀手跡：參觀了八路軍辦
事處舊址的感想

快也是很驚人的。溥儀在當天的日記中記下了自己的感想：

> 當我看到我國自行設計，自己建設的規模巨大的長江大橋和武鋼時，心裡有說不出的興奮，真感到作為中國公民而自豪。

我們是在4月28日中午離開武漢登上歸途的。在南方五十天的參觀訪問和遊覽活動對溥儀來說可謂碩果累累，後來他總結收穫說：

> 這次參觀，我親眼看到了祖國社會主義建設的偉大成就和充滿陽光

的新社會以及人民的歡樂。我再一次地感到祖國的興盛，祖國的可愛和社會主義具有的無可比擬的優越性。更重要的是，有中國共產黨和毛主席的正確領導，中國才有今天的朝氣勃勃、天翻地覆的大變化，不僅打倒了壓在人民頭上的帝國主義、封建主義、官僚資本主義三座大山，而且要改變舊中國的一窮二白的面貌，使祖國如旭日東昇，一天比一天好起來，一年比一年繁榮富強起來。新中國的前途真是光芒萬丈！

我們第二次外出參觀是到西北和中原。從1964年8月5日到8月28日，我們隨著全國政協參觀團由吳群敢主任（全國政協文史資料研究委員會辦公室主任）等帶隊走了西安、延安、洛陽和鄭州等四個地方。瞻仰了革命聖地延安楊家嶺、王家坪和棗園，拜謁了烈士陵園，參觀了陝甘寧

1964 年 8 月 10 日溥儀、溥傑和嵯峨浩在延安

邊區參議會大禮堂。同時，還先後看了四個博物館、兩個人民公社生產大隊、九個工廠、一所大學、一個紀念館和八路軍辦事處，遊覽了臨潼、大雁塔、白馬寺和龍門等名勝古蹟，共歷時二十四天。

在陝西省博物館參觀給我印象最深的一點是看關於陳勝、吳廣起義的圖片和實物陳列。溥儀對我說：「秦始皇是中國封建社會的第一代皇帝，從那時起，人民就反對封建制度，起來和皇帝鬥爭。這種鬥爭歷兩千多年而不止，直到把我推翻，才算埋葬了封建制度，但它的餘波還延續了相當長的時期，說明這個制度也是根深蒂固的，推翻它談何容易！這也是我國歷史上最長期、最嚴重的一場鬥爭。所以我總覺得個人的改造雖然事小卻涉及鞏固反封建鬥爭的歷史成果，我一定從嚴要求自己，以表示對數千年人民反封建鬥爭的敬重之意。」

參觀團於8月9日赴延安參觀訪問，使溥儀感到失望的是我又不能

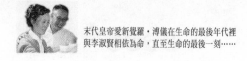
同行。參觀團是在8月17日或18日返回西安的，溥儀一見到我就像水在高處不能不流那樣，一古腦地向我介紹了延安情況，並發表自己的觀感，我成為從溥儀那裡接受延安教育的第一人。

溥儀告訴我，延安之行使他進一步瞭解了中國革命，他敬佩毛澤東主席作為戰略家的偉大氣魄。他說，日寇空襲鳳凰山時炸彈就落在主席住處附近，他由此聯想起自己在關東軍司令官梅津美治郎調任日軍參謀總長向他辭行時的獻媚言論。當時溥儀曾對梅津「建議」說：「日本要南進，應當同蘇聯和好，以鞏固後方而全力南下，尤其要多多製造飛機以確保制空權。」他感到日寇轟炸延安也包括著自己的一份罪惡。溥儀陸續向我講了很多他在延安的歷見、所聞和所感。我曾在當時的一次學習漫談會上發言說：

> 我愛人參觀延安回來向我介紹了許多革命聖地的情況，使我感到因病失去這次參觀機會非常遺憾。回想我黨在延安進行艱苦卓絕的鬥爭時，自己還不懂得什麼是革命。參加工作之初，在農村勞動時住在農民家裡，雖然受到農民的特別照顧，還是嫌農民髒，嘴裡不說心裡不愉快。後來在黨的培養教育下，才一步一步認識了一些革命的道理……

在西安期間，我們還遊覽了南郊慈恩寺內的大雁塔和臨潼驪山，參觀了八路軍辦事處舊址以及醴泉烽火公社烽火大隊。特別是驪山之遊極為盡興。

當我們來到臨潼南門外驪山腳下時，頓覺心胸開闊，輕鬆愉快。眼前正是美不勝收的秦川渭水，風光秀麗，景色宜人。

我們來到唐玄宗與楊貴妃在山腳下的華清宮舊址。溥儀說：「唐玄宗每年冬季攜楊貴妃及其姊妹數家來此居住，至歲盡而還，各地的進貢則源源而至，供其享樂。」他還給我講了一個故事，據說楊貴妃喜歡吃荔枝，當時四川涪州貢的荔枝用驛馬飛遞，取道西鄉入子卡谷，不三日即到長安，跑死許多馬。唐朝詩人杜牧以〈過華清宮〉為題，用輕快諷刺的筆調描寫這件事說：

長安回望繡成堆，山頂千門萬戶開，

一騎紅塵妃子笑，無人知是荔枝來。

這引起溥儀無盡的聯想，在當代的中國恐怕再找不到一個人能有像他那樣細膩的體會和深沉的感觸了。

我們又來到相傳楊貴妃沐浴過的「芙蓉池」。該池用白色玉石砌成，形似海棠，所以也叫「海棠池」。溥儀還記得詩人白居易在〈長恨歌〉中描寫楊貴妃出浴的佳句：

春寒賜浴華清池，溫泉水滑洗凝脂。

溥儀對我說：「這就是當年楊貴妃洗澡的地方。有人傳說她用牛奶洗澡，這是不對的。牛奶哪趕得上這溫泉之水更宜人？這水是確實去病的。由於溥儀的勸說鼓動，我也洗了澡，浴後溥儀突然問我：「妳讀過白居易的〈長恨歌〉嗎？接著他隨口讀出〈長恨歌〉中的幾句：

七月七日長生殿，夜半無人私語時，

在天願作比翼鳥，在地願為連理枝。

溥儀用手一指說：「詩中所謂長生殿就是這一片華清宮中的一座

宮殿，相傳天寶十年七月七日夜半，唐玄宗和楊貴妃曾在這裡仰天盟誓，願生生世世為夫婦。但這在事實上並未做到，至天寶十五年安祿山亂起，玄宗倉皇出走四川，楊貴妃被迫在馬嵬驛縊死，說明皇帝的愛情是不會長久的。」我聽了溥儀講的這個故事真想去尋尋長生殿的遺址，然而問了幾個人都說不清楚，也只好作罷。

我們又到蔣介石曾經住過的房子參觀，看了臥室、休息室和會客廳，前面玻璃窗上還留有當年事變時的彈痕。事變發生後，蔣介石穿著睡衣光著腳，打破臥室的後窗跳到室外，又在隨身衛士的幫助下，翻過臥室後邊的一道高牆，由於往下跳時跌了足，一跛一拐地由兩名衛士挾上驪山的半腰。這時，外間的槍聲愈來愈緊，蔣介石又怕又冷，狼狽地鑽進一個狹窄的石穴內隱藏了起來，然而那用睡衣擋著的屁股沒有藏住，被張學良的搜索部隊發現，並大聲斥出。蔣介石全身戰慄，哆哆嗦

溥儀請延安棗園窯洞前，請農民高興德在筆記本上簽名

嗦地，還執意不走說要死在那裡呢！後被挾擁帶走。

在蔣介石藏身的石穴旁有一石亭，是為「捉蔣亭」。國民黨時期，蔣介石曾無恥地自我吹噓，把該亭荒謬地命名為「正氣亭」。當時，國民黨的軍人政客也極盡阿諛奉承之能

溥儀和妻子參觀洛陽拖拉機製造廠時登上「東方紅」駕駛室

事，於亭壁之上作詩題跋。座談中，宋希濂講，當年他也曾在這裡題字稱頌蔣介石，想起來很可笑。當地居民稱呼那個石穴為「藏狗洞」。我在蔣介石住過的那間房子的牆壁上還看見有謝覺哉同志題詩一首，名曰〈登看捉蔣亭〉詩云：

二十年來藏狗洞，而今煙樹已蒼蒼。

危岩鏟去當時穢，清水沾來近代香。

樂歲穰穰稱華謂，豐功噴噴記張楊。

春秋浴詠多佳日，從此驪山不帝王。

溥儀對我說，他和謝老完全同感啊！這個在悠久的歷史中一直為皇帝、貴族和反動軍閥服務的地方，今天又以嶄新的面貌向勞動人民開放了。

大約是 8 月 22 日，我們到達洛陽對河南省進行參觀訪問。

洛陽這個九朝都城在解放後成一個重要的新興工業城市，我們參

末代皇帝愛新覺羅·溥儀在生命的最後年代裡
與李淑賢相依為命，直至生命的最後一刻……

1964 年 8 月 22 日溥儀夫婦和溥傑夫婦來到洛陽伏牛山龍門石佛窟

觀了滾珠軸承廠、礦山機械製造廠和拖拉機製造廠。溥儀對許多事物都感到新鮮，看見那一排排正待出廠的「東方紅」拖拉機，他非要上去開一開並拽我上車，請工廠師傅手把手地教開，竟真地把拖拉機開出好幾米遠，有位記者搶拍了這個鏡頭。當時，溥儀很高興地說：「如果我能多待幾天，就可以駕駛它上田野中去了。」拖拉機廠一位在場的領導同志馬上說：「我們歡迎你落戶啊！」溥儀走下拖拉機說：「下次有機會一定再來！」

在洛陽，溥儀還遊覽了龍門石佛窟、白馬寺和洛陽博物館。當我們來到龍門這個世界著名的風景勝地後，溥儀親見自北魏以來數百年間陸續建造的佛像均已斷頭殘臂、肢體不全，便連聲感嘆，惋惜再三，並對我說，這使他聯想到自己對故宮國寶的糟蹋和損壞……

我們這次參觀的最後一站是鄭州。從我們看到的工廠中可知，這已成為一個新興的，有綜合生產能力的城市了。我們來到「二七」紀念塔下，溥儀像個年輕人似的迅速登上了那擁有雙塔外形的十四層塔頂，縱覽鄭州全景，他覺得視野開闊，心情舒暢，非常愉快。

溥儀夫婦在洛陽歷史博物館
（關帝陵）院內

161

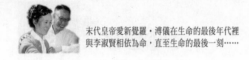
　　8月28日,我們結束了西北和中原之行,回到北京。兩次在祖國各地的漫遊使溥儀和我都長了見識,正如溥儀對我說的那樣:「參觀使我們更加瞭解祖國,熱愛祖國了!」

十二、交往之間

漫長的前半生中，在溥儀周圍，不管是「恭請聖安」的，出謀劃策的，還是伺候左右的，也無論是殿前的文臣武士，還是親族中的長輩、同輩或晚輩，以至於書齋中的尊師、伴讀，喜房中的皇后、帝妃……無一不是他的奴僕！溥儀能聽到的都是「天亶聰明」、「聖躬萬安」之類阿諛之詞，溥儀能看到的無非唯唯諾諾、三拜九叩之類的媚態。雖然後來他在偽滿扮演一個傀儡角色，但表面看上去仍是儀表堂堂的「真龍天子」。

常言說「江山易改，稟性難移」。特赦後的溥儀生活在親族、家屬之中，機關、單位以內，六十年代的中國社會裡，他有充分的機會接觸方方面面的人們，那麼，人們將會怎樣看待這位具有特殊歷史身分的人物，而他又將怎樣對待別人呢？我相

溥儀與親生母瓜爾佳氏

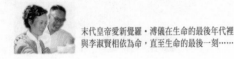
信，讀者一定會關心這個問題的。在這裡；我只能就我所知道的，舉幾個例子來說說。

溥儀特赦不久，總理接見他和他的親屬時就曾善意地告訴他說：「現在不一定每個人都能把你當成平民看待，可能有的人還會向你下跪打恭。」溥儀當時就告訴總理說：「這次回來後，還有兩個老頭拿著用清朝官名寫的信來見我，當時我說要出門，沒空，沒有見他們。我想是沒有辦法說服他們的。」

關於這件事情，溥儀也跟我說過。那是1960年1月份發生的事。有一天，溥儀正在崇內旅館的房間裡休息，服務員敲門進來，告訴他說有兩位老先生在樓下求見。溥儀接過服務員手中的信封拆開一看，不由得大吃一驚。原來這是兩張向「皇上」「請安」的紅帖。恭恭敬敬的墨筆正楷字寫在大紅紙上，一個落款赫然是「前大清翰林院編修陳XX」，另一個則是「前大清度支部主事孫XX」。

這使溥儀深感意外，他沒有想到清朝遺老們經過了整整四十八個年頭的漫長歲月，仍念念不忘「大清王朝」，足見周總理在接見時曾提到的「社會死角」，確實是客觀存在的。一股怒火在溥儀的胸中燃起，他厭惡這些遺老們，不願見他們，就對服務員說：「麻煩您轉告來客，就說我不在。」於是，服務員替溥儀擋了駕。後來，溥儀在北海的一個書法展覽會上看見了陳XX寫的一副對聯，才知道這位前清翰林還是文史館的館員呢！

事情無獨有偶，大約是1960年7月間，當時溥儀在植物園上班，星期日，溥儀進城到五妹家度假。五妹告訴他，前幾天有個名叫陳XX

載濤家裡掛著許多字畫，溥儀特別欣賞其中一幅山水畫

的，送來一大包東西，有香皂、牙膏等生活日用品，還有兩瓶酒、一匣糖果以及其他許多食品。來人說是她父親讓送來的。

溥儀想起來了：這位陳XX的父親就是「帝師」陳寶琛的兒子，曾在偽滿宮內府當過學禮處禮官。怎麼可以收留他這份念舊情的禮品呢？溥儀決定只留下糖果，其餘退回。

8月7日那天，溥儀回城度假，順便抽空去陳家退禮。到了陳家，他對陳的父親說：「過去我們之間的關係是罪惡的舊關係，它早已完結了，我們不要恢復它，而要建立新的同志關係。」溥儀把退回的包裹放在床上，又說：「糖果我留下了，這些日用品還是你們自己留著用。我樣樣都有，也用不著這些東西。況且，你的經濟狀況也並不充裕，以後

再不要給我買這買那的。」由於溥儀這次去退禮還帶著兩個伴兒同往，結果鬧誤會了，陳的父親還以為跟來兩位幹部呢！嚇得他竟不敢承認是自己送的禮。溥儀也由此得到教訓：幫人也得講究方法。

溥儀特赦回來了，愛新覺羅家族的親人們多麼高興啊！溥儀也品嘗了這人間的天倫之樂的滋味。溥儀對我說：「過去我是『天子』，『天子』向來是六親不認的，誰見我都要磕響頭，連我的親生母親也為我自殺了呢（溥儀的生母瓜爾佳氏是文淵閣大學士兼直隸總督、北洋大臣榮祿的第八個女兒，她是由西太后「指婚」，嫁給醇親王載灃為「福晉」（滿語，意即妻子）的。此人有才智、愛時髦，能花錢，放蕩不羈，個性極強。一九一八年秋天，溥儀不服端康太妃（光緒的妃子，珍妃的姐姐）的管教，又掃了她的面子，端康因此召瓜爾佳氏進宮，加以申斥，她不能忍受這種刺激，出宮後就吞服鴉片自殺了），哪還有什麼天倫之樂！」

現在，對親屬中的長輩，溥儀存著孝順之心。

溥儀幾乎是每個星期天都領我去看七叔載濤，哪怕只能坐十分鐘呢，也要去詢問一下身體、生活情況。他說：「只有這麼一個親叔叔了。」

婚後的第一個新年，我們一齊到七叔家拜年。作為全國人民代表和政協委員，載濤對溥儀的改造有所評價。他說：「我們這位大爺（載濤稱呼溥儀為「大爺」是沿襲了對皇帝不能直呼姓名而只能講「官稱」的舊禮）改造得很不錯了，原來連穿衣服也要別人服侍呢！現在自己會生爐子了，不簡單啊！」溥儀很謙虛說：「我還差得遠呢！」

載濤家裡掛著許多字畫，溥儀一幅一幅地看，特別欣賞其中一幅

山水畫，問是誰送的？載濤告訴了他，並說：「要請大爺寫幾幅字呢！」溥儀說：「我的字不常練，拿不出手啊！」回家以後就認真給七叔寫了幾幅。

載濤的馬術是很高明的。1967年時還能騎自行車上香山呢！他活了八十四歲，在1969年死於溥儀之後。由於他解放後為國家做出了一定的貢獻，死後，經周總理批准，骨灰放入八寶山革命公墓。

見到親屬中的晚輩，溥儀更是由衷的欣喜。他的侄兒、侄女和外甥、外甥女中間，有北京女子摩托車比賽中的冠軍獲得者，有登山隊的隊長，有醫生、護士、教師和汽車司機……等等，還有正在讀書的共青團員、紅領巾……特別是當他和第一次相見的侄女金靄琬會面時，心中更充滿了敬愛之意．就是這個出身皇家的女兒，解放後不久就光榮地參加了中國共產黨。抗美援朝戰爭爆發後，她背著家裡人當上人民志願軍，跨過了鴨綠江。在舉世聞名的上甘嶺戰役中，她為黨為人民立下了功勳。

溥儀緊緊握著侄女的手，感慨地說：「妳是中國人民最可愛的人，而妳大爺在歷史上曾是中國人民最可恨的人，和妳根本不能比擬。今後，大爺要好好向侄女學習！」溥儀常向我提起這個侄女，他說：「我們愛新覺羅家族又飛出一批新時代的鳳凰。」

溥儀對晚輩親屬的態度還可以從另一件事上看出。1967年3月23日，溥儀在協和醫院住院期間，曾以他和我共同的名義，給遠方侄女肇莉寫了一封信，全信有一千多字，字裡行間充滿了對這個沒有見過面的遠房侄女的關懷和思念，勉勵她努力學習，將來好全心全意為人民服務，要她為共產主義理想不斷改造鍛鍊自己，要她不要惦念他的病，叫

1967 年 3 月 23 日，溥儀曾給遠方侄女肇莉寫了一封千言信，第 1 頁

1967 年 3 月 23 日，溥儀曾給遠方侄女肇莉寫了一封千言信，第 2 頁

亥，我们虽然身隔数千里，我们是心连心的。我们都一样永远读毛主席的书，听毛主席的话，永远按照毛主席指示办事。永远当毛主席的好学生好战士，全心全意为人民服务；我们有共同的理想，那就是为社会主义共产主义事业奋斗。同时要不断开展批评与自我批评，以改造自己，永远前进！永远永远

跟着我们心中最红最红的红太阳——伟大的导师，伟大的领袖，伟大的统帅，伟大的舵手，我们最最敬爱的毛主席，永忠，对毛主席的无限热爱，无限信仰，无限忠诚，无限紧跟，坚决跟他老人家干一辈子革命，这是你的心，也是我的心，是完全一样的。所以我们是有共同的理想，共同的语言和共同的决心同时是心永相连的。

1967 年 3 月 23 日，溥儀曾給遠方侄女筆莉寫了一封千言信，第 3 頁

让我们一同坚决的永远高举毛泽东思想，永远照毛泽东思想永远宣传毛泽东思想，永远捍卫毛泽东思想！

衷心祝保日益健康，跟上步不断在革命烈火中锻炼自己，永远永远当我们最敬爱的伟大统帅毛主席的忠诚勇敢的红卫兵，当无产阶级理想的战士！

让我们相互学习，相互帮助，相互批评与自我批评，以求共同进步。

让我们在千里之遥，同时高呼：
无产阶级文化大革命胜利万岁！
无产阶级专政万岁！
伟大的中国共产党万岁！
战无不胜的毛泽东思想万岁！
我们心中最红最红的红太阳，敬爱的伟大领袖毛主席万岁，万万岁！

你的伯父、伯母
1967 年 3 月 23 日 于北京医院

1967 年 3 月 23 日，溥儀曾給遠方侄女筆莉寫了一封千言信，第 4 頁

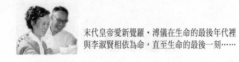
她放心。他還表示一定好好治療和保養，以期早癒，等等。當時，溥儀已是病入膏肓，身體很虛弱了，儘管此時所記的日記或筆記，字跡都相當潦草，顫抖的痕跡顯然可見，然而這封信的字跡卻相當工整。在這樣的時候，溥儀還能以力求齊整的字體，寫下充滿關懷之情的長信，在過去完全是不可想像的。

親屬中也有舊意識根深蒂固的人，當他們不時有所流露的時候，溥儀感到特別苦惱，因為在他看來，這正是衝擊了得來不易的平等。有一次，本家幾個人一起吃飯，有位平輩的兄長，聽他說話時老是「嗻」「嗻」連聲（「嗻嗻」是臣下對於皇上的應諾聲。溥儀在《我的前半生》一書中寫道：「嗻嗻之聲早已成了絕響。現在想起來，那調兒很使人發笑。但是我從小便習慣了它，如果別人不以這個聲調回答我，反而是不能容忍的。」）有位子輩老弟，一時忘情，舉杯道：「今天真高興，君也在，父也在⋯⋯」溥儀放下杯子說：「我們是叔侄兄弟，是新社會的公民，自由平等，難道反而不如專制嗎？舊的時代和舊的溥儀都死了，你們應該為新時代、新溥儀高興⋯⋯」

特赦不久也遇到這麼一回事，就讓他更生氣了。那是 1960 年春節，溥儀在四弟溥任家中遇到一位比他歲數還大的侄子。這位年長的晚輩一見溥儀竟誠惶誠恐地口稱「皇上」，向他「大禮參拜」，竟「撲通」一聲跪地叩頭。溥儀當時氣得不知說什麼好了。他惱怒地斥責這位侄子說：「解放這麼多年了，你這個人怎麼封建思想還原封不動？你這樣崇拜封建皇帝，我和你只能是敵對關係了！」

這斬釘截鐵的一席話，把跪在地上的侄子搞得狼狽不堪。這位「大清遺老」兼「皇上的侄兒」雖然尷尬得無地自容，但是，他並沒有

馬上起立。溥儀見侄子仍跪拜在地，氣得轉身就要走。四弟一看情勢不妙，就一把拉住了溥儀為跪著的侄子「打圓場」。

這時候，侄子連忙乘機改變了口氣，對他的「叔皇」解釋說：「咱們雖非君臣，總是叔侄吧！為侄給大叔拜年也是理所應當的啊！」他說著又磕起頭來。溥儀只得搶上一步，把下跪的侄兒一把拽了起來，嚴肅地批評了他一頓。這位「皇侄」見溥儀真的動了氣，覺得臉上無光，隨後也就託辭走掉了。

我們共同生活的幾年裡，溥儀有許多機會接觸黨和國家的領導人，會見各界的知名人士。這對溥儀來說，是教育，是鼓舞，也是有力的鞭策！溥儀的崇敬之情是真摯的，感人的。

溥儀在後半生中，多次受到周總理的接見，又常常應邀出席總理招待貴賓的宴會，他對總理懷有一種特殊的愛戴之情，每每溢於言表。有一次，溥儀出席了在全國政協三樓舉行的「雙周座談會」以後，興奮地告訴我：「今天的會議是周總理親自主持的，總理見到我就親切地打招呼，我很激動，一時不知道說啥好啦。我想，總理這麼關心我，我怎麼報答他老人家呢！想了想，我也辦不了什麼事，談到特長，也許故宮裡的情況能比別人多知道些。於是，我向總理說：『我對故宮很熟悉，給您當個導遊吧！您可以抽點兒時間逛逛故宮。』總理聽見這句話爽朗地笑開了，惹得旁人也都笑了。」

溥儀和其他黨政革命老幹部也有很多接觸，如地質部副部長何長工、水利電力部副部長劉瀾波、對外文化聯絡委員會主任張奚若、華僑事務委員會主任廖承志以及他的姐姐廖夢醒等，他們都常和溥儀會面，都關心他。

一天，正在政協委員張維漢家裡作客的安子文同志想見見溥儀，於是派車把我們接到張家。安子文同志詳細詢問了關於文史資料的編選孫中山先生誕辰一百周年紀念活動會議上宋慶齡講話和寫作情況，溥儀一一回答。同時，他還就國際國內形勢中的重大問題，虛心地向安子文同志求教。當時，溥儀已經確診患有腎癌，但他並不因此失去信心。安子文同志關心地告訴溥儀，一定要注意身體，過好晚年的幸福生活。張維漢同志熱情而誠懇地留我們吃飯，溥儀堅持告辭，也只好用車把我們送回去了。

　　翻開1966年1月11日的溥儀日記，我們可看到他從那些老同志的鼓勵中汲取了多麼巨大的力量！那天，溥儀在協和醫院遇見了廖承志同志的姐姐廖夢醒，他們談話後，溥儀帶著尚未平息的激動，寫下一篇題

孫中山先生誕辰一百周年紀念活動會議上宋慶齡演講的情形

為〈應永記廖大姐的最懇切的期待〉的日記。內容如下：

> 下午，遇廖夢醒。勉勵要不斷努力、上進、爭取，如果能入黨，更是驚人的創舉。改造中，自己雖有進步，更主要在於現在和將來的努力。

至於像徐冰、廖沫沙等搞統戰工作的領導同志對溥儀的關懷和幫助就更多了，我想，也不必細說了。

溥儀對各界名流，有貢獻於社會的人，也都懷著崇敬之意。

1966 年 1 月 11 日的溥儀日記：〈應永記廖大姐的最懇切的期待〉

著名文學家老舍常到我家作客，他們都是滿族人，聊起來顯得十分親熱。後來，他們都應邀參加了孫中山先生誕辰一百周年紀念活動的籌備工作，常在一起執行共同的任務。有時候工作完畢，老舍親自送溥儀回家，溥儀則留他在家坐一會，敘談一番。溥儀十分欽佩老舍的文學才華，老舍也很關心《我的前半生》一書的寫作，並給予了指導和幫助。

溥儀還跟我講過他與著名京劇演員馬連良先生的一次難忘的會

見。那是1961年10月3日，溥儀和馬連良都應邀參加了政協舉辦的歡迎華僑、港澳同胞歸國的酒會。他們極為親切地在一起交談，吸引了一批又一批的華僑，一批又一批的記者。他倆還十分高興地站在酒會大廳門外的台階上拍了一張有紀念意義的合影。後來我見到這張照片，就向他詢問馬連良先生的近況，溥儀回答了我的問話，並且說他這次和馬先生會面引起許多感想。

「舊社會裡無論是多麼有名氣的演員也屬於下九流，讓別人瞧不起。」說到這裡，他向我講起前半生中兩次看戲的情景。第一次是端康太妃過整壽那天（端康即瑾妃，她生於1874年農曆八月二十日，此處很可能指她五十歲生日那天，是在1923年），宮裡把楊小樓、梅蘭芳、尚小雲三個人找來唱戲。唱完後，溥儀賞賜每人一只乾隆的鼻煙壺，這一下引來不少閒話，在那些遺老們眼裡，優伶是低賤的人，不應賜以厚禮。第二次是在

1961年10月3日，溥儀與著名京劇
演員馬連良合影

天津時，溥儀和婉容到開明戲院看梅蘭芳演的《西施》，由於這次「俯臨劇場」，竟惹得一位遺老胡嗣瑗上了自劾的請求告退的奏摺，大意是，這樣很失皇上尊嚴，既然如此，可見他們隨侍左右的人實在有虧職守，只好引罪求退……。溥儀再三慰留，以至拿出兩件狐皮筒子賞他，他才轉嗔為喜，又稱讚溥儀「從諫如流」。從這以後溥儀是不敢隨便到戲院去了。曾有一位瑞典

植物園主任俞德浚是園藝界知名專家

王子到天津要見見溥儀，溥儀卻因為在報上看見他和梅蘭芳的合影，便以為有失身分，拒絕不見。

「新社會完全不同了！」溥儀感慨地繼續說道：「馬連良先生在海內外有很高的聲譽。在酒會上，他見了我非常客氣，我也十分敬重他。」我想：溥儀和馬連良先生站到了一起，這是能說明點問題的，這大概也是那些華僑和港澳同胞感到興趣的原因所在吧！

溥儀有了許許多多的「同事」，對他來說，這也是一件新鮮事哪！

溥儀在植物園的一年裡，和俞德浚、田裕民、胡維魯等幾位領導同志，建立了深厚的感情，這是我親眼見到的，因為直到溥儀去世，他

175

們始終保持著密切的聯繫。但是，他和植物園的一般同志相處得怎麼樣呢？

我看見溥儀精心保留的一張解放軍戰士的照片，起初還以為是他的哪個侄兒呢，一問才知道原來是他在植物園結交的好朋友劉寶安。這位解放軍戰士由於復員就要離開植物園了，回想一年來和溥儀共同勞動、朝夕相處，真有點兒難捨難分。離別之前，他把自己的一張六寸著色照片留贈給溥儀，照片背面還寫著幾句話：「敬贈溥儀先生：相處雖短，情意深長。離別前夕，留此永念。您的年輕的朋友，劉寶安。1961年3月6日。」

到政協以後，溥儀和申老(伯純)、沈老(德純)、連老(以農)接觸最多，得到他們的幫助也最大。同時，溥儀和專員們也相處得十分和諧。杜聿明先生常和溥儀開玩笑，學習討論中他們也願意爭論，他認為溥儀忠誠坦白，有話直說。沈醉先生、王耀武先生、杜建時先生(原國

溥儀和王耀武等和諧共事

民黨高級官員，曾任天津市市長。現為政協文史資料專員，政協委員）、李以劻先生以及董益三先生（原國民黨第十五綏靖區司令部第二處處長，現為政協文史資料專員、政協委員）等，和溥儀的關係都好。溥儀有病，大家都來看他，無話不說。

有一次，我和溥儀一起到和平里去看望同事們，那已經是「文化革命」中了，大家招待我們，每家端來一盤菜，真挺熱鬧呢！十年動亂期間，我們和董益三家住鄰居，溥儀有事就向董先生請教，有困難也找他，董先生非常熱心地幫助我們。溥儀曾非常感動地對我說：「董益三幫了我的忙，他在泥坑中拉了我一把。」這是指當時東北有人總是來信威脅溥儀，逼迫他「檢討」，當時他顧慮很多，就找董先生問計，董先生幫助他正確地分析了情況，解開了他心裡的疙瘩。

對待周圍的勞動者，溥儀是什麼態度呢？大家知道，前半生裡的溥儀是個虐待狂，而且生活極不正常，害得服侍他的人都叫苦連天。每天從早晨六點到晚上十二點，他隨時都有可能下令「傳膳」（就是開飯的意思，是皇帝專用術語。溥儀在《我的前半生》一書中說：「我吩咐一聲『傳膳！』，跟前的御前小太監便照樣向守在養心殿的明殿上的殿上太監說一聲『傳膳！』殿上太監又把這話傳給鵠立在養心門外的太監，他再傳給候在西長街的御膳房太監⋯⋯這樣一直傳進了御膳房裡面。不等回聲消失，一個猶如過嫁妝的行列已經走出了御膳房。這是由幾十名穿戴齊整的太監們組成的隊伍，抬著大小七張膳桌，捧著幾十個繪有金龍的朱漆盒，浩浩蕩蕩地直奔養心殿而來」），因此，他的廚子就得一直陪著，稍有怠慢都是不允許的。至於溥儀欺侮太監、打罰隨侍的例子，《我的前半生》一書中寫了很多，不必贅述。不過也有一個人，溥儀待之甚好，那就是溥儀的乳母。

　　溥儀對乳母的感情勝過親生母親，他常和我談到乳母。他說：「我吸吮乳母的奶直到九歲。當太妃們背著我把乳母趕走以後，我天天叫著要嬤嬤，嗓子都啞了，作夢還叫呢！我結婚後懂得行使權力了，立刻把乳母接進宮中，到長春後也把乳母接了去。我把乳母當作唯一的親人。我特赦後，乳母的兒子常帶著他的兩個女兒到政協看我，兩個女孩子也經常來幫助我收拾房間，我也常到乳母的兒子家，在那兒吃飯。」很不幸，乳母的兒子在文化革命中間病逝。他的大女兒王佩華是兒童醫院的護士，後來和一位華僑結了婚，他的小女兒是某工廠的工人，也於1965年結婚。當時溥儀正住院，就讓我送去了結婚禮品。溥儀生前一直和她們保持著密切的交往。

　　和從前不同的是，溥儀不單單愛護乳母以及她的家人，溥儀關心

著他能夠接觸到的一切勞動者。

政協有一位老工友叫趙華堂，在溥儀獨身生活期間，對他有不少照顧，他們之間建立起很深厚的感情。幾年中間溥儀常讓我和他一起去看望趙大爺、趙大媽。趙大爺有病了，他就帶著點心一遍一遍地去探病，安慰大爺大媽。

因為溥儀和我都常常鬧病，雖然我們在主觀上都想自己把家務擔當起來，卻是力不從心，因此，先後雇傭過幾位保母。溥儀待她們都非常好，誰家有困難都盡力幫忙，我們改善生活的時候，溥儀總不忘記把已經離開我家的保母再請回來聚一聚。一位姓杜的保母，女兒上學常常為繳學費犯愁，溥儀每次都替她繳上。溥儀去世後，我的收入已很有限，但仍盡量幫助她。我想，幫助有困難的人是不應該中途輟資助。還有一位曾在我家當過保母的老太太，在一次往外倒土時不慎跌倒，膝蓋出了血，溥儀和我輪流去看護她，並送去錢和糧票。溥儀每次去就像在自己家裡，進屋往炕沿上一坐，問冷問熱。街坊誇獎溥儀「確實改造好了，關心別人，沒有架子」。

溥儀對鄰居也是非常尊重，非常關心的。在我家院子進門的門道處，住著一名政協工人叫戴文山，1963年夏天曾經下了一場溝滿壕平的大雨，老戴家的房子各處都漏了，溥儀聞訊趕緊到戴家去看，並再三勸他們暫時搬到我家客廳住。但老戴知道經常有外賓到我家來，很不方便，因此執意不搬。於是，溥儀立刻到政協房產管理部門說明了情況，請他們抓緊修理，以免房倒傷人。這樣，老戴家住房漏雨的問題很快就解決了。我曾對溥儀說：「你真不錯了，還懂得關心別人的疾苦呢！」溥儀回答說：「過去都是別人關心我，我卻不懂得自己也應該關心別

人。」

　　提起老戴又讓我想起一件事來。說起來我這個人毛病不少，有一個時期因為雞毛蒜皮的小事，和老戴的愛人有了隔膜，鬧了意見。為此，我還找過政協領導要求搬家呢！溥儀為此做了我很多工作，他對我說：「這樣一點點小事也和人家計較是不合適的！」他一條一條地擺出老戴家的優點後說：「我們也應該向人家學習嘛！」至於搬家，他更不同意了。他為此找過沈老，他說：「鄰居關係沒處好，我有責任，對愛人的幫助不夠，希望領導也能幫助幫助她。」後來沈老到我們家來勸導我。溥儀還主動地找老戴交換意見，1965 年我住院期間，溥儀讓老戴和自己住在一起，有時候徹夜長談，兩家的疙瘩全都解開了。

　　最後，我想說說溥儀尊重別人的幾件事。在讀者看來，這不過是一般的禮貌問題，對溥儀來說，從君臨天下到平等待人，不能說不是巨大的變化，不能說不是改造的成果。

　　溥儀尊重他所接觸的每一個人，這裡面有的是老朋友，有的偶然相逢，有的則素不相識。溥儀都能以「助人為樂」的態度以禮相待。

　　與溥儀一起特赦並一起回到北京的孟昭瀛先生有一件犯愁的事：和愛人的關係總是處不好，經常吵嘴。為此，溥儀多次到他家去調解。有一天，老孟又滿臉不高興地來到我家。

　　「又和愛人拌嘴了吧？」溥儀關心地問。

　　「咳！這些家庭瑣事真煩人，實在不行，一刀兩斷，分道揚鑣算了！」老孟說氣話。

　　「別瞎說，走！上你們家串個門兒。」溥儀說完就和老孟一起走

了。聽溥儀說，後來老孟和他愛人終於言歸於好了。我想，這與溥儀的從中勸解不會沒有關係。

我還從一位專員嘴裡聽到另外一個故事。大約是1962年初，當時溥儀住獨身宿舍。離溥儀宿舍不遠的客房裡，住著一位從吉林省來京辦事的地方統戰幹部，名叫張慶祥（該同志曾任舒蘭縣政協秘書長、吉林省政府駐天津辦事處主任）。晚飯後兩人常在一起閒聊。老張拿從長春帶來的一種紙煙讓溥儀抽，這是一種很普通的煙，價錢也便宜，但煙絲很長，很好抽。

溥儀抽了一支，連說「好抽！」老張看他愛不釋手的樣子，就回屋拿了兩盒送他，說：「我從長春帶來不少，拿去抽吧！」溥儀一再推辭說：「不用！不用！」老張開著玩笑說：「沒關係！算是給你『進貢』——我是你的臣民嘛！」溥儀只好收下了。第二天，溥儀特意買了四盒牡丹牌香煙回送張慶祥同志。老張笑著說，「溥儀先生，你可不是商人噢！兩盒換四盒，普通煙換高級煙，看來你吃虧了！」溥儀也笑了：「咱們是

1961年春，溥儀在潭柘寺郊遊，與王人美、葉淺予成為朋友

煙友嘛！」後來老張堅持不收，溥儀方才作罷。

　　還有一些素不相識的路人，也會突然地闖進與溥儀的交往之中。

　　由於溥儀的特殊歷史身分，對他來說是素不相識的路人，卻往往認出了他或願意與他交往。對此，凡屬好意的，他都很尊重地以禮相待。有一次，他在汽車上認識了一個人，兩人交談十分投機，因此，互相留了地址。後來，他上街偶然路過那人的家，就進屋坐了一會兒。回來後和我講，那位同志很鑽研，養花草入了迷，搞了不少科學實驗，屋裡也乾淨、漂亮。溥儀還對我說：「我的這位很普通的朋友有許多長處，是我學也很難學到手的，確實是勞動者最聰明。」溥儀特赦後接觸了上上下下，方方面面的人物，交往之間，他的思想和品德都不能不流露出來。

十三、當李宗仁先生萬里歸來的時候

1965 年 7 月，曾任國民黨政府代總統的李宗仁先生偕夫人郭德潔女士萬里歸來，回到社會主義祖國，這件事轟動了整個世界。

7 月 20 日上午十一時，李宗仁先生一行所乘坐的專機，由上海到達北京。我和溥儀到機場去迎他們。那天的歡迎場面是很盛大的，在機場上我看到了敬愛的周恩來總理，還有全國政協副主席、人大常委會副委員長彭真和夫人張潔清，人大常委會副委員長郭沫若和夫人于立群，

1965 年 7 月 20 日，末代皇帝溥儀和末代總統李宗仁緊緊握手

國務院副總理賀龍、陳毅、羅瑞卿；政協全國委員會副主席徐冰、高崇民、許德珩，國防委員會副主席葉劍英、傅作義、蔡廷鍇以及王昆侖、朱蘊山、盧漢、劉仲容、邵力子、黃紹竑、杜聿明、宋希濂、范漢傑，廖耀湘等方方面面的知名人士。

李宗仁先生走下舷梯之後，和歡迎的人們一一握手。當他走到我們跟前時，總理向李宗仁先生和郭德潔女士介紹說：「這是中國末代皇帝溥儀先生！」於是，末代皇帝和末代總統的手緊緊地握在了一起。總理又對李宗仁說：「溥儀先生新生了，你看他五十多歲了，不像吧？」溥儀也告訴李宗仁說：「我今年已經五十九了，在今天，我感到愈活愈年輕啊！」總理又指著我說：「這是溥儀夫人，是我們杭州姑娘呢！」大家都笑了。

　　在場的程思遠先生看到李宗仁和溥儀握手會面這一意味深長的歷史性場面，引起無限感慨。他在十幾年後和《李宗仁歸來》一書作者談及此事時還說：「綜觀上下幾千年，縱橫五大洲，歷史上有哪一個國家，哪一個政權能夠這樣？不但把一位末代的皇帝保存下來，改造成了新人，而且，末代的總統也萬里歸來，這證明了共產黨的政策多麼寬宏大量。」

　　當天晚上，溥儀又參加了周恩來總理在人民大會堂舉行的歡迎宴會，直到夜深人靜的時候，溥儀才宴罷歸來，一見到我他就興奮地說：「我是中國地主階級的代表人物，而李先生是中國的資產階級代表人物，今天，我們在北京找到了真理，也找到了我們的真正歸宿。」他的情緒感染了我，我和他一樣高興。

　　8月5日下午，溥儀、杜聿明、宋希濂、范漢傑、廖耀湘、杜建時

8月5日下午，溥儀、杜聿明、宋希濂、范漢傑、廖耀湘、杜建時等人同往訪問李宗仁

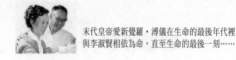
等人同往訪問李宗仁先生，談了一個多小時。我至今還記得溥儀告訴我的關於他和李宗仁先生的一段令人難忘的對話。李宗仁說：「我在美國看到了你寫的前半生一書，對我很有啟發。你這樣一位封建皇帝能在中國生活得很好，很自由，這是說明問題的。」溥儀則說：「你回來，我們很歡迎。我們應該共同建設社會主義祖國，應該貢獻我們的力量。」

8月6日下午，我們又應邀參加了全國政協為歡迎李宗仁先生而舉行的茶會。

在周總理親自主持的茶會上，彭真同志致詞說：「我們黨和國家對於在台灣的國民黨人員和海外各方人士的一貫政策是，愛國一家，愛國不分先後，來去自由。所有在海外的人士，凡是願意回來的我們都歡迎，凡是願意走愛國反帝道路的我們都歡迎。在座的朋友有些就是在解放以後回來的，我們歡迎；這次李宗仁先生和郭德潔女士回來，我們歡迎；今後對於所有從海外回到祖國的人，我們也一樣歡迎。」李宗仁先生在茶會上致答詞。他說：「我在十年前就寫信給海外朋友們說：『天下大勢已定了，我們國民黨人和海外愛國人士應該本著服輸的精神讓中國共產黨和毛主席領導建國，國家建設好了，我們大家都有份。』我後來覺得與其坐而言何如起而行，所以決定身先回國，深望此行動能引起台灣軍政人員和海外愛國人士同聲回應，相率來歸，促成國家最後統一。耿耿此心，想為海內外所共諒！」

溥儀聽了李宗仁的答詞頗有感觸地對我說：「宗仁先生有『服輸』二字，我則有『認罪』二字，這也很好嘛！因為這意味著共產黨的勝利，中國人民的勝利，祖國的勝利，也是我和宗仁先生的後半生的勝利。」我覺得溥儀這話是很有道理的。

　　首都著名的文藝工作者在茶會上表演了精采的節目，我們看完節目回到家已是夜九時許了。

　　這以後，溥儀還多次應邀出席各黨派、各單位歡迎李宗仁先生的茶會、宴會和晚會，還參加了李宗仁先生招待中外記者而在 9 月 29 日舉行的大型餐會。每次回來，溥儀都滔滔不絕地向我講述歡迎會或招待會的盛況，講述他的感懷，一言以蔽之，溥儀對李宗仁先生的歸來是歡迎之至。

　　溥儀告訴我，在舊中國，他和李宗仁先生各有自己的政治理想和方略，代表著半封建、半殖民地統治階級的要求。然而，幾十年後，他們殊途同歸，在北京落腳，這是歷史的安排，人民的勝利！

9 月 29 日，在李宗仁招待中外記者大型餐會上，溥儀被包圍

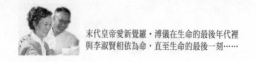
十四、在浩劫中相依為命

　　1966 年 6 月初，中國的大地上和天空中，狂風突起，亂雲翻騰，所謂「大字報」，從北京大學迅速蔓延全國，各級領導幹部一夜之間都變成了走資派，一場人類史上罕見的浩劫就這樣來到了。我和溥儀看到的是奇怪，聽到的是奇怪，感到的還是奇怪。

　　一天，我家附近的小公園內人山人海的，聽說正在批判鬥爭廖沫沙同志。溥儀很惦記廖老，想看看廖老現在什麼樣子，身體瘦下去沒有？於是，要到會場去看看。我跟他一起擠進人群，看到廖老的脖子上掛著很大的牌子，「紅衛兵」還不時地按他的頭，在這樣的體罰折磨下，豆大的汗珠順著廖老的臉上滾落下來，一顆顆摔在地上……溥儀看了幾眼就不忍再看了，像沒魂了似地，不顧一切的擠出人群去了，等我發現後已經到處找不到他，只好自己走回家去。

　　我到家見他還沒回來，非常著急。又過了大約二十分鐘，一位姓王的鄰居把他送回家來，我問他到哪兒去了？他說：「心裡難過，走錯了路，多虧遇到王同志啦！」

　　我們送走王同志後，溥儀坐在沙發上一聲不吱，光是嘆氣，後來又落了淚。我說：「廖老比原來好像還胖了，到底是老幹部哇，心寬。」說這話也是為了安慰一下溥儀。好半天，他才又像是自言自語，

又像是對我說：「這些老幹部不都是參加革命多年嗎？那麼大歲數了，掛大牌子，又彎腰，這怎麼理解？這怎麼理解？」他還念叨著：「戰犯管理所的幾位所長怎麼樣啦？植物園的田老、胡老和俞主任都有『事』嗎？」他真想去一趟呢，無奈重病在身，走不了遠路。他就和我商量，想讓我去看看。我說，現在正是文化革命期間，沒有介紹信進不去植物園的大門哪！他嘆口氣，作罷了。

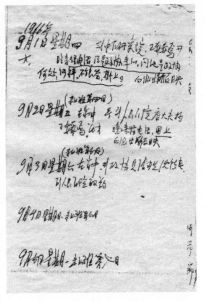

每篇日記的首句都是「未上班第某日」

溥儀特赦後每天上班工作，他從心眼裡願意、高興，能夠用自己的勞動為人民服務，這是他多年來連想也不敢想的事情，在這一點上，我感到他和一般人的想法確是截然有別的。然而，從1966年8月份起，全國政協也和其他單位一樣被衝垮了，因為無班可上，溥儀感到的痛苦是不可名狀的。此後的幾個月中，他以養病看病為主，有時間還上新街口看看大字報，回到家或是讀讀《毛選》，或是練練毛筆字，聽到什麼消息總是和我聊一聊。

有一次他從新街口回來就對我說：「我看見了批判劉少奇同志的大字報。少奇同志嚴肅認真，勤勤懇懇，我是有印象的，特赦令就是他發布的。」他看到批判徐冰同志和安子文同志的大字報後心裡也很難過，對我說：「大字報沒寫出什麼具體事，卻有一串大帽子，真是一夜

間把老幹部都打倒了。」後來，溥儀又聽說幫助他修改前半生一書的群眾出版社一位負責同志也被打成「特務」，他幾乎有些憤怒了，他在家裡簡直像喊似地對我說：「我就不信！我就不信！此人很好，我曾和他長期相處，他怎麼能是特務呢？」溥儀感慨地說：「這麼搞，國家要受損失啊！」他講這句話時那種無以名狀的表情，我至今記憶尤深。

這場浩劫的狂流終於把溥儀捲了進去，現在看來這本是不足為怪的，既然在溥儀身上體現了黨的改造政策的勝利，體現了毛澤東思想的勝利，體現了周總理具體指導的正確，四人幫又怎麼肯放過他呢？

有一個時期，我家常常接到不報真名實姓者打來的奇怪的電話，對此，溥儀很警惕，也擔心。這說明確實有人注意著我們了。

1966 年 9 月初，我到糧店領糧時被告知，不叫我們領白麵和大米了，只許買苞米麵，我就每天用糧票到街上買饅頭吃，溥儀勸我不妨買點苞米麵，他說：「苞米麵富於營養，我也挺喜歡吃的。」聽他的話，我真去買回幾斤，做了幾頓發糕吃，溥儀還說很香呢！

因為「紅衛兵小將」把大字報送到政協去，不許我們「繼續享

1966 年 9 月初，溥儀日記載有「不准我家再買白麵和大米了」

190

受」，當溥儀於9月10日到政協財會科領薪時，只拿回原薪的百分之五十，即一百元。照一般的情況，每人五十元生活費也滿好了，可是，我家當時情況很特殊：我們兩人都一身病，幾乎每天都到醫院去，雖有公費醫療，但許多貴重補藥和補品都自費，雇車的開銷也無法報銷，因此，即使每月兩百元也沒有剩餘，現在只發一半了，我很覺為難。溥儀並不介意，勸我說：「妳別著急，省點兒花就算了，如果實在有困難，政協也不會不管。」

對溥儀的刺激和打擊最重的並不是這些，而是來自長春的「算帳派」。

一個自稱某「文化革命戰鬥隊」的長春造反者以批判《我的前半生》為名和溥儀算起舊帳來了，他的第一封信，我們是在9月16日收到的。那天下午，我正在廚房做飯，只聽溥儀在客廳中大喊起來，我急忙到他跟前，見他手裡拿著一封剛收到的來信發呆，我接過一看才知是從長春寄來的，通篇是威脅的口吻，毫不講理的批判。當時，溥儀害怕極了，就像沒了魂，木呆呆地站在電話機旁，兩隻拿信的手哆嗦著，長時間也不動一動，我說話他也聽不見。

當他清醒一些的時候，就給政協掛電話，不通，又給群眾出版社掛電話，也找不到人。他是想把突然出現的事情告訴組織，以便取得指導，但是沒有辦到。

那天晚上，他粒米未進，滴水未喝，睡覺後也不安穩，睡睡覺又哭出聲來，我勸也勸不住。

第二天，溥儀遵照信中的命令，把《我的前半生》數千元稿費全

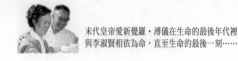
部交政協機關奉還國家。但是，這一切都不能滿足長春造反者的要求，來自長春的信一連收到七封，而溥儀覆了九封，以累計數十頁的篇幅進行自我檢查，卻總是不能「過關」，真成了溥儀一大愁事。

強烈的精神刺激嚴重地損害了溥儀的健康，致使尿毒症復發，病勢轉重，並於1966年12月23日第五次住進協和醫院。就在溥儀住院期間，又有威脅恫嚇的信件寄來，我擔心溥儀負擔不起，就瞞了他，並代他回了一封信。我說，溥儀病重，正住院治療，待癒後再檢查。誰知這封信更惹惱了那位長春的造反派，他於1967年1月31日給溥儀和我寫來一信，信中說：

愛新覺羅·溥儀、李淑賢先生：

你的來信我收到了，真令人懷疑是什麼嚴重疾病連字都不能寫了。你們若是耍花招可不行！先告訴你：我要印傳單小報散發北京市，呼籲革命工農兵來反對你。我希望你答覆，如果你不能讓我滿意，我也不能叫你滿意下去，我也可能到北京去……答覆不答覆完全由你！

像這樣的一個人，恐怕溥儀一直檢查到脈搏停止，也很難使之滿意，倘若沒有別的私心，也總可代表當時流行的所謂「造反派的脾氣」了！

也是在那個時候，溥儀沒有預料到的一件事情發生了：李玉琴和她的嫂子在「文化革命」的風頭上來到北京。作為偽宮中的「福貴人」，她跟著溥儀背上了「皇娘」的「黑鍋」，這是事實。她的哥哥李風也因為是「皇親」當上偽警長，從而使她的嫂子成為「反屬」。她們家及其

親屬在「文化大革命」中被稱為「黑五類」，並受到衝擊當然是不可避免的。她們被迫進京想讓溥儀寫份材料，以證明李玉琴和她的哥哥本來都是清白的窮苦人，她在宮中也是個被壓迫者，藉以洗清自己，這也完全可以理解。然而溥儀那樣的人物哪裡經得起極「左」思潮的一次又一次的衝擊啊！

「文革」中的李玉琴

記得那是1967年的1月下旬，李玉琴和她嫂子來到協和醫院住院部，溥儀在那兒住院。李玉琴推門進入病房時，我正在溥儀床頭。溥儀也剛剛坐起來，想活動一下身體，他一眼看見李玉琴，臉色頓時變得蒼白難看起來，並自己掀開被子很勉強的走下地，伸出手來要和李玉琴握手。溥儀已經看出來了，眼前這張熟悉的面孔和記憶中的玉琴的形象不一樣了。和同德殿裡那個任性的女孩子不一樣，和在撫順探監的那位溫存的少婦不一樣，和1961年曾在北京見過面的故人也不一樣。

溥儀的這種感覺是他後來告訴我的，他還說：「也不知道為什麼，我一見到她就有點心慌。」當時我注意到溥儀伸出的那隻手是顫抖的。

李玉琴沒有去握那隻伸出來的顫抖的手，她面對溥儀說出了早就

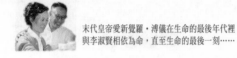

李入傷宮的由末、经过

在譚玉玲死后，日寇的大特务头子 吉岡安直为了
进一步操纵我，提议找一个日本女性做我的伴侣，
当时我固然是早已死心塌地了甘当日寇的忠诚
走狗，但在忠实的奴才，也有怨恨他主命
时候，的"自保"心理下，恐怕在傷宫内也
有了吉岡的"眼睛"，可又不敢公然拒绝，就采
了拖延的办法。后在无可再推的情况下，就
借口固照亲未不抱民族成见，但麻烦以爱情
为主重条件，不论局限于什么民族问题，以此做
为唯一的挡箭牌。我当时的内心是，想找一个
年岁上、容易听我摆布的女孩子，才可以摆脱
吉岡的逼迫。于是就让吉岡，从長春的一所女
学中，强要来部幼的学生的相片，供我选取，
结果是看中了李育勋，就在"入宫读书"的期骗
幌子下，以伪皇帝绝对压力，强迫把李架入虎口。
过了一个月之后，对李宣布，她的进宫，实际上是让
她来伺候我，遂封她为"福贵人"，也就是给了她
以這王朝时代第六辈。皇帝御用"玩物"的称号
我为了完全领好控制她，首先定出了让她永

「我可以寫這個證明。」溥儀答應了李玉琴

醞釀好的幾句話。作為「東北人民」之中的一員，特別是在歷史上與溥儀有過夫妻關係的人，因事要找溥儀談話當然是允許的，倘能以和風細雨的態度對待一個重病纏身的人，那是誰也不該挑剔的。

「我的前半生罪惡深重……」溥儀覺得自己過去確是做了一些對不起李玉琴的事，他真誠地表示慚愧。

「我是受騙進宮的。進宮後，你又給我規定了二十一條禁令，百般限制，可我直到現在還背著『皇娘』的黑鍋……」據溥儀從前向我講過的，也知道李玉琴這些話都是實情。可是，我當時是這樣想的：溥儀現在已經病成了這個樣子，倘若紅衛兵要來批鬥溥儀，那也是沒有辦法，妳玉琴不該來火上澆油哇！

「溥儀！你說清楚：我是怎樣被騙進宮的？我哥哥又是怎樣當上偽警長的？我們本是窮人家的孩子，卻成了什麼『皇親國戚』……」

「我可以寫這個證明。」溥儀答應了李玉琴。

說句老實話，當時我對李玉琴的作法確實感到生氣，記得我還不冷不熱地挖苦了她幾句呢！然而溥儀和我的想法不一樣，他對李玉琴採取諒解的態度，曾一再勸我說：「李玉琴在宮中時精神受到壓抑和摧殘，要求寫個材料解脫解脫也是正當的，我應該實事求是地給她作個證明。」

當時，溥儀的病很重，難於執筆，就以口述的方式請二弟溥傑幫助寫出了關於李玉琴及其兄的證實材料。李玉琴離京前也感到自己應該正確對待歷史，正確對待溥儀，不該當他病重的時候，又給他增加精神負擔，因此滿是悔意。後來，她曾對溥傑說：「溥儀有病，請轉告他注意休養，希望他能早日恢復健康。」從這以後，李玉琴再沒提出使溥儀難心的題目。

在狂暴的浩劫初峰席捲而至的日子裡，溥儀和我都切身感受到一股神奇的保護著我們的強大力量，我們知道：這力量來源於那位人民愛戴、舉世景仰的偉大人物。

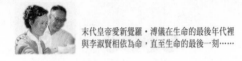
　　福綏境公社派出所負有對我家的具體保護之責，他們根據上級指示，盡心竭力地執行任務。

　　記得大約是1966年10月中旬，當時在我家附近南草場小學校內住著不少外地來京串連的紅衛兵，他們聽理髮員說這裡有位末代皇帝，豈可放棄這個造反的機會？於是，結夥闖進我家靜謐的院庭。

　　溥儀把他們請進客廳，一個領頭的人宣告是來「破四舊」的，要求溥儀先上房去把那裡的一對兒石獅子打掉。溥儀馬上給房管局打電話，根本無人管，怎麼辦呢？幾個紅衛兵環顧一下客廳，又對溥儀說：「你怎麼還這樣享受？吃著白米飯，睡著沙發軟床，生活還這樣講究？都不要用了，全撤掉！」我們正感到為難的時候，派出所的老李和老陳領著幾名佩戴「西城區糾察隊」袖標的人湧進大門。老李問明紅衛兵誰是頭頭後，把他招到門外說了一陣，那個頭頭回到屋領著紅衛兵就走了。

　　為了少惹麻煩，溥儀決心不再使用客廳中那些在當時看來頗為刺眼的家具了，雖然不少人勸他說：「你家常有貴賓來往，需要這些東西。」但他還是找政協說明了原委，第二天，來輛汽車把沙發、軟床連地毯通通拉走並調換了必要的簡單用具。

　　當派出所史所長瞭解到糧店停止了對溥儀家的細糧供應後，立即出面和糧店負責同志洽商，很快就恢復了對我家的細糧供應，我們又不必擔心吃飯問題了。

　　工資和稿費問題也很快就得到解決。溥儀只領了一次低標準工資，待再次領薪時，就接到通知：「仍照原數」從而恢復了月薪兩百元

的標準。至於溥儀自動上繳的稿費也發還了。這樣，我們的生活重新有了保障。

特別讓溥儀感到欣慰的是他所得到的政治上的關照。在那個中國現代史上的非常時期，溥儀照例收到了國慶招待會、國慶觀禮和國慶晚會的邀請，這當然和前幾年參加同類活動的意義不同，等於給他穿上一件政治保險的外衣。當時，人人慣於從這些禮儀性活動的參加與否，名次前後，來判斷中央對某人所取的態度。因此，這種情況在當時不僅表明著某人的政治地位，且也決定著群眾將要對他採取的態度或行動，實在生命攸關啊！

溥儀照例收到國慶招待會、國慶觀禮和國慶晚會的邀請

尤其應該提到的是，正當有人批判《我的前半生》一書並準備批判關於溥儀的電影時，敬愛的周總理直接就此發表了談話對書和電影均予充分的肯定。當時報刊發表的一篇文章談到出身問題時引用了總理的幾句話：

溥儀從蘇聯回來十六年了，他寫了一本書，心情是很沉痛的。
我們把末代皇帝改造了，這是世界上的奇蹟。

是五妹夫老萬到協和醫院探望正住院的溥儀時，最先轉達了這個喜訊。當時我也正在醫院，我見溥儀已無法抑制泉湧般的淚水，他激動地對老萬和我說：「我聽到了總理的聲音，是總理的聲音……」正是我們的總理，在那樣的非常時期裡，保護了一大批革命老同志的同時，也沒有忘記保護中國的末代皇帝！

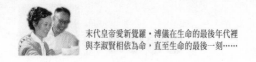

末代皇帝愛新覺羅・溥儀在生命的最後年代裡
與李淑賢相依為命，直至生命的最後一刻……

十五、從生病到去世

周恩來總理在浩劫中保護了溥儀，使之倖免於濁流的吞噬。然而，總理無法阻擋那殘酷無情的病魔。

使溥儀致命的腎癌的先兆，早在1962年5月中旬就已經出現了。當時，我們才新婚兩個星期，哪裡想到，罪惡的病魔竟伴著我們剛剛開始的幸福，陰險地潛入溥儀的身體。現在想來令人痛心的是，當時並未因尿血而引起重視，從而喪失了早期診斷並根治的機會。

溥儀發現尿血現象後，曾到人民醫院診治，但未能做出診斷，只是注射維生素K止血。

溥儀篤信中醫，經常找海軍醫院張榮增老大夫診察，張大夫按「膀胱熱」開了三副中藥，果然止了血。

在中醫施治期間，也曾多次到人民醫院就診，均未能早期發現癌細胞。

1963年一年內，溥儀雖然也常患感冒、發燒，不斷就醫服藥，但很快就能好轉，從身體外觀看，一直是挺健康的，精神也好。

1964年間，溥儀先後兩次在外地參觀訪問了三個來月，能吃能睡，爬山涉水都不在話下。當時我真羨慕他，如果有他那樣的好身體，

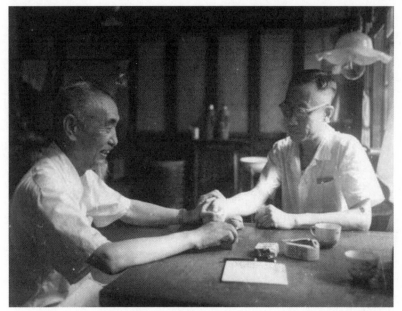

張榮增老醫師給溥儀診脈

就不至於常常「掉隊」了。

我清楚地記得，我們從西北和中原參觀歸來，政協領導講，大家很疲勞，都要在家休息幾天。可溥儀不聽話，第二天一早就張羅要上植物園去，他說：「這麼長時間沒回那個家了，我要去一趟，勞動三天再回家。」我本來想攔他一下，但又覺得說不出相當的理由，也就隨他去了。但沒料到，第二天他竟回來了，我正感到奇怪呢，他開口告訴我說：「我又尿血了」。

當天，我就陪他到人民醫院檢查，經大夫診斷，結論為「前列腺炎」，注射維生素K止血，根本沒做尿液培養，也未能斷定癌症病變，

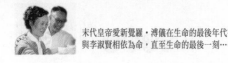
這樣又拖了兩個多月，尿血更加嚴重，終於在 11 月份住進人民醫院。

　　周總理就是在這個時候由於一個偶然的機緣而得知了溥儀的病情。1964年11月裡的一天，大約下午四、五點鐘光景，一輛紅旗轎車開到我家門口停住了。從車上走下一位身穿中山服的男同志，他進院後很禮貌地向我說明了來意，原來是周總理邀請溥儀參加宴會，陪同會見某國貴賓。往次這種活動都是預先透過政協送來請柬，這次因為是總理臨時決定，就直接派車到家來了。我以遺憾的心情對總理派來的同志說：

　　「溥儀因尿血住醫院了。」

　　「住在哪個醫院？」他問。

　　「人民醫院。」我答。

　　「幾天了？」

　　「十多天了。」

　　「現在病情怎樣？」

　　「繼續尿血。」

　　那輛紅旗轎車風馳電掣般地開走了。當天晚上總理就知道了這一情況，並立即採取措施，打電話告訴申老，要求密切注意溥儀的病情發展，組織專家全面會診。

　　第二天，以著名泌尿科專家吳階平為主，還有其他幾位外科、腫瘤科專家參加，給溥儀會了診，發現了膀胱瘤，並懷疑到腎癌。之後，又在總理的直接關懷下轉到協和醫院，住進高幹病房，採取各種積極措

身患重病的溥儀，在生命的最後一個春天裡，站在庭院內花朵
綻放的樹下

施，進行精心治療。

溥儀治病過程中先後六次住協和醫院，三次住人民醫院。溥儀的性格又好動，好熱鬧，特別怕寂寞，我深深地瞭解他。在他住院的日子裡，我幾乎每天到他那裡去，坐在床頭或床尾，伴他度過那些由於病魔纏身而顯得漫長的時光。

1967年的4月末到9月末，溥儀在家裡度過了他生命的最後五個月，他幾乎天天看病，找蒲老開方，然而病勢還是日趨沉重。他走路已經很困難了，每天還要上醫院，怎麼辦呢？想坐公共汽車，人多擠不上去，想雇人力三輪，又擔心「紅衛兵」們說是「壓迫人」，想找政協出車，機關又處於停頓和無人管事的狀態……真叫人難心呀！每次總是我攙扶著他，一步一步走著去。繼而，他連生活也完全不能自理了，每天由我服侍他洗澡擦身，洗手洗腳，連大、小便都要我動手護理。那些天他常常表示感謝我，說沒有我都活不到今天等等。其實，夫妻之間談何感謝？當初我有病的時候，溥儀對我的關懷和照顧也那樣無微不至、令人感動，這本來是一樣的呀！

我永遠忘不了1967年9月30日那個晚上，窗外月光如水，庭院裡的樹木在秋風中發出嘩啦嘩啦的聲音，而遠處還不時地隱約傳來一陣陣節日的爆竹聲。躺在臥室床上的溥儀已經清醒地感覺到自己生命的最後時刻快要來到了，他拉過我的手，讓我坐在床邊，兩隻眼睛死死地盯住我，淚珠在眼眶內滾動。我用手絹輕輕地為他拭淚，好半天誰也不說一句話。

清涼寧靜的臥室、清涼寧靜的院庭、清涼寧靜的月夜！時斷時續的幾聲爆竹不但打不破這寧靜，反而更顯出這節日前夕的安謐。自1966

年6月初以來，我聽到的是吵鬧，看到的是混亂，接觸到的則無非是大喊大叫，而今天，為什麼竟這樣的不同啊！

溥儀久藏心頭的幾句話終於無法不說了：

咱倆今天好好地說一說吧！我快要離開這人世了，這麼長時間我不願意和妳講這件事，是因為不願意傷妳的心。我的病是不能治癒的絕症啊！我曾對妳講，現在科學發展了，能治好我的病，以前這樣說說不過是為了安慰妳。我早已明白：這身上的病是根本不會好了。

我這一世，當過皇帝也當過公民，歸宿還好，現在總算是走到了盡頭！

有所懸念的是：第一條對不起黨。改造我這樣一個人是不容易的，把一個地道的封建統治者變成了一個地道的公民，這是哪個

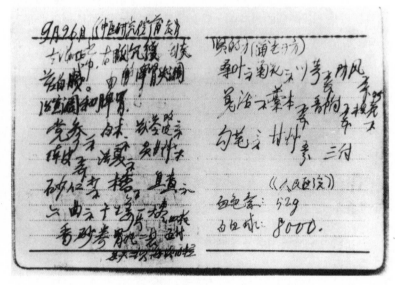

溥儀的病中日記

國家也很難做到的，中國共產黨辦到了，但是，我沒給黨做什麼
工作。第二條對不起妳。我們結婚五年多，又把妳一個人扔下
了，我年歲大，又沒有錢，從各方面來說都很對不起妳。妳的身
體很不好，我也沒給妳留下什麼東西，現在又是文化革命中，沒
有我了，妳怎麼辦？誰能管妳？我最不放心的就是妳呀！

溥儀不說還好，可這幾句話是早晚要說呀，我強忍住深藏內心的
巨大痛苦，強忍住在眼眶內轉動的淚珠，安慰溥儀說：「你不用發
愁，慢慢養病吧！等你病好些，咱們再一同去逛頤和園，逛北海……」
我真想這能夠成為現實啊！當時，我雖然明白卻不敢相信這一番月夜臥
室的談話就是溥儀辭世的遺言！

可怕的時刻愈來愈逼近了。

　　1967年10月4日清晨五時，溥儀的病情突然轉重，我立刻護送他到人民醫院急診室，根據他的病情急需住院治療，但當時床位緊缺，醫院內部分人員在極左路線影響下反對收留溥儀住院。我就像個熱鍋上的螞蟻，跑來跑去，不知所措。到政協連一個領導也見不著，偶然碰見一位政協委員，可是他當時的處境也很不好，心有餘而力不足，愛莫能助。後來我請溥傑轉告政協領導，消息迅速地傳到總理辦公室，我們日理萬機的總理呀，揮筆批了「特殊照顧」四個字，問題豁然得到解決，泌尿科病房無床位就暫時住進內科病房，在這裡，溥儀度過了他生命中的最後幾天。

　　10月6日，即溥儀逝世前十一天，他還在一個二寸半長，二寸寬的小筆記本上給我寫了一張便條，筆法剛勁，清晰可辨。上面寫著：

　　小妹，我感氣虛，妳來時千萬把「紫河車」(胎盤粉)帶來，今天
　晚上服用。

　　　　　　　　　　耀之

　　每當我想起溥儀的時候，就看看他留在世上的這最後幾個字。平時，他也常常親切地稱呼我為「小妹」，這使我感到多麼溫暖啊！

　　溥儀是我的愛人，像天下有情人一樣，我們之間充滿著真摯而深沉的愛情；溥儀還是我的兄

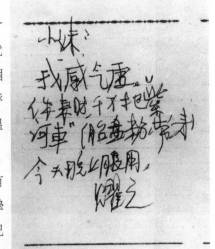

長，自從有了他，我才獲得了自幼就不幸而喪失了的天倫之樂，天地有限，為何奪去我的親人！

10月16日夜間十時，溥儀還以微弱而清晰的聲音掙扎著向在場的李以劻和范漢傑說：「我還不應該死呀，我還要給國家做事呀！」但無情的病魔還是吞噬了他。四個小時以後，即1967年10月17日凌晨二時三十分，溥儀嚥了最後一口氣。當時，除了我還有我家保母以及溥儀的一個外甥，正當斷氣之際，二弟溥傑也聞訊趕到了，一兩分鐘以後，全身浮腫的溥儀就安詳地永遠睡過去了。

當天上午，愛新覺羅家族的親人陸續來到醫院。這時，溥儀的遺體已停放在醫院的「太平間」中。親人去了，我卻總覺得他還活著，我守在他的遺體旁，好像坐在睡著的親人身旁。在保母的幫助下，我把剛取來的褥子給他鋪好，又把剛取來的枕頭給他墊好。

　　我的親人像是還放心不下，一隻眼睛還睜著，嘴也張開著。我向他說：「溥儀呀！你放心吧！別惦記我……」一邊叨念，一邊用手撫慰著，讓他閉上了眼睛，閉上了嘴。

　　溥儀平時愛梳頭，一高興就把頭髮弄得很亮，因此，我又給他梳一梳，讓他高高興興地去吧！

　　最後，給他穿上了新拆洗的棉衣、棉褲和新買的鞋，又特意把他平時願戴的一頂深藍色的呢帽戴在頭上。

　　我想，溥儀也許能夠滿意了吧！

　　勸我離開這「太平間」的人們，也不知說了多少遍話了，我只好依著大家，站起來最後看一眼我的親人，雙手拉著那幅可怕的白布蒙過他的頭頂，我又不可抑制地失聲痛哭了……

　　第二天，敬愛的周總理派人來了，來的同志向我轉達了總理的慰問之意，並根據總理指示詳細詢問了溥儀的病情以及逝世前後病態發展的具體情況。對溥儀後事的處理，總理也作出了明確而具體的指示。總理講，溥儀遺體可以火化也可以埋葬，根據家屬意見，可以選擇在革命公墓、萬安公墓和另一處墓地的任何一個地方安葬或寄存骨灰。

　　10月21日，愛新覺羅家族的主要成員聚會討論了溥儀骨灰的寄存問題。年邁的七叔載濤首先提出，應把溥儀骨灰寄存在八寶山人民骨灰堂。溥傑立即表示贊成，他說：「我們應該體會總理的指示，他老人家在文化革命中也有難處，我們不能再給總理添麻煩，可以放在群眾公墓。」我對此也無異議，我說：「溥儀生前愛熱鬧的地方，放在群眾公墓，長期和人民，和老百姓在一起很好。」這樣，經家族一致商定了。

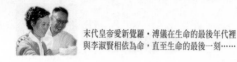
22日，我、溥傑、還有一位街坊的女兒，一起到八寶山人民骨灰堂辦理了骨灰寄存手續。

溥儀去世給我帶來的悲痛是不可言喻的，由於失去親人，我似乎覺得活著也沒有什麼意思了。半年多裡，我連收音機也沒打開過，感到無依無靠，不知今後應該怎樣生活？我吃飯不香，睡覺不實，身體更壞了，瘦得可憐。因為懷念溥儀，總想到八寶山公墓去看他的骨灰盒，摸一摸，擦一擦，坐一會兒。因為幾乎天天要去，我索性買了一張汽車月票，來來去去，彷彿到那裡就能見到他似的。

溥儀的去世對我來說，不僅有精神上的巨大創傷，還有更實際的問題。正像溥儀在遺言中不幸而言中的那樣：在文化革命期間，誰能管我？生活的出路又在哪裡？

我是一個弱者，五種慢性病集於一身，因此，不得不常常休病假，佔編制不頂崗位。醫院感到有壓力，就動員我從1964年7月14日起，暫不上班，「停薪留職」，以待恢復健康。

為了獲得生活保障，我在1968年初申請上班，沒有想到醫院以必須有健康檢查證明為由拒絕了我的申請。我要活下去，於是，鼓起勇氣給總理寫了一封信，結果被某檢查當局退還醫院，為此招惹來更大的不滿。

在十分艱難的情況下，我度過了好幾年備受煎熬的日子：我沒有分文收入，坐吃溥儀留下的幾千元稿費。為了節省房租、水電等開支，我自動交出了東觀音寺一套有客廳、有臥室，還有其他生活設備的寬敞住宅，而寧願搬進杜聿明先生院內一間由原衛生間改造的又黑又潮的小

房內居住。

我實在是走投無路了，於是再一次鼓起勇氣，於 1971 年 6 月下旬寄出了給總理的第二封信，我彙報了自己的生活情況，並說明了實際存在的困難。

7月初，距我給總理發信還不到十天，總理就委派國務院機關事務管理局副局長侯春懷同志來訪問我了。第一次來，趕上我外出，未遇，第二天又來，他根據總理指示向我仔細地詢問了有關情況和要求。我當時提出兩條要求，一是復職，安排力所能及的工作，以解決生活出路問題；二是現居房屋條件太壞，希望調一調。侯局長臨離開時對我說：「我把您的要求帶回去向總理彙報，處理結果請和政協直接聯繫。」

全國政協副主席王首道向李淑賢致以親切慰問

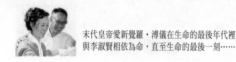
　　不久，政協來人通知我，考慮到我的身體情況，即使輕工作也是難於勝任的，因此，可以暫不上班，由政協按月發給生活費，每次六十元，同時，立即調換適當住宅，安排兩間陽光充沛的正房。說到這裡，政協同志又加上一句話：「總理親自部署對妳的生活照顧，連每個細節都考慮得很周到哇！」我當即流下了熱淚。

　　第二天一早，我就跑到八寶山人民骨灰堂，撫摸著愛人的骨灰盒。告慰溥儀在天之靈說：「安息吧，我的愛人！你離世前耿耿於心、懸念不已的事情，已由敬愛的周總理親自過問解決了，你可以放心地長眠了……」我的眼淚噗噗地落在骨灰盒上。

　　我更忘不了那個悲痛的1976年1月，山哭海泣，舉世同悲，敬愛的總理和恩人啊！從我聽到廣播訃告的那一刻起，整整三天，我一點兒不能吃，一點兒不想喝，只是一遍又一遍地捧起用鏡框鑲著的總理肖像以及總理接見我和溥儀的相鏡，看啊，擦啊，我是蘸著淚水在擦呀！我哭著到八寶山去，把這一不幸的消息告訴了溥儀，我彷彿看到他也在悲痛地抽泣著……

　　如果說，是敬愛的周總理在那「四人幫」禍國殃民的年代給我指示了一條生活下去的道路，那麼，當人民勝利了以後，我作為公民溥儀的遺屬又得到了政治上的新生。

　　我不斷地接到各種各樣的請帖，參加國家最高一級的聯歡會、茶話會、賞月會，各種形式的文娛晚會和宴會等。

　　1980年2月12日上午九時，為了表示對已故歷屆政協委員和知名人士的親屬的關懷，全國政協舉行春節茶話會，記得那天我到達會場時

茶話會尚未開始，工作人員把我引到政協第二會客室，在那裡我受到了黨和國家領導人的單獨接見。當工作人員介紹說：「這是溥儀先生夫人」時，在場的烏蘭夫同志、康克清、劉寧一、童小鵬等同志立刻從座位上站起來，和我一一握手。茶話會開始後，我和同桌的馬連良夫人、程硯秋夫人、老舍夫人以及外賓和翻譯同志暢所欲言，十分愉快。圍繞我們這桌簡直是形成了一個小小的中心，電視台和報社記者的鏡頭也一個勁地對準我們。政協全國委員會副主席康克清同志的即席講話更引起我浮想聯翩，康克清同志說：「每逢佳節倍思親，特別是在我國進入了新的歷史時期，跨了大有作為的八十年代的第一個春節，我們更加懷念已故的親人。」這怎麼能不讓我想起溥儀，想起我這一生中最有意義的一段生活……

1980年5月29日下午三時半，在政協禮堂舉行了溥儀、王耀武和廖耀湘三位政協委員的追悼會。已經辭世整整十三個半年頭的溥儀啊，倘若神靈有知，你總可以安眠於九泉之下了。

黨和國家對溥儀特赦後的工作給予了公正的評價並十分隆重地祭奠了他。新華社報導了這次追悼會的情況：

中共中央政治局委員鄧穎超、烏蘭夫、彭沖，人大常委會副委員長朱蘊山，政協全國委員會副主席季方、王首道、楊靜仁、胡子昂、劉瀾濤、李維漢、胡愈之、王昆侖送了花圈。送花圈的還有政協全國委員會、中央統戰部、政協文史資料研究委員會等單位。

政協全國委員會副主席季方、劉瀾濤、胡愈之以及黃維、侯鏡如、賈亦斌、溥傑、趙子立、文強、沈醉、杜建時、鄭庭笈，以

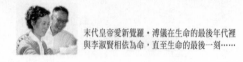

及有關方面負責人，政協常委、委員、政協文史資料研究委員會
委員、專員和生前友好等約三百人參加了追悼會。

追悼會由王首道主持，中央統戰部副部長、政協全國委員會副秘
書長劉寧一致悼詞。

當領導和同志們排著長長的行列，在哀樂聲中緩步從我眼前走
過，和我握手，並向我表示最親切的慰問之意時，我彷彿又看見了我的
愛人——溥儀就站在離我不遠的地方，面帶微笑，用十分滿意的眼光看
著我，看著參加追悼會的每位同志……

追悼會結束以後，由溥傑捧著長兄的遺像，我雙手端著愛人的骨
灰盒，根據中央指示，在八寶山革命公墓第一室，重新安放了溥儀的骨
灰。就在這幾間普普通通的青磚瓦房之中，安放著已故的黨和國家領導
人的骨灰盒，安放著對中國革命做出了卓越貢獻的著名人物的骨灰盒。
中國的末代皇帝也以自己特赦後對祖國的特殊貢獻贏得了人民的尊重。

1981 年元旦脫稿

1981 年 3 月 8 日改定於長春

嫁給「皇帝」以後

——溥儀夫人李淑賢遺稿

前編・文章集

（編者的話）

　　這裡集中了李淑賢女士撰寫的 10 篇文章，其中有些曾在《光明日報》、《文匯報》、《民主與法制》等報刊上發表，有些則從來沒有發表過。從這些文章中，我們不難看出她的實事求是的精神、堅定的原則性和不懈的抗爭精神。幾乎每一篇文章發表後都會有一大批讀者來信從全國各地雪片似地飛來。其中有普通工人、農民，也有國家機關幹部；有法律工作者，也有高級知識份子；有年逾花甲的老人，還有 10 多歲的少男少女。他們給予李淑賢女士極大的同情和支持。

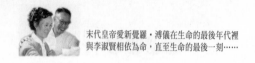

我丈夫溥儀是日寇屠殺中國人民的歷史見證人

——李淑賢對新華社記者發表談話

（1982 年 8 月 10 日）

按：本文是在李淑賢女士對新華社記者發表談話的基礎上由王慶祥整理的。

據報載日本文部省在審訂教科書時，將日軍「侵略」篡改成「進入」，我們對此十分憤慨。中國末代皇帝愛新覺羅・溥儀，作為歷史的見證人在他於 1967 年 10 月病逝之前，曾在許多場合以自己的切身經歷，揭露侵華日軍犯下的滔天罪行，介紹眾所周知的前日本戰犯在改造期間低頭認罪向真理投降的情景。有關的遺稿、遺物，至今仍由溥儀的妻子李淑賢同志保存著。

「九・一八」事變發生後不久，溥儀到了被日本帝國主義侵佔的東北，出任由關東軍一手操縱的偽「滿洲國」的「執政」，後來又登極為「皇帝」。1961 年 9 月，為紀念「九・一八」事變 30 周年，溥儀以極其沉痛的心情，回顧了當年日本軍國主義分子侵略中國，給中國人民、日本人民和亞洲人民帶來的深重災難。他在〈從我的經歷揭露日本軍國主義的罪行〉的文章中說：「日本軍國主義者對中國人民的生命，簡直是視同草芥。從 1932 年到 1944 年，據不完全統計就以『反滿抗日』的罪名殺害了愛國人民 6 萬 7 千人。至於集體屠殺、秘密屠殺中的受害

者,更是不勝其數了。」1964年他在全國政協一次座談會上的發言中說,我作傀儡皇帝的14年中,認賊作父禍國殃民,按最保守的估計,給祖國造成的災難是損失生命1千多萬人,損失財產超過相當於5百億美元的價值。至於偽滿洲國之成為日本帝國主義侵略祖國的基地和發動太平洋戰爭所造成的罪惡更無法統計。

　　談到日軍的侵華暴行,溥儀總是感慨萬千,常常痛哭流涕。1956年,溥儀在撫順戰犯管理所期間,曾訪問日軍製造的慘絕人寰3千人遭到屠殺的平頂山慘案的倖存者——方素榮。後來他談話、著文一再提到這件給予他「極大震動」的事兒。他記敘此事的過程說,平頂山位於撫順近郊,原是有1千多戶礦工居住的小鎮。1933年抗日游擊隊襲擊了撫順日寇警備隊,燒毀了日寇的倉庫。當日寇得知平頂山村民與游擊隊有聯繫後,第二天就進行了血腥的報復。把全村老少通通趕到村外的山坡上,在對準人們的機槍上蒙著黑布,日寇欺騙說要給大家照像,等人們到齊日寇就揭去機槍上的黑布,瘋狂地掃射起來,然後又逐個戳刺刀,用大砲轟崩山土壓蓋屍體。日寇殺人後又燒掉了平頂山的全部房屋,封鎖了四面交通。他們唯恐不能斬盡殺絕,還在周圍的村莊中宣布:不准收留平頂山人,違者全家殺光。唯一的倖存者方素榮當時年僅5歲,在掃射中爺爺用身子壓住了她,儘管全身8處受傷,仍是在深夜甦醒過來,她掙扎著從爺爺、母親和鄉親們的屍體旁爬起,被一位老礦工帶到礦上,放在大工棚裡,白天藏進麻袋並紮上袋口,晚間偷偷打開袋口塞給她幾塊乾糧。後來又把她轉送到舅舅家,藏在高粱地裡養傷,這才倖免一死。

　　溥儀還談到當日本戰犯聽方素榮講述這段血淚交織的歷史時,個

個淚流滿面，低頭向她表示誠懇地謝罪。方素榮說，我心頭的冤仇是永世不忘的，但最重要的不是個人的冤仇，你們既然放下了武器認了罪，我可以不提個人的冤仇。

溥儀在記敘日軍進行慘無人道的細菌戰時，談及訪問哈爾濱市平房金星農業生產合作社姜淑清老大娘給他留下的深刻印象。老大娘回憶說，當年日本培養細菌的731部隊就在這個村子附近，由於那裡製造的黃色跳蚤誘發的鼠疫的蔓延，奪去了全村142條生命。有的新婚夫婦結婚第二天就死了，有的全家死光。

在偽滿的報紙上，日寇常常炫耀他們「剿匪」的「戰績」。溥儀說，所謂的「消滅」了多少「土匪」，其實多數是無辜百姓受害。累死或被殺的勞工，到了報上都成了被「剿滅」的「寇匪」。溥儀在一篇文章中揭露道：「日本軍國主義者還在東北實行了勞動力統治政策……每年強徵勞工總數估計平均在250萬人。被抓去當勞工的，少吃沒穿卻要起早摸黑地幹重活，累死的人不計其數。不但如此，被抓去為日本關東軍修建軍事設施的勞工，在完工以後還往往遭到集體屠殺。這樣的事實，甚至被日本主子豢養在『深宮』之內的我也有所耳聞。有一次，偽宮內府警衛處長佟濟煦悄悄告訴我說：他親戚的警衛官金賢有一個熟人，被日本軍隊抓去修築軍事要塞，完工以後，日本軍隊為了保守這個工事的秘密，把所有工人全都殺了，只有他親戚的那個熟人在九死一生中逃了出來。」

正如溥儀所說，日寇以「反滿抗日」罪名屠殺我國同胞更是屢見不鮮。據英國《曼徹斯特導報》載，1932年7月29日凌晨，日寇將拘押在哈爾濱的「囚人」84名提出監獄送郊外槍決，在兩處同時執行。刑

場預先挖好了長壕，槍決時5人一列，其中一名兒童當場高呼：「滿洲國覆滅，日本人死亡！」其場面慘不忍睹。

溥儀在全國政協大會上發言

經過改造的溥儀深深認識到這樣一個道理：侵華日軍不僅糟蹋了中國人民，也使日本人民身受其害。溥儀在撫順戰犯管理所的時候曾看過一部反映日軍在塞班島作戰失敗的影片，其中一些情節曾那樣令他激動不已。他寫道：「在日本兵的刺刀下，婦女們排成長列，被迫投進了波濤洶湧的大海。有位母親在沒頂之前，把自己初生的嬰兒高高舉起，這剛來到人世的小生命多爭一分鐘的生存。這個鏡頭一直留在我腦中，令我無法忘掉。」

1961年10月，溥儀同日本電波訪問團談話的時候曾這樣談到自己的感想，他說：「經過學習我知道了無數中國嬰兒是怎樣死在日本的刺刀尖上的。從塞班島的故事裡我又知道了日本的嬰兒在日本兵的刺刀下也沒有好命運。自從我在充滿了人道主義的改造教育中認識了過去，也認識了自己，懂得了什麼叫人生和怎樣做人，我就常常因為想起了過去而痛苦。自己在過去勾結日本帝國主義，背叛祖國，把領土供給敵人作為發動侵略戰爭的軍事基地，把人民驅作苦工和砲灰，使千百萬人家破人亡。我為祖國的死難同胞而感到痛苦，我也為犧牲在同一個敵人手中

1946 年 8 月，溥儀 8 次出庭，為
審判東條英機等甲級日本戰犯作證

的日本人民而感到痛苦。那樣的災難是絕對不能再讓它出現了。無論是中國的、日本的或亞洲任何國家的嬰兒，我們都絕對不能讓刺刀再碰到他們身上了。」

作為歷史的見證人，溥儀先於 1946 年 8 月出席遠東國際軍事法庭，後於 1956 年 7 月出席瀋陽特別軍事法庭，為審判侵略我國東北的日本戰犯出庭作證。在東京他前後出庭 8 天，每天出庭長達 6 小時，創造了作證時間最長的紀錄。他以切身經歷和大量事實揭露了日寇駐東北的特務機關長土肥原賢二、關東軍司令部參謀板垣征四郎、偽滿國務院總務廳長官古海忠之和武部六藏的侵華罪惡。古海忠之在法庭上聽了控訴和證言後，深深地低下頭說：「我完全承認證人所說的一切證言，因為都是事實，我犯下了對不起中國人民的罪行。」這些劊子手不但承認了殺害中國人民和掠奪中國財富的罪行，甚至交代了讓新兵以活人為靶子練劈刺，強迫父親姦污親生女兒等慘無人道的行為。他們痛哭流涕地要求中國政府懲罰自己。

溥儀還曾向日本朋友談到過這樣一件生動感人的事例，他說：有位日本戰犯在釋放後的歸途中，當列車經過山海關的時候，突然大聲痛

哭起來，在場的記者向他詢問緣由，他傷心地回答說：「當年我就在山海關這個地方殺死許多中國人，他們不能活了，不能和家人團聚了。可是，我這個殺人兇手卻又得到了和家人團聚的機會，我怎麼能對得起在這裡死難的那些中國兄弟和他們的家屬呢！」溥儀是在 1963 年 5 月 22 日會見日本北海道輸出入協同組合、自由民主黨北海道議會議員阿部文男先生時談到這一事例的，他在同一次談話中還表示，願中日兩國人民共同吸取日本侵華這一血的教訓，為恢復中日邦交而共同努力。溥儀還應邀在客人的筆記本上題辭：「決定歷史前進的是人民，人民的力量才是不可抗拒的力量。」

　　慘痛的歷史教訓，使溥儀熱烈地嚮往著、衷心地期待著中日兩國友好相處。1960 年 10 月，在歡迎著名美國記者斯諾的宴會上，溥儀與

1956 年 7 月 2 日，溥儀在瀋陽出庭，為審判古海忠作證

日本和平人士西園寺公一先生相遇，他對西園寺說：「……我希望中日兩國友好相處，但日本反動內閣總是阻撓這種友好，這是必須加以反對的。」西園寺回答說：「日本反動派畢竟是少數，而真正有力量的是廣大的日本人民。在反帝反殖鬥爭中，我們兩國人民是同一條道路上並肩戰鬥的戰友。」

今天日本文部省的作法也並非偶然，它說明雖然許多老軍國主義分子已在事實的教育下翻然悔悟，軍國主義的思想和勢力也還不可能一下子滅絕淨盡。溥儀在 60 年代初曾發表一篇揭發日本軍國主義的回憶文章，就在日本引起很大反響，當然也有反對這篇文章的。

不久，日本某《週刊》就以〈溥儀前皇帝的憎恨和它的真相〉為題發表評論，進行所謂「反駁」，這只能證明溥儀的文章確實打中了軍國主義者的要害。文部省在教科書中迴避「侵略」字樣與此可謂如出一轍。然而，日本侵華的歷史是任何人也篡改不了的，中日人民友好的力量是任何逆流也抗拒不了的，今年已是中日實現邦交正常化 10 周年，當此之際，衷心希望日本文部省糾正錯誤作法，順應歷史潮流，為促進中日友好的發展做出貢獻。

筆下春秋變幻

—— 《我的前半生》寫作及成書目擊記

（1985 年 2 月）

按：李淑賢女士這篇文章最早發表在《博覽群書》1985 年第 3 期上，同年 3 月 31 日《光明日報》轉載。3 個月以後，替李文達說話的〈也談《我的前半生》的創作和出版〉一文，刊登在《博覽群書》1985 年第 7 期上。這實際是「二李論戰」的第一個回合，兩人都從各自的角度，就《我的前半生》一書寫作經過公告社會。

1962 年 1 月，經人介紹我和愛新覺羅·溥儀相識，從此開始了幾個月的戀愛生活。當時溥儀正在修改他的書稿，也就是今天已經馳名中外的著作《我的前半生》。

溥儀對撰寫回憶錄是很有興致的，因為他常對我談起這件事。他總是說：黨把自己改造成為公民，要做一個有用的人，寫寫回憶錄是自己力所能及的事。他那時也常常到出版社去，聽取編輯關於修改書稿的意見。記得有幾次我也跟他一起到出版社去，他和編輯談稿子，我就在一旁看溥儀舊時的照片，還有「皇后」「淑妃」的照片，我覺得很有意思。

1962 年 5 月我和溥儀結婚後，溥儀經常伏案寫作直到深夜。當時，我們住在政協院內，房間很小，夜間開著電燈，我很難入睡，常對

他說：「你早點睡覺吧，幹嘛那麼拚命？」他總是耐心地勸我先睡，讓我「照顧」他。當一部用鋼筆楷體字撰寫的長達 40 萬字的書稿終於在他的筆下產生之後，他高興極了，竟像個年輕人似的一下子把我抱了起來。我也高興，便使勁向溥儀的後背捶了一下。

那天晚上，溥儀向我講述了他撰寫《我的前半生》一書的過程。溥儀說，他從 1957 年下半年起就開始為撰寫這本書進行準備了，不過當時還沒有形成把它寫成書、拿出去出版的想法，只是想把一生的經歷寫出來，留給後人一點歷史教訓。在撰寫方式上，他當時想得也比較簡單，即寫一段經歷，再作一篇自我批評。這樣，到 1959 年底特赦前，他已經寫出一部初稿。特赦不久，周恩來總理就接見了溥儀，詢問他改造期間的情況，溥儀便彙報說自己曾撰寫了一部文稿。總理對此很重視，當即問文稿現在何處，希望溥儀能把它修改好。溥儀十分感激總理的關懷，第二天就給撫順戰犯管理所金源所長寫了一封信，把總理接見的喜訊傳到他生活了整整 10 年的地方，並表示一定按總理指示把書改好，請戰犯管理所的領導同志幫助。後來，溥儀這份尚不成熟的文稿又在周總理的親自關懷下，用十六開本四號字印成徵求意見稿。周總理和彭真等中央領導同志都看過這部書稿，又有中肯的批評，在這個基礎上，溥儀又幾經修改，終於寫出了《我的前半生》。

為了撰寫此書，溥儀付出了巨大的勞動。溥儀經常反覆地回憶，努力地追逐那些早已逝去的時光，以及和這些時間相聯繫的事件。原來，溥儀有一個好習慣——天天寫日記，即便是「偽滿」期間，在日本人的眼皮底下，他也曾記下大量日記，很可惜，那些已被攝取的歷史鏡頭，卻又大量地被歷史吞沒了。「偽滿」垮台前夕，溥儀令自己的族侄

和隨侍燒毀了14年的全部日記，因為在那些日記裡，有不少「忠順奴僕」抱怨「主子」的話，溥儀怕日本人發現後饒不過他，同時溥儀還令人在「緝熙樓」地窖內把有關自己的記錄影片

溥儀經常伏案寫作直到深夜

和照片全部燒毀，「這倒不是為了日寇，而是為了對祖國人民湮滅自己的罪證」。由此，「險些把『緝熙樓』付之一炬」。從歷史上看，這是一大損失，對個人也不利。數年後他寫回憶錄時，就感到有困難了。好在溥儀的記性不錯，連總理也稱讚他博聞強記呢！

　　溥儀在撰寫工作中認真細緻、一絲不苟、核實了各種各樣的歷史資料。他在有關部門的支持下，翻閱了二、三十年代著名遺老陳寶琛、鄭孝胥、張勳、金梁、羅振玉、康有為、胡嗣瑗、劉鳳池以及莊士敦等人的奏摺、信札等檔案資料；尋查了報導過有關事件或清室新聞的中外報紙；翻譯並閱讀了在世界各國出版的用英文、日文或中文寫成的有關溥儀生平的著作；還看過由四弟溥任保存的攝政王載灃日記以及鄭孝胥的日記。當時鄭孝胥的日記收藏在中國歷史博物館內，現任該館研究員的著名文物專家史樹青先生當年就曾陪同溥儀閱看了這部日記。溥儀對這些歷史資料的原則是：以當事人的身分，實事求是地加以鑑別，取其實，棄其虛。這在溥儀留下的《我的前半生》初稿和其他手稿中，能找

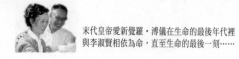

末代皇帝愛新覺羅‧溥儀在生命的最後年代裡
與李淑賢相依為命，直至生命的最後一刻……

到大量例證。

　　溥儀在《我的前半生》一書中，曾專門介紹了他的英文老師莊士敦。這位英籍「帝師」，從溥儀 14 歲起即負責教授他學英文，直到他 17 歲結婚。之後，莊被派去管理頤和園。1924 年溥儀離宮，莊則赴威海衛就新職。以後莊還曾到天津和長春訪問過溥儀。他回到英國以後，回憶「帝師」生活，寫成一本書，名字叫《紫禁城的黃昏》。溥儀發現這位英國老師並不是實事求是，常常為了炫耀自己和維護溥儀而歪曲事實。溥儀為了澄清事實，要把真相寫進自己的著作。

　　在《我的前半生》第三章第七節，溥儀寫了小朝廷在「出洋」問題上內部衝突的真相。當時王公大臣為了保住「優待條件」和自身地位，都一致反對出洋，而溥儀感到處境很危險，同時，為了闖一條「復辟大清」的新路，在莊士敦的引導和二弟溥傑的支持下，經與荷蘭公使歐登科聯繫，秘密研究了逃出紫禁城的計畫。結果，由於以醇親王為首的王公大臣的發現和阻攔而告失敗。

　　莊士敦寫這件事的時候，故意歪曲事實。他繪聲繪色地敘述事情經過，竟把自己說成與此事毫無關係，只給荷蘭公使寫過一封信，並沒有「參與」溥儀出洋這個「極其孟浪」的計畫。其實，與荷蘭公使歐登科聯絡的具體辦法正是莊士敦告訴溥儀的。溥儀指出，莊士敦「捏造許多事實聳人聽聞，以顯示自己的『高明』」。莊士敦還極力替溥儀開脫。溥儀在自己的筆記上引錄了莊的原文，並逐句加括弧予以批駁或澄清。現將筆記內容的一部分引在下面：

> 皇帝對這次失敗不如我所想像的那樣沮喪。他對這件事的態度更是輕鬆的。（莊只看外表，輕輕掩蓋了我的本質。）如果他那時

候就想逃出皇宮的束縛，他絕不能
有這種態度，開始的時候，我對這
個感到迷惑，但是我們談話結束之
前，我覺得這個計畫最初不是他搞
出來的。（這是歪曲事實！）而是另
有人慫恿，帶頭幹起來罷了。（純粹
是臆斷捏造。故意為我開脫，而轉
嫁責任於旁人。）我深信，（為什麼
不說我確實知道，而說深信？）真正
的角色(不僅為我開脫，更主要是為
帝國主義者開脫，為某公使開脫)，
就是那個我不願提名道姓的親王

1929 年溥儀與他的英文老師莊士敦在天津

若不然就是幕後還有別人。（此言暴露他並不摸底而是胡猜，故作
驚人之筆，轉移讀者視聽。）

　　莊士敦敘述了這一事件過程後，又進一步議論說：

　　因此，我們就可以看出，真正的主謀人物不是別人，而是那個
有勢力的滿洲軍閥——張作霖，那個對舊皇朝忠貞不渝的張勳和
他關係密切，因為他們本來就有通家之好。那個不提名的親王在
這個密談裡雖然是個必不可少的人物，但比較起來並不重要。他
只是給予皇帝種種便利，讓他離開紫禁城後，安全抵達天津。張
作霖的想法主要是，不管這個計畫成功還是失敗，都不能讓人懷
疑他和這個計畫有任何關係。這就是為什麼這個經過長期考慮的
密謀計畫在皇帝大婚後的幾個禮拜付諸實行。他們所以要這樣
做，就是需要找一個說得過去的藉口，讓皇帝上滿州去，這個藉

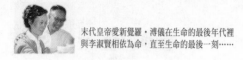
口就是要讓皇帝舉行婚後謁陵的儀式。

針對莊士敦的一派胡言亂語，溥儀毫不客氣地批評說：

這次我打算走出的內幕，並不是莊士敦所說的那樣，這件事僅是我和溥傑商量的，所謂「負主要責任的那個親王」---載濤，事實上並不知道。因為載濤和我父親一樣，都不贊成我在平日出宮，放棄優待條件。我若告訴他無異告訴我父親。至於張勳、張作霖就更不知道了。張作霖曾經贊成復辟帝制，那是另一回事，是不能與這次的行動混為一談的。莊士敦瞎說一氣，無非是顯示自己的「高見」，自吹自擂，但這根本是違背歷史的。

溥儀把這件事寫進了《我的前半生》一書，嚴正的駁斥了莊士敦對事實的歪曲，從而訂正了這段史實。這是一個歷史證人的責任，也是一個文史工作者的責任。

以上引錄的資料，都是從溥儀遺留下來而沒有發表的文稿中摘下的。這些資料能夠說明溥儀為了撰寫《我的前半生》一書，在蒐集、鑑別資料的過程中，付出了多麼艱辛而可貴的勞動！其寫作態度又是何等認真、嚴肅。

（原載《光明日報》1985 年 3 月 31 日）

為了丈夫著作的尊嚴

令我煩惱的《我的前半生》版權之爭

（1988年3月）

按：李淑賢女士這篇文章在影響很大的刊物《民主與法制》1988年第5期發表，立刻在社會上引起強烈的迴響，收到讀者來信數百封，李文達則在《民主與法制》1988年第8期上登出〈尊重歷史事實，不必自尋煩惱〉，兩文在《我的前半生》一書著作權歸屬以及轉讓電影改編權的合法性等問題上針鋒相對。標誌著「二李論戰」已經走向高潮，受到社會各個層面的廣泛關注。

1967年10月17日，這是我記憶中不能忘卻的日子。這一天，我的丈夫溥儀帶著種種眷戀永遠離我而去。他眷戀新的生活，眷戀熱愛著的事業，眷戀著我。在他生命垂危的日子裡，常常握著我的手，默默地長久地注視著我。他為我憂慮，他說拋下我去了，我單身一人會感到孤獨；他說沒有給

227

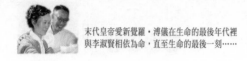
我留下子女，我將來生活沒有依靠；他說沒有為我攢下錢財，我以後的衣食會有困難……所有的難處他都想到了，可他萬萬沒有想到，他的去世留給我的最大煩惱，竟會是他的著作——《我的前半生》(以下簡稱《前半生》)的版權歸屬問題。

《我的前半生》自1964年出版，到1984年國內第8次再版，已經跨越整整20個年頭。這些年來，從沒有任何人就溥儀是這本書的唯一作者，提出質疑和歧議。對這本書享有專有出版權的群眾出版社，在1984年第8次再版前言中寫道「作者已於1967年逝世，不可能再作任何修改……」說明該社承認溥儀是《前半生》的唯一作者。但隨著國際國內「溥儀熱」的產生，《前半生》被從各種角度多次改編成電影、電視，地身價也隨之大漲。因此，時間流逝20年後，明確而簡單的本屬於溥儀的版權，無端地起了糾紛。誰能不懷疑這是金錢的槓桿作用在作怪呢？

群眾出版社李文達同志，曾受組織委派，幫助溥儀修改、整理《前半生》一書，藉此，他提出應該享有一半版權，版權糾紛拉開序幕。

糾紛始於1984年春。4月1日那天，群眾出版社編務室主任趙中同志及李文達同志兩人結伴來到我家。趙中問我，現在香港、美國、義大利都要拍溥儀的電影，有人找過妳嗎？我告訴他沒有什麼人來找過我。趙中就囑咐我：「有人找妳，妳不要對他們說什麼，就說什麼都不知道，李文達都知道，有事找李文達。今後有誰來找妳，妳就打電話告訴我們。」過去不多日子，果然來了幾個人，其中一人就是《火龍》的導演李翰祥，還有副導演等人。他們問我同溥儀一起生活的情況，說準

備拍一部反映我同溥儀後半生的片子。我家沒有電話，李翰祥他們幾個離去時天已不早，第二天我才給趙中打電話，告訴他李翰祥找我啦，他問：「妳說什麼沒有？」我說：「沒說什麼。」他很高興，說：「那好，以後再找妳，就打電話給我。」

5月裡，議論紛紛，說是外國人給了溥儀家9萬元，把溥儀的書買去拍電影了。有的朋友還上門問我是不是真的？俗話說無風不起浪，我決定打聽一下，弄清到底是怎麼回事。5月30日，我到有關部門詢問，他們指點我到合拍公司瞭解。因為沒有人告訴我，當時《我的前半生》已賣給義大利羅馬想像影業公司，群眾出版社和外文出版社已經於1984年3月27日同意，並正式簽訂了協議。當我問他們是不是有外國人花了9萬元買了溥儀的《我的前半生》去拍電影時，合拍公司的經理只含含糊糊地說：「有些錢，有些錢。」並不告訴我具體數目，更閉口不談已同義大利簽協議。

就是我到合拍公司打聽賣書情況的那天，群眾出版社文藝部主任王蘭升、編務室主任趙中，兩人上我家碰了鎖頭，留了一張便條託鄰居轉給我。他們原是帶了李文達寫給群眾出版社的委託書來（李文達自己不來）要我在上面簽字，委託書大意是：關於《我的前半生》(1964年版)的國外改編電影、電視之權的對義大利想像影業公司的談判，我們委託你社全權辦理，我們也不再就此書的改編權一事再與任何其他方面簽約。趙中在留給我的便條上，要求我把名字簽在李文達的簽名下面，我反覆看了李文達寫給群眾出版社的委託書，發現上面沒有落款日期，這明顯是為了欺騙我。我雖然文化不高，知識有限，但人無論文化高低，知識多寡，人格都是相等的！和所有智力健全的人一樣，我希望別

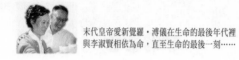
人尊重我的人格和權利。同時，我有一個至今不能理解的疑問，那就是為什麼誰都不肯同我講實話，把已經同義大利簽協議的既成事實隱瞞起來。我一再追問知情人，都避而不答，我很納悶，既然他們的所作所為如他們說的那樣堂而皇之，無可非議，那麼，為什麼在簽訂協議兩個月後，採取不那麼正大光明的手段要我補簽一張委託書呢？簽字前不跟我打招呼，原因也許可以解釋，可是事後還那樣瞞著我呢？就難免使人懷疑其中有解釋不了的地方。

我拒絕在那張委託書上簽字，這個字不能簽！字雖沒簽，我的生活也從此失去安寧。本來我就患有精神衰弱症，現在更是經常失眠。睡不著，就瞅著掛在床頭的溥儀遺像，瞅著想著，真想哭一場。溥儀去世時，正是一切都被砸爛的動亂時期，他又沒有給我留下一分錢的遺產，我是苦水裡泡大的，這些困難比起舊社會的苦實在算不了什麼。可是眼下版權糾紛，給我造成的一種精神壓力，使我很難承受得了。想到溥儀生前與我相依為命的情景，我的良心告訴我，恢復溥儀《我的前半生》的作者權，是我應盡的責任。於是，我走訪了有關單位，並寫信向中央首長彙報了版權糾紛以及群眾出版社不付給我印數稿酬的情況。

中央首長將我的信轉給了中共中央辦公廳信訪局。信訪局向群眾出版社和國家出版局作了調查瞭解後，將來信摘要及國家版權局的意見呈送給中央有關領導同志，出版局認為：按稿酬條例規定，應付給李淑賢印數稿酬，群眾出版社不給是不對的。以後中宣部、公安部的領導同志均批示：「照出版局意見執行。」他們接到批示後，很快將印數稿酬送給了我。1984年9月10日，中宣部出版局又因版權糾紛問題，約見了群眾出版社的有關人員，作了具體指示。群眾出版社派專人解決這個

問題，他們走訪中宣部出版局版權處，該處處長李奇同志、幹部翟一我、許超同志，以及該處邀請的中國社會科學院法學研究所的鄭成思同志（專門研究知識產權的國際保護問題）等，對《我的前半生》的版權歸屬進行了共同研究，依據國家有關版權法規，提出了一致意見：

一、《我的前半生》一書的作者是溥儀，因而溥儀享有版權，其妻李淑賢得繼承……二、群眾出版社享有該書的專有出版權而沒有版權……三、李文達同志不應視為作者，因而也不享有版權……（他們提出5條理由佐證）群眾出版社根據討論結果，於1985年2月9日，寫成〈關於《我的前半生》一書版權爭議問題的意見〉，向中央有關領導同志作了彙報，除了這3條意見外，還對本社過去的錯誤作法作了自我批評，並在1985年3月13日，給我送來印數稿酬。同年4月16日下午，群眾出版社請我到北京飯店聚餐，該社的主要負責同志都參加了，宣布上述處理意見，並向我表示了歉意。

事隔幾個月後，有位朋友來家裡玩，他很關切地問我版權問題解決了沒有，我告訴他已經解決，並且把處理意見的內容也對他講了，他問：「有證明嗎？」「證明？什麼證明？」我有些不解。「唉呀」他長嘆了一聲：「妳這人總是這麼天真，我看還是去要張證明吧，這樣對誰都有好處。」我看他說得很有道理，就到群眾出版社要求給補一張版權歸屬意見證明書。

出版社王蘭升同志接待了我。當他知道我的來意後說：「這事可能會變，妳找于浩成（當時任該社社長）好了。」好容易見到他，我問：「據說版權歸屬問題有變化？」他說：「有可能。」

1985年11月4日，新增設的版權局（後改為國家新聞出版署）對

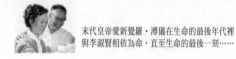
《我的前半生》一書的版權歸屬提出了自己的處理意見。該局在 (85) 權字第6號文件中聲稱：「由李文達執筆，溥儀審改同意的《我的前半生》一書……是溥儀和李文達合作創作的，他們之間不是作者與編輯的關係，而是合作者的關係。版權應歸溥儀與李文達共有。」我不知道國家版權局依據什麼理由提出的意見？又是依據法規的哪條哪款，而如此輕率地推翻經中央領導批准的處理意見，使版權歸屬重起爭端，同時，導致國內外輿論大譁，造成混亂。

為什麼要將李文達視為《我的前半生》的作者之一呢？版權局的理由是：李文達幫助溥儀整理的，並且為此書花了不少氣力。是的，對於這些我們從不曾否定，正因為如此，該書第一次出版時，曾給他一半稿費作為回報。溥儀對他的大力幫助也非常感謝，書完成後，他揮筆寫就一幅條幅：「四載精勤如一日，揮毫助我書完成，為黨事業為人民，贖罪立功愛新生。」送給李文達表示感激之情。現在，有人卻歪曲溥儀的原意，牽強附會把它理解為溥儀承認李文達是《前半生》一書作者的證據。溥儀在條幅上明明白白地寫著「助我書完成」，非常清楚地告訴人們：「李文達作為我的助手，在完成我的書稿時是很得力的。」絕沒有把文達當作作者的意思。幸好溥儀還有這麼一幅條幅留在人間，不然，人們又將作何解釋呢？

溥儀是中華人民共和國的普通公民，但又是一位特殊公民。他畢竟有過從皇帝到公民的不平凡經歷。否則，就不會有轟動海內外的《我的前半生》，更不會有今天的「溥儀熱」，也不會有隨之產生的版權之爭。在溥儀的版權應當受到國家法規保護的時候，竟有人發表文章，說溥儀不能同我國其他公民相提並論。這種狂言使我萬分驚奇！難道到了

今天，還會有人要推翻他的公民身分嗎？如果承認溥儀是中華人民共和國公民，那麼，他就該同所有公民一樣，毫無疑義地享受公民的一切權利。誰又有這麼大的權力剝奪應該屬於他的那份權利呢？

要說溥儀區別於其他人，那是他獨有的特殊經歷。他在獄中寫成《我的前半生》，經中央首長傳看後，周總理親自指示有關部門，幫助溥儀整理修改並正式出版。群眾出版社接受這個任務後，便派編輯李文達同志脫產幫助溥儀整理書稿。經過四年努力，《我的前半生》於1964年初版。該書是在黨中央的直接關懷下，在群眾出版社的大力支持下產生的，誰都沒有理由拋開組織去大談個人功勞。如果這本書不是委派李文達同志協助，也同樣能成書出版，共產黨能夠把溥儀從皇帝改造成普通公民，難道還缺少幫助他整理一本書的人才嗎？

但是沒有溥儀，李文達絕不可能創作出這樣一本書。儘管李文達在整理書的過程中查閱了不少資料，還走訪了撫順戰犯管理所，但也只是盡了一個助手的職責，而不能以此為資本自稱作者。至於書由他整理就視為作者的理由，更是站不住腳。中外不少名人、黨政領導人的文章，都是由人代筆。（何況溥儀不僅用口，而且經常伏案筆錄他的回憶）一些幫助老一輩革命家寫回憶錄的同志，不僅要查閱大量資料，並且身背乾糧，重走長征路，風餐露宿體驗當年戰爭的艱辛。那份勞累比起走訪撫順、遊紫禁城來，不會輕鬆些吧？

但倘若日後，這些代筆者都群起爭起版權來，豈不熱鬧？！儘管溥儀生平不能同革命前輩的功績相比，但他畢竟是幾千年封建統治的最後一位皇帝，又被改造成自食其力的勞動者。從皇帝到公民無疑使他成為知名度很高的人，而由組織指派協助名人寫傳的人，竟爭起版權來

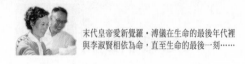
了，難道不是一則笑話麼？

不同意李文達是《我的前半生》一書作者的，不只是我一人，李文達的工作單位——群眾出版社，在1985年7月18日給中宣部有關版權歸屬問題的報告中寫道：「……我們認為他（指李文達）作為出版社的一員，當時和其他許多同志一樣受組織之託，擔負幫助溥儀整理該書任務的……我們從不認為《我的前半生》是溥儀與李文達合作的，李是第二作者，更談不上他享有一半版權問題。」我國《圖書、期刊版權保護試行條例》第4條規定：「本條例所稱的作者是指直接創作作品的人。如無相反證明，在作品上署名的應視為作者。」20年來，《我的前半生》始終以愛新覺羅‧溥儀的署名在國際、國內大量發行，20多年後一個責任編輯卻要擁有該書版權，也可以稱為中外奇聞吧？

國家版權局對《我的前半生》版權歸屬的處理意見；帶有很大的傾向性。當我到新聞出版署反映情況並向他們指出：作為國家級機關辦事要公正時，該署負責版權的一位處長竟兩次將辦公室的門打開轟我出去，喊著：「妳走，妳走！我們不公正，妳去找公正的地方吧。」

為了確認溥儀的版權，我拖著多病的身體四處奔波，回想起這些冷面孔，我真洩氣了。但如果就此撒手，不僅對不起溥儀，也辜負了幾年來我自己所付出的辛勞，還容易引起誤解：以為這場爭論只是金錢之爭。我既無子也無孫，是無親無故的「孤家寡人」。爭那麼些錢帶到棺材裡去嗎？就是嚥不下這口氣，不讓人隨心所欲地欺負我。只要有一口氣，我就繼續抗爭。我相信在我們社會主義國家裡，有正義感的人佔多數，我的努力不會白費。

有人轟我，讓我去找公正的地方。是的，能公正處理問題的部門

到處都有，我們的廣大讀者是最公正的，他們雖然無權對版權歸屬做實際裁決，但他們公正的輿論將是我最大的安慰和支持。我之所以決定把版權糾紛公之於眾，是相信廣大讀者心中都有一桿公正、合理的秤。

我還相信國家法律是公正無私的，所以，我急切期待版權法早日問世！

（原載《民主與法制》1988年第5期）

《我的前半生》版權歸屬判決書

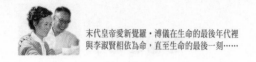
末代皇帝愛新覺羅‧溥儀在生命的最後年代裡
與李淑賢相依為命，直至生命的最後一刻……

──寫在《溥儀的後半生》出版之際

（1989 年 9 月 6 日）

按：天津人民出版社 1988 年 11 月出版的《溥儀的後半生》，是關於溥儀先生後半生生平的第一本傳記作品，首版發行 10 萬冊，十分暢銷。本文正是李淑賢女士應廣大讀者要求而寫的，發表在《文匯報》（1989 年 12 月 10 日）和《文匯讀書週報》（1989 年 12 月 16 日）上，一時間地方報刊和各種文摘報紛紛轉載。

《溥儀的後半生》這本書，風風雨雨歷經 10 年波折，終於在不久前由天津人民出版社正式出版了，當可敬的編輯同志把嶄新的樣書送到我的手上時，我很激動，因為終於可以告慰我親愛的丈夫，使之安心於九泉了。

重讀這本書，記憶又把我帶回難忘的歲月。那是 23 年前「文革」初期，「破四舊」的狂潮席捲了溥儀和我當時居住的地方──東觀音寺小巷內一處長滿樹木的寧靜的院落。一天，有隊「紅衛兵小將」來敲門，把一張嚇人的《通令》硬塞給我們，頂端還有鋼筆標記的「致愛新覺羅‧溥儀」字樣，溥儀看完《通令》真有點暈頭轉向，不知進入了何年何月，我還記得《通令》的大致內容：一是「勒令」溥儀立即交出收藏的他與黨和國家領導人合拍的照片，因為他是「歷史罪人」，不配站在領袖們身邊；二是「勒令」交出正在使用的小汽車等「奢侈品」，落

款為北京某中學紅衛兵。溥儀看見《通令》，立即從鏡框中取下他在1962年初受到毛澤東接見時兩人並肩站立的合影，平時溥儀特珍視這張照片，一直擺在床頭几上，溥儀還把自己與其他國家領導人的合影也取下，一起上繳全國政協，他本想依靠組織保住珍貴的紀念品，不料後來發還時，毛澤東與溥儀那張最有意義的合影照片卻下落不明了。至於「奢侈品」，溥儀也曾冥思苦想，作為全國政協委員和文史資料專員，他當時還沒有資格享受專用小汽車，想來想去總算找到一樣「奢侈品」，那就是擺在客廳裡的公費電話，溥儀馬上通知機關，讓派人來拆除這部特別為他安裝的電話，然而，當時的機關負責人沒有接受溥儀的要求，對他說：「這事兒您就甭管了！請相信我們能處理好。」這部電話不僅出於照顧，確有特殊需要。

　　這件事並沒有就此過去，溥儀又決定燒書。我家曾向政協機關借幾個書架，有的擺在客廳，有的放在臥室，全部擺滿了書，大部分是溥儀特赦後陸續購置的，也有一些是機關發的，別人送的。溥儀說，文化革命嘛，這些書都不用了。說著，動手一本本撕開來，我兩人一筐筐抬到房後小院內，找個僻靜的角落點火焚燒。書籍燒得差不多了，溥儀又讓我幫他把一大筐書法作品也拎出來燒掉。那幾年常有國內外的朋友向他索字，他是個很好說話的人，差不多有求必應，而且總是認真給人家寫，如有哪個字稍不滿意就廢棄不用，隨手丟在一個竹籬編的籮筐裡。平時沒事的時候他自己也喜歡練字，常常一連寫出好多大大小小的條幅來，等墨跡一乾便通通丟進籮筐去了，天長日久，挺大的一只籮筐竟裝滿了一卷卷溥儀親筆書法作品，結果都在那個令人痛惜的日子裡化為灰燼了。

事情尚未結束，更讓人揪心的是，溥儀又要燒他的筆記本、日記本、詩文冊一類東西了。也許當時在他看來，用火一燒這就算「革命」了吧？或者是因為他太擔心了，他無法預料會有什麼事情即將發生，一燒似可安然。太可惜了！他仍是一頁一頁地自己撕下來，讓我一頁一頁地添進火堆！先燒掉了詩文稿本，其中有一個小冊我很熟悉，那是1964年春夏之際我們在江南參觀遊覽的時候，溥儀觸景生情隨手寫下的詩文，寫得興奮還念一、兩首詩給我聽，回想那時我的丈夫真快活，真幸福，與火堆前的丈夫比，心境又何等不同啊！當溥儀繼續延燒那些日記和筆記的時候，我再也看不下去了！日記裡記的不正是我們共同度過的美好時光麼？我怎麼能忘記那些愉快的週末，怎麼能忘記那些花好月圓的良宵，又怎麼能忘記發生在客廳、臥室和這座長滿樹木的院落內那些溫馨的往事呢？我忽然想出一個對付丈夫的辦法，我說：「老溥啊，我聽著好像有人叩大門，我在這兒燒，你去看看吧！」溥儀是個特認真的人，加上當時有幾分緊張，便馬上悄悄走向大門，後來他告訴我，先在裡邊聽聽沒動靜，又開門不見人，遂出去到街口觀望一陣，我所需要的正是這一段時間，它使我從火堆前搶救出十幾本日記和筆記，當時我這樣做並非已經認識到這些溥儀親筆資料的價值，只是想留作紀念，留下美好的記憶。那天溥儀望門回來還埋怨我「活見鬼」，可我心裡真高興啊！現在看來，我是做了一件大好事。

　　越過10年浩劫中令人難忍的日日夜夜，我終於把那批溥儀親筆日記保存到「四人幫」覆滅、人民勝利的那一天。1979年秋，吉林省社會科學院青年科研人員王慶祥來京找我，要求與我合作共同整理溥儀手稿資料，我同意了。誰知這以後也經歷了一場又一場的風雨世事，某些

追名逐利之徒到處鑽營、節外生枝地搞了許多名堂，這些事我不願再提。總之，我能把丈夫的部分日記、筆記、會議記錄、學習體會、思想總結、發言草稿、書信、照片以及接待外賓的談話記錄等親筆資料保存至今絕非易事。這些資料是中國末代皇帝的最後遺產，也是中國兩千年封建制度的專制代表最後被歷史埋葬的實證，它們的歷史價值和無與倫比的珍貴性是不言而喻的，在有關書籍大量出版、電影、電視大演特演的今天，這已是舉世共知的事情了。

《溥儀的後半生》是王慶祥根據我提供的上述資料編著的，作為勤奮的歷史學者，10年來他已在溥儀生平研究領域出版了多部著作，他撰寫《溥儀的後半生》也能注重歷史角度，靠資料和研究說話，字字有據，正像評論家所說「重塑了一個真實的溥儀」，在他筆下，溥儀又原模樣地活過來了。

該書出版不久，即被上海市讀書指導委員會作為好書列入《1989年度上海市振興中華讀書活動推薦書目》，有的報紙選載，有的報紙發表書評。我把這看作是鼓勵和鞭策，如果這本書能夠在精神文明建設中發揮一點兒好的作用，那我就滿意了，丈夫溥儀也當含笑九泉。

在我即將結束本文的時候，我願特別向天津人民出版社的親愛的同志們道一聲「謝謝」。他們出這本書不同尋常，自1980年以來，該社幾任社長，幾任責任編輯，前仆後繼地為編發這本書而付出了艱辛的勞動和可貴的代價，他們對黨負責，對人民負責，對我的已故丈夫溥儀也負了責，謝謝！謝謝！

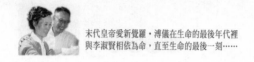
末代皇帝愛新覺羅‧溥儀在生命的最後年代裡
與李淑賢相依為命，直至生命的最後一刻⋯⋯

我是一個極普通的女人

——對天津人民說幾句話

（1989 年 12 月 16 日）

按：本文作為「新聞人物」專欄內的頭題文章，發表在 1989 年 12 月 16 日的《天津日報》上，還配發了李淑賢女士在寓所中看書的照片，文章反映了她在《溥儀的後半生》出版後深感欣慰的心情。

整整 23 年了，我始終沒有忘記這一天—— 1967 年 10 月 17 日，我的丈夫溥儀因患癌症，離我而去。他去世前拉著我的手說，我沒有給妳留下什麼財產，也沒有給國家和人民做什麼工作⋯⋯他對新的生活，對他所熱愛的事業的眷戀之情，至今仍刻在我的心中。其實溥儀新生後為國家和人民所做的工作是盡人皆知的。他先在北京植物園工作，後在全國政協文史資料研究委員會任專員，參加勞動，研究清史，接待外賓，宣傳黨的統戰政策，多次受到周總理的讚揚。

溥儀去世後，正值「文化大革命」的狂熱階段，我的精神壓力很大，當時身體不好，無法上班，有時竟用開水和醬油泡飯，好在我也是苦水裡泡大的孩子，過苦日子如同家常便飯。在周總理和其他中央領導的關懷下，我的生活才有了著落。

丈夫在世時，一部《我的前半生》使他聲播海外。儘管這本書的版權問題至今尚未解決。然而，廣大讀者對溥儀的後半生同樣感興趣和

寄予很大希望。人們懂得，溥儀一生真正具有歷史意義的是他從皇帝到公民的奇特經歷，尤其是在他成為新中國的公民以後。所以，不少報刊約我寫回憶溥儀的文章，但因我的身體不好，一直未能完成。

直到1979年8月，吉林省社會科學院《社會科學戰線》雜誌社的編輯王慶祥同志找到我，讓我與該社合作，系統整理出版溥儀的一些珍貴資料。這是一件很有意義的事，作為與溥儀一起幸福地生活6年的妻子，我有責任這樣做。我一口答應下來，拖著有病的身子，讓自己的思緒去追回那逝去的歲月……我撫摸著溥儀用過的筆記本，看著同溥儀一起在外地參觀的照片和周總理接見我們的照片，許多難忘的往事湧上心頭。我或口述，或筆記，逐段逐事回憶出來，並提供了大量的實物和照片。經過彼此幾年的合作，《溥儀與我》、《溥儀成了公民以後》等書相繼問世，直至完成了長達40餘萬字的《溥儀的後半生》，總算遂了我的一樁心願。在溥儀去世23周年的時候，這本書終於出版了。作為與溥儀一起度過艱難和幸福時光的我，自然感到無比欣慰。

目前，一些中外人士依然在關注著我的起居作息。有的約我寫文章，有的不辭遠途顛簸前來採訪。今年，我已經64歲了，儘管子身一人，身體又不好，但我生活得很自在、很充實，心地坦蕩，無所顧忌。每天，過得緊緊張張，總覺得時間不夠用。一方面要

李淑賢與王慶祥在北京西直門家中合影

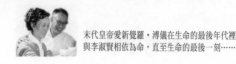
接待來採訪者，一方面還要完成一些約稿。我這個末代皇帝的最後一個夫人，在一些人的目光中似乎永遠是一個新聞人物，不，我是一個極普通的女人。

答法國《週末週刊》記者問

（5月4日）

按：李淑賢從1991年4月30日至6月1日訪問法國，在巴黎生活了32天。其間，參加了坎城世界電影節的有關活動，接受了法國第一電視台和一些媒體的採訪，參觀遊覽了巴黎名勝風光。本文即接受《週末週刊》記者採訪時留下的談話記錄。

5月4日上午，章溫柔小姐陪我前往法國《週末週刊》雜誌社，在該社會客室內接受記者的採訪。以下問答是從當時的日記中摘抄下來的。

問：您以前來過法國嗎？

答：我是第一次出國，以前從沒有來過法國，也沒有去過其他國家。

問：您喜歡法國嗎？

答：法國是個美麗的國家，環境優雅，一塵不染，環顧四周都是碧綠碧綠的，樹木成林，芳草萋萋，鮮花盛開，讓我感到很舒服。市場

和商店也有特色，服務小姐們非常禮貌，讓人有賓至如歸的感覺。

問：那您就在法國多住些日子吧！讓章女士陪您好好玩玩，法國也有許多名勝古蹟。

答：謝謝。

問：雖然今天是第一次見面，但我早就知道您了，美國《新聞週刊》的記者愛德華·貝爾寫了一本《中國末代皇帝》，說您特別厲害，對皇帝不好，很多法國人都讀過這本書，今天見面我覺得您不像那麼厲害。

答：看來貝爾那本《中國末代皇帝》有些內容是攻擊我的，我還沒見過這位先生，不知道他那些結論都是怎麼得出來的。

問：我們知道您和皇帝溥儀先生共同生活的情況，外界說您和皇帝是自己認識的，是這樣嗎？

答：我和溥儀相識是經朋友介紹的，溥儀的朋友——全國政協文史資料專員周振強和我的朋友——人民出版社編輯沙曾熙兩人共同撮合了這樁婚姻。

問：你們也作為朋友經過了長期的戀愛嗎？

答：從認識到結婚大約有半年時間，我們互相瞭解，最後

溥儀嚮往到英國留學，終究去不成，李淑賢卻來到了法國

達到相互依戀的程度。

問:你們結婚以後都覺得很幸福嗎?

答;我們兩人的感情很深,可以說是相依為命,他也離不開我,我也離不開他。

問:皇帝能過得慣平民生活嗎?

答:溥儀當皇帝的時候,穿衣穿鞋、吃飯喝茶樣樣都有太監伺候,後來成了平民,雖然經歷了 10 年改造,但在現實生活中還是常出笑話,別人洗衣服洗得很乾淨,他就洗不好,穿衣服也穿不好,每當他出席社交活動或接見外賓時,事先都是我幫他整理服飾,擦亮皮鞋,雖然都是些瑣細小事,離開我他就玩不轉了。他確實不會做事,不會幹活,為此溥儀還與自己生氣,他說都是西太后害了他,悔恨自己不該投胎在帝王家。但他喜歡做,肯努力,一切從頭學起,漸漸也學會一些生活常識。他還總跟我說,我這個人特別笨,卻一心一意要當個好公民、好丈夫,妳可不要生我的氣啊!

「模範丈夫」溥儀很疼愛妻子

問:皇帝帶妳到過去住過的宮殿玩嗎?

答:溥儀喜歡玩,每到星期天休息的時候,都要帶我前往北海、景山、故宮、頤和園或動物園玩上一天。

問：皇帝在故宮遊覽的時候給妳講他過去在宮中的生活嗎？

答：溥儀給我講過他3歲進宮以後就見不到親人了，偶爾能跟父親載灃見幾面，直到11歲那年母親和弟妹們也能進宮會親了，他和弟妹們一起玩，就像從天上返回人間，高興得不得了。有時在御花園玩螞蟻，讓太監把御膳房裡的點心拿來餵螞蟻，把螞蟻放在大樹上看著牠爬上爬下，還喜歡觀察螞蟻做窩時的動態。有時在養心殿捉迷藏，在下雪天就堆雪人玩，為了練習騎自行車連紫禁城內宮門的門檻都鋸掉了，覺得很開心。逐漸長大一些後，他又到頤和園去玩，長長的車隊隨駕護衛，每次都要消耗幾千塊大洋，他不管這些。那種由一幫太監簇擁著，坐著轎子依次向四位皇太妃請安的刻板宮廷生活實在讓他膩厭。

溥儀還領我看過他小時候讀書的地方，那裡叫毓慶宮，也是光緒皇帝小時候讀書的地方，就在毓慶宮內的炕上給他設一張書桌，他在這裡讀了不少書，但那時不太用功，身體稍有不適就傳諭停課，給師傅們放假，他說那時候不喜歡讀書，特別淘氣，幾位漢文師傅年事已高，有時就伏在講桌上打起盹兒來，他便會用準備好的雞毛捅老師的鼻孔。還有一位老師傅長著一雙很長的壽眉，他趁老師不注意就去拔掉了一根，不久外邊傳說被天子拔了壽眉，這位老師傅的壽命不長了，果然沒過多長時間就死了。

英文老師莊士敦對溥儀有很大影響，原來宮裡人都穿布襪子，莊士敦最早給他帶來絲線洋襪子，他穿在腳上覺得很舒服，便把布襪子扔了。發生了這類事，皇太妃們總要搬出祖宗家法訓他幾句，他覺得在宮裡不自在，很羨慕大牆外邊的孩子們，結婚以後有一后一妃，更覺得自己是大人了，就想出洋到英國去留學，為了籌集經費，他還以賞賜為名

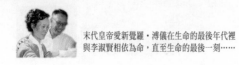

末代皇帝愛新覺羅·溥儀在生命的最後年代裡
與李淑賢相依為命,直至生命的最後一刻⋯⋯

把宮裡的名貴字畫、古玩,藉由當陪讀的溥傑陸續偷運出宮,後來真策
劃了出宮的行動,但因事機外洩,被其父載灃封閉了出宮的所有通道,
而未能成行。有一次他在記者採訪時談到這件事,如果當時真到英國去
了,也許就沒有後來跟日本人走的那段歷史了,他對父親很不滿意。

問:皇帝過去有很多無價珍寶,也許會有一些紀念品保留到今
天,給您留下了什麼嗎?

答:他確實從清宮中帶出一批最富價值的鑽石、珠寶和金銀製
品,偽滿垮台以後成了蘇軍俘虜,那時他有一只裝滿珍寶的黑皮箱子帶
在身邊,後來向看管他的蘇聯軍官贈送了一部分,剩下的400多件通過
撫順戰犯管理所上交國家了。我和他結婚時還見到了那只裝珍寶的黑皮
箱,只是一只空空的箱子。談到紀念品,倒也曾經有過一樣東西,那便
是他19歲那年被逐出宮後20餘天,他逃離醇王府投身日本駐北京公使
館那天在東交民巷法國商行躲避時,為了掩護自己,充當顧客而購買的
那塊懷錶,1959年特赦時,撫順戰犯管理所所長特意把這塊錶還給了
他,說這塊錶很有意義,記載了他人生中的重要一刻,也是歷史上的重
要時刻,於是他帶著這塊錶走進我的生活。有一年夏天,他這個馬大哈
不知怎麼把這塊錶捲到窗簾裡受了一驚,後來他一直把這塊錶帶在身
上,直到去世。當時我的心情很不好,把這塊錶和溥儀用過的兩支鋼筆
都放在家中同一個抽屜內,不知被哪個喜歡紀念品的人保留了,至今沒
有它們的下落,我很遺憾。據我在美國的親屬羅恆年說,這塊懷錶在美
國能值20萬美金,值錢多少我並不看重,作為一件歷史文物其價值是
不可衡量的。

問:皇帝的臣下、僕從等過去來往的人們中特赦後還有跟他保持

聯繫的嗎？

答：溥儀回到北京最初住在崇內旅館時，就有晚清的大臣來見他，還口稱：「皇上」，給他磕頭，並「進貢」禮品。溥儀當時很生氣，他說自己已經不是皇帝，而是普通公民了，相互之間也應該建立新的關係，那位大臣沒有想到「皇上」會有這樣的變化，大為感慨地離開了旅館。

問：您第一次跟皇帝見面的時候，是否知道他的歷史身分？

答：我已聽說溥儀就是清朝的末代皇帝，我的介紹人並沒有隱瞞他的歷史身分。剛一見面我看他跟普通公民沒有兩樣，給我的印象是經過10年改造從表面上已經看不出他是當過皇帝的人了。

問：中國人對獲得特赦的皇帝都有怎樣的看法？

答：據我所知周圍的人民群眾對溥儀都是很友好的，不但沒有人歧視他，而且都很尊重他。

問：我聽說溥儀先生得到了周恩來總理的種種保護，對此又應怎樣理解呢？

答：溥儀特赦以後，黨和國家領導人毛澤東主席、周恩來總理等都關心他，可以說是無微不至，尤其是周恩來總理親自安排他的學習、工作和生活，為他考慮得非常周到。至於周恩來保護溥儀，主要指在「文革」中有人要把溥儀當作黑幫加以批鬥、逼供和抄家時，周恩來聞訊即採取緊急措施把事態制止了，我們家在「文革」高潮中因此沒有受到嚴重的衝擊。只是有人批判《我的前半生》，把它說成是「黑書」，是政治上反動的書，這讓溥儀很傷心，也很害怕，後來還是毛澤東和周

恩來在談話中肯定了這本書，把溥儀解脫了。

問：溥儀在日常生活中到底是怎樣一個人？您能給我們描述一下丈夫的性格嗎？

答：溥儀青少年時代在宮裡生活了十幾年，那時他的脾氣很暴躁，後來到了偽滿皇宮更動輒懲處下人，皇帝冷酷無情那一套他都學會了。常言說「山河易改，秉性難移」，我們結婚後，溥儀的性格卻發生了很大的改變。他從來沒對我發過火，雖然也有幾次跟我生氣，但他很快就道歉，勸我千萬不要往心裡去，他關心我，疼愛我，只要我開心他就高興。見我不開心，他就百般勸導。用一句在中國流行的話來說，他可稱為「模範丈夫」了。別看他 60 來歲，還像小時候那樣愛玩，有時還不知從哪裡弄來蛐蛐、蚯蚓、蟈蟈等放在院內大樹下或窗前，逗著玩，有時還笑得直拍手，玩起來連吃飯都忘了。有時蟈蟈叫得太吵人，我叫他弄走，他也聽話，就把蟈蟈送給鄰居家的孩子們。

問：國家對您是否有特殊待遇？您家的住宅是私人別墅，還是政府分配的高級住宅？您家一定擁有高檔家庭設備吧？

答：我不過是普通國家工作人員，雖然沒有得到什麼特殊待遇，但國家對我很照顧。現在我退休在家，每月除退休金收入外，還享受全國政協定期補助的生活費，住房也是全國政協機關為了照顧已故全國政協委員的遺屬而分配給我使用的，兩室一大廳單元樓房，房租低廉，家庭設備也很齊全，生活需要的東西應有盡有，我對現在的生活很滿足。

問：能告訴我您享受官方什麼樣的社會地位嗎？

答：我是普通公民，1984年當選為北京市朝陽區政協委員，迄今

已連任3屆，由於這個身分不斷參加一些視察活動和社會活動。

問：政協是什麼樣的組織？政協委員又是什麼樣的一種職務呢？

答：政協是各黨派和人民團體協商政府大事的機構，其中也有不少社會知名人士，雖然不起決策作用，但要參考他們的意見。我作為北京市朝陽區政協委員，經常出席有關的會議，聽取各方面領導人的報告，也參加一些視察活動，有時到工廠、醫

李淑賢生活照

院、學校等部門參觀，並把我的意見寫成提案在政協大會上提出，供領導參考。還有時出席政協組織的文化娛樂活動。

問：您在平時也有很頻繁的活動嗎？

答：經常會見來訪的國內外記者和外賓，特別是有關溥儀的電影和電視劇在1988年上演或播放以後更多的外賓都想見到我。除了社會活動，我一個人待在家裡時喜歡看報紙和雜誌，晚上常常守在電視機前，這些年來電視是我的好伴侶，它幫助我消除寂寞和孤獨。此外，每天我還要抽出一些時間來回憶我這一生所走過的道路，寫我的回憶錄。

問：在您的家庭裡，還有別的人和您一起生活嗎？

答：我從小就失去了父母，也沒有兄弟和姐妹，我的娘家就沒有親人了。溥儀在北京的親屬雖然很多，至今還有幾位妹妹健在，但年紀

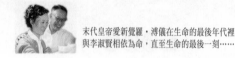
都大了，各人忙各人的事，來往不多。

問：您的先生去世前和去世後，您在生活方面有些什麼不同嗎？

答：溥儀去世前，我僅靠工資收入生活，因為溥儀沒有任何財產，也沒有其他收入，雖然後來得到一筆稿費，但溥儀生前基本沒有動用。溥儀去世後，他的工資沒有了，我又處在停薪留職的情況中，而溥儀的親屬們也幫不了我的忙，那個階段生活是特別困難的，後來溥儀上交的《我的前半生》一書稿酬餘款 4000 元，因周總理過問，由政協機關發放給我了，這成了我的生活和治病的度命錢。到了 1971 年我又走投無路了，給周總理寫信，從此每月發我 60 元生活費，使我得以維持起碼的生活。

問：因為您是皇帝夫人，認識您的人是否會對您另眼相看呢？「文革」以後特別是您的先生去世以後，那些認識您的人對您的態度是否發生了變化呢？

答：人們的思想各不一致，我認為這是勉強不了的。因為溥儀當過皇帝，對於我和他結婚歷來就有不同的看法，人家怎麼看我不管，我只希望自己能有一個平靜的生活。溥儀去世以後在漫長的「文革」年代裡，許多熟人也疏遠我了，不敢和我接近，雖然我本人的歷史是清白的，但一想到我正為封建皇帝守寡，就自然感到在心理上有壓力，擔心受到株連。也有個別心眼不好的人想趁機洩憤，鼓動不明真相的人批我、鬥我，多虧當地派出所領導掌握政策制止了他們的胡鬧，給我解了圍。

問：妳有朋友嗎？他們都是哪個階層的人士？

答：我的朋友很多，有醫務界同行，有經商做生意的，有從事教育工作的，有新聞出版部門的，也有各民主黨派的上層人士，他們都關心我，常來看望我，我也喜歡親手做幾道菜招待他們，跟他們聊天，會見朋友們給我的生活增添不少色彩。不過也有令人傷感的時候，有一次在參加社會活動的場合，碰上一位多年不見的老朋友，聽說她在「文革」中遭遇許多磨難，見面之後她緊緊拉住我的手，眼淚便從眼眶中流了出來，我們都很感慨。我說，事情早就過去了，現在應該高興才對，聽了我的話她破涕為笑，我們暢敘別後離情，都很愉快。

問：您看過義大利導演貝托盧奇拍攝的影片《末代皇帝》嗎？您怎樣評價這部影片？扮溥儀的演員像不像生活中的溥儀？

答：貝托盧奇拍攝的那部影片在中國有千百萬觀眾，我當然也看過。從藝術提煉的角度來說，影片拍得很不錯，但有一些情節不真實。比如陳沖扮演的婉容洋味十足，婉容當年只有 17 歲，是在封建禮教薰陶下成長起來的貴族小姐，不會是那副模樣。你看洞房那場戲，婉容被描寫成情場老手，不符合她的家庭背景，也不符合她本人的身分，身著祖胸露背的洋服也是根本不可能的。又如婉容和溥儀在天津跳舞那場戲，也太現代化了，放在今天的開放型小姐身上也許還合

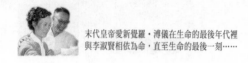
適。談到演員的扮相，我看還是有一點像，但不完全像，想找到一模一樣的演員也是不可能的，更重要的不是形象而是神像，要注重內容的真實，而恰恰在這方面影片有欠缺。

我珍惜名譽和尊嚴

——駁〈「末代皇后娘娘」李淑賢的後半生〉

（1994 年 12 月 4 日）

按：《青年社交》1994 年第 6 期發表〈「末代皇后娘娘」李淑賢的後半生〉，以介紹李淑賢女士的生活為名，污蔑她「抱著溥儀的骨灰過日子」，「誰寫溥儀就告誰」，「小鳥依人」，把「末代皇帝」的招牌作為生活享樂的資本。該文發表後，經《文摘旬刊》（第 486 期）和《法制文萃報》（第 136 期）等報刊摘登，在社會上廣泛流布，產生負面影響。李淑賢當然不能坐視，乃以〈一篇胡編亂造的訪問記——駁〈「末代皇后娘娘」李淑賢的後半生〉為題撰文澄清之。《青年社交》編輯部接到李淑賢女士這篇批駁文章以後，即派記者赴京採訪她，並徵得她的同意，刪除了文中詞鋒犀利的字句，修改而成本文，刊於《青年社交》1995 年第 4 期。這件事一方面說明有些媒體報導名人生活很不嚴謹，另方面也說明李淑賢女士面對這類問題既有尊嚴，又很寬宏。

我是在溥儀特赦成為公民以後，根據中華人民共和國婚姻法的規定與他結婚的，有人稱我為「皇后娘娘」是很不妥當的。《溥儀日記》

中詳明記載了我們互相關懷而共度的歲月，錄下了我們在病中相互陪床細心照料的時光，對這真實的歷史場面，我至今難以忘懷。

溥儀的骨灰是經黨和政府批准而存放於八寶山革命公墓的，我每年清明節要去看望丈夫的骨灰盒，藉以寄託哀思，這是我們的夫妻情份。

有人說溥儀「留給妻子的遺產，足以讓她不愁吃穿安度後半輩子」，接著，又給我一筆一筆算細帳：說有溥儀的「撫恤金」（此言不虛，按當時規定確實給過500元撫恤金）；說有《我的前半生》一書的稿費（我在文革數年間沒有工資收入，溥儀遺留的4000元稿費當時即已用罄）；說有全國政協每月撥款的補助（此項補助從1972年開始發給，先為60元，繼於1987年1月改為每月80元，1994年上半年又增加50元，連同各種補貼達到160元，於1994年11月改為167.50元。這是政府對已故政協委員家屬的照顧，我非常感謝）；說我作為「北京市朝陽區政協委員享有薪俸」（我從1984年起連任四屆朝陽區政協委員，但不曾領過分文薪俸，政協委員作為社會職務並沒有特殊津貼）；說我「除了退休金外，看病有老保」（我自1964年停薪留職以來分文不掙，到1985年10月才補辦退休手續，按原工資50.05元的70%計算退休工資，每月僅35.35元，直到1993年增加到250元，1994年又增加到350元左右）。至於有人說我「又無家累」，大約以為我是孤身一人才這樣說的，其實，一人有一人的難處，正所謂一家不知一家事也，即按最新的標準，「統加起來」每月收入不過540元，是否可以「過得相當不錯」一看可知。

有人認為，似乎我只要拿著溥儀的遺產，不愁吃穿地過日子就行

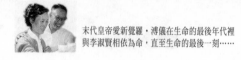
了，不應再「纏訟」，特別不應與李文達爭《我的前半生》一書的版權。

第一、所謂「《我的前半生》一書是李文達與溥儀合作9年重新編著而成」之說。人所共知，溥儀特赦於1959年12月4日，《我的前半生》出版於1964年3月，即使其間都是兩人的合作時間也不過4年零3個月，請問「合作9年」從何而來？

第二、所謂「很多愛新覺羅家族成員對李淑賢的做法不以為然，他們多數站在李文達這邊」之說。在這裡倒要問問某些人，所謂「多數」在哪裡？愛新覺羅家族成員名聲在外的也不止幾十位，「多數」當然不是一位兩位，搞概數遊戲是不能允許的，必須指出姓啥名誰。

第三、所謂李文達在這本書中「付出了勞累和汗水」之說。須知「付出勞動」和「擁有版權」是完全不同的概念，李文達作為出版社派出的編輯人員協助溥儀修改書稿，溥儀當年很尊重他這份勞動，並分出部分稿酬致謝，至今我也並沒有忘記他有這份勞動，但這並不能成為他爭奪該書版權的資本，溥儀健在時也從未承認李文達是合作者，他不但未在書上署名，連前言後記也從未提過一筆。國家最高人民法院1991年12月4日「(88)民他字第2號」的批覆已經明確指出：「經我院審判委員會討論認為，《我的前半生》一書，是溥儀的自傳體作品，在該書的寫作出版過程中，李文達根據組織指派，曾幫助溥儀修改出書，並付出了辛勤的勞動，在當時的歷史條件下，李文達與溥儀之間不存在共同創作該書的合作關係。因此，根據本案的具體情況，以認定溥儀為《我的前半生》一書的作者，並享有該書的版權。」

第四、所謂李文達「因為替溥儀撰寫此書，坐了8年牢」之說。事實上，李文達是在文革中因「特嫌」問題被關押揪鬥的。當年溥儀因長

春來信批判《我的前半生》一書，曾親往群眾出版社求助，看到許多批判李文達「特務」問題的大字報，回家挺生氣地對我說：「李文達是老幹部怎麼成了特務？」其實這種人身攻擊是當時一種社會普遍現象，不足為奇。退一步說，即使李文達是為幫助溥儀寫作而坐牢，難道要讓溥儀負這個責任嗎？難道因此就要向他奉送版權嗎？

每年清明節，李淑賢要去看望丈夫的骨灰盒，寄託哀思，盡夫妻情份

有人又說，在此案審理過程中，法庭曾問我願不願意和解，我的回答是：「不蒸(爭)饅頭，為爭一口氣。」我還不大懂得這句話，自然也說不出來。然而，「爭一口氣」也倒不錯，這場版權官司也並非僅僅是「皇帝的官司」，它的普遍意義在於強化了在我國一向淡漠的版權意識，這對於近年公布的著作權法的完善；對於保護著作權人的合法權益；對於促進文化的發展以及維護經歷社會主義改造的溥儀的真實形象，都有積極的作用。

一句話，我為《我的前半生》打版權官司，目的是要一個符合真理，符合事實的「說法」，保護自己的合法權益，並不存在「誰寫溥儀我就告誰」的事情。80年代以來，寫過溥儀的作者起碼有數十人，我都起訴了他們嗎？

有人對我「被邀請出國觀光」也頗有微詞，說什麼「享有末代皇

后的頭銜」，「作為末代皇后娘娘」出訪。趁此機會我願把近年兩次出訪的前後情況向關心我的讀者作一簡要說明：

出訪法國，是法國巴黎法寶公司總經理章溫柔小姐邀請的，法寶公司是一家從事影視發行的公司，在歐洲發行中國中央電視台製作的電視劇《末代皇帝》，我是作為溥儀的妻子被邀請的，目的是為擴大該劇的影響並促進發行工作。我從 1991 年 4 月 30 日至 6 月 1 日在巴黎生活了 32 天。其間，參加了坎城世界電影節的有關活動，接受了法國第一電視台和某週刊的採訪，參觀遊覽了巴黎名勝風光。

出訪美國，是由移居紐約的溥儀的孫輩親屬邀請的，他們稱我為叔祖母，希望有機會與我在紐約家中團聚。從 1993 年 8 月 25 日至 9 月 26 日在紐約生活了 32 天，其間，出席了美中關係全國委員會的招待宴會，如此盛大活動每兩年才舉行一次，表彰為美中關係做出貢獻的個人，與該委員會主席大衛‧蘭普森、中國駐美國大使李道豫等見了面。在另一次為中美文化交流而舉辦的盛大畫展中，聯合國中國代表團陳健大使還接見了我。此外，我還多次接待《世界日報》、《僑報》等美國

華文報紙的採訪，令我高興的是，在這些活動中溥儀作為中華人民共和國公民的形象，廣為美國各界朋友所接受。

作為親友，他們尊敬我的丈夫溥儀，也愛護我、關懷我、尊重

我。然而，我畢竟不曾在皇宮中生活過一天，別人也沒有把溥儀成為公民以後才與之結婚的我當作「皇后娘娘」，有人卻一定要給我戴上頭銜，甚至「一個人坐在普通機艙獨自前往」也成了「毛病」，我本來就是普通又普通的人，難道出趟國還需要「前呼後擁」嗎？

有人又說：「有一次，空中小姐無意中得知了她的身分，馬上熱情地請她坐進頭等艙，把她奉為上賓。」其實這也完全不是因為我被當作「皇后娘娘」，而是組織上的關懷和照顧。我每次出訪之前，全國政協有關部門領導同志必到我家看望，詢問有否困難，並給予經濟資助，使我體會到黨和國家的溫暖。

我赴法國時，由於到機場送行的全國政協幹部的囑託，空中小姐非常熱情照顧我，特殊為我安排了臥位，降落時因地面氣溫下降，特意囑我多穿衣服，中國國際航空公司駐法國副總經理侯樹傑，還親自護送我填卡、過關、直到交給接機的章溫柔女士。後來出訪美國，全國政協耿溫蘆同志送我赴機場，向空中小姐介紹了我的身分，請予關照。於是得到林亞莉小姐無微不至的照顧，不但把我從普通艙換入頭等艙，還在服務方面勝似親人般地對待，這是事實，是他們對祖國和人民負責，卻不是為了什麼「皇后」。

我是溥儀的妻子，也是一位國家的普通公民，我珍惜自己的名譽和尊嚴，我想藉此機會感謝黨和人民對我無微不至的關懷，也想藉貴刊一角向廣大關心我的讀者致以親切的問候，祝大家在新的一年快樂、幸福。

（原載《青年社交》1995 年第 4 期）

讓日本人民瞭解溥儀

——《我的丈夫溥儀》日文版前言

（1996 年 9 月 23 日）

　　按：《我的丈夫溥儀》日文版於 1997 年 5 月 20 日在東京出版發行，當時李淑賢女士還健在，卻已確診為肺癌晚期，一步步接近了生命的最後時刻。當樣式精美、印裝漂亮的樣書寄到時，她已經走了。在舉行遺體告別儀式的靈堂前，擺放著出版該書的日本學生社敬獻的花籃。

　　當此《我的丈夫溥儀》（日文版）將與日本人民見面的時候，我的

心情很激動。愛新覺羅·溥儀是中國封建社會的末代皇帝，他年輕的時候曾經長期生活在天津的日本租界內，也曾經出任「滿洲國」的傀儡皇帝，還曾經兩度以「元首」身分出訪日本、一度以囚徒身分為審判日本戰犯赴日出庭作證，然而那時，日本人民從報紙上和廣播裡瞭解的溥儀，卻是被罪惡的光環所籠罩的人物。那個溥儀在新中國成立後，經過學習和改造，悔過自新，成了公民，完全改變了模樣，變成了我所熟悉的自己的丈夫。他所著的《我的前半生》，也成了暢銷國內外的奇書。現在，我要在自己這本新書裡，把丈夫介紹給希望瞭解溥儀新面貌的廣大日本讀者。

我的丈夫特赦後只活了 8 年，就被腎癌奪去了生命，從時間看比 50 多年的前半生短了許多倍，而從生命的意義看，又勝過前半生不知多少倍。溥儀和我共同生活了 5 年半時間，如果從相識那一天算起，就將近 6 整年了。我們有甜蜜的戀愛生活，幸福的婚姻生活和在病痛中互相照顧的溫暖而體貼的生活。1984 年我的回憶錄《溥儀與我》首版發行，引起很大的轟動，在那本回憶錄的〈前言〉裡，我這樣說明了撰寫本書的背景：

　　大約是 1979 年 8 至 9 月間，吉林省社會科學院歷史研究所王慶
　　祥同志來京訪問我。他鼓勵我一定要寫好回憶錄，他說，這將是
　　我對歷史和民族應該做出的力所能及的貢獻。他還幫助我挖掘回
　　憶線索，擬定回憶提綱。我們商定的原則是：想出一件事就寫出
　　一件事，憶及一句話就記上一句話。他對我說：「您的回憶是具
　　有重要研究價值的當事人第一手資料，每個字都要符合歷史事
　　實，對歷史負責。」我認為這話很對。

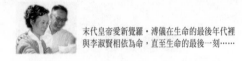
　　我的回憶工作是在半年多的時間裡，斷斷續續完成的。每當回憶的時候，我就好像又置身於十幾年前的生活中，我的親人又栩栩如生地站到我的面前，我們共同沿著歷史的陳跡，由此一時到彼一時，從這一地到那一地。我不知道笑過多少次了，那是因為又生活在當年的幸福和甜蜜之中；我也不知道哭過多少回了，那是因為突然又把憶念中得到親人的喜悅和現實裡失去親人的痛苦聯繫到一起……我的回憶可能很不全面，但卻是完全真實的，都是曾經發生過的歷史事實。

　　王慶祥同志是一位史學工作者，他在幫助我整理這部回憶錄的時候，一再申明自己的觀點是要信實地描出歷史原型，倘有回憶不得真切者，寧付闕如，絕不虛構。現在呈現於讀者面前的這部《溥儀與我》，就是他根據我的口述並對照和印證了溥儀遺稿之後整理成書的。初稿完成後，王慶祥同志又來京，和我共同對全書逐字逐段地進行了核實。我認為，改定的書稿與我口述的精神和內容都是完全一致的。當然，我的回憶只能側重於溥儀的家庭生活方面，遠不足以概括溥儀後半生的全部；倘能略補幸而尚存的溥儀日記等手稿，那就更好了。

　　12年以後，我和王慶祥先生再度合作，對《溥儀與我》加以全面修訂，不但增添了我和丈夫溥儀共同生活的許多細節，還新寫了丈夫去世後我作為溥儀遺孀，而在「文革」十年中間以及改革開放新時代裡的漫長經歷。所以，能夠增添大量新的內容，是因為近十幾年來，前來訪問我的中外各界人士、記者、歷史研究者以至普通讀者、遊客，越來越多了。每次接待來訪客人，都勾起我對溥儀的許多回憶。其中，特別是

一些外國記者，從我與溥儀的相識相愛到組成家庭的經過，從平日工作到家常生活，從愛新覺羅家族、國家領導人與溥儀的關係，從我們外出旅遊到溥儀住院治療等等，無不一一細問。為了更好地回答記者的採訪，我一邊回憶一邊做些簡要的記錄，這些記錄成為本書重要的新素材。

本書中文初稿完成後，蒙《人民中國》雜誌社副社長兼副總編輯丘桓興先生惠予編輯加工，增色不少。又經外文局翻譯林國本先生譯成日文，而日本學生社山本由秋先生也花費很多精力對譯文進行了壓縮、修改和潤色。今天，日文版就要在東京問世了，泰文版和英文版不久也將在曼谷和紐約出版。

我把這本經過修訂的書稿取名為《我的丈夫溥儀》，希望它能夠傳達出我對丈夫溥儀深切的懷念之情。當此之際，我還特別要對日本學生社常務理事鶴岡一郎先生和大津輝南先生致意，是他們的支持與厚愛，才使我得到了跟廣大日本讀者交流的機會。還有一切鼎力相助的朋友們以及一切喜歡這本書的讀者們，請接受我最真誠的感謝。

（寫於 1996 年 9 月 23 日）

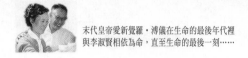

後篇·書信集

文史資料出版社想出版溥儀的像冊和日記

王慶祥同志：您好！

工作還是那麼忙吧？你 12 月 9 日來過一信，12 月 25 日也來過一信，都收到了。但你說去天津以前還來過信，你去天津是何日？我沒有收到。你寄給張雪明的兩本書，我已給他送去了。你整天整理書稿，太緊張，夠累的，要注意勞逸結合。

你說《溥儀的後半生》先在內部印發，徵求意見，是你們社會科學院印發，還是由長春的政協部門印發？都說好了吧。再者，我與您一同去全國政協那天，文史資料出版社提出想出版溥儀的像冊和日記，不知您怎樣考慮，可否交給他們？還有，長春市政協決定將《溥儀與我》交給吉林人民出版社公開發行，此事進展如何？請來信時告訴我一下。

您什麼時候來北京？盼望您早日來。

最近天氣冷，我的骨炎犯病了，所以不能走遠路，連政協機關也沒有去，整天跑醫院就診。請您多多注意身體，見到老孟同志（指長春市政協文史辦公室主任孟令乙先生，《溥儀與我》就是他最早編發的——編者註）替我問好。不多談了。再見，請來信。祝

工作順利！！

李淑賢　1985年1月23日

「李玉琴在北京期間曾來看我」

王慶祥同志：您好！

7月12日來信收到，您的工作一定很忙吧？

我給上海人民出版社寫信時，忘記了小陸的名字（您在來信中提到陸宗寅，我才又想起來），只好寫「負責人」收。都兩個多月了，沒有覆信，您和他們還有聯繫嗎？《溥儀畫傳》還出不出？應該有個明確的答覆。

前些日子，李玉琴在北京期間曾來看我，很不巧，我沒在家。她又給我來封信，是上月25日下午收到的，她已經返回長春，我們有兩年多沒有見面了，真遺憾。聽說要給李玉琴拍一部電影叫《末代皇妃》，在長影已經開拍，是嗎？這次玉琴來京，沒有見到，很對不起她。望來信。祝

健康！

李淑賢　1988年8月5日

「要考慮是否對國家有利」

王慶祥同志：您好！

來信收到。我病倒了，好多天發燒、頭暈，現在才好些，回信遲了，請諒解。

天津這次出版《溥儀的後半生》不會再有變化了吧？如果還要拖

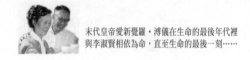

延，那就麻煩了，讓人家搶先出版了。這本書也一定會暢銷，我已接到許多人的來信，問這本書的情況，他們都很關心溥儀的後半生生活。

9月份有位朋友談起《溥儀與我》，他認識的一位外商想在境外出版這本書，我沒有表態，以後他又找過我，我告訴他說此事要同你商量。我很慎重，不能光為得幾個錢，要考慮是否對國家有利。你看行嗎？如果可以聯繫，請你來京共同商量。你在信上說涉及版權問題，我不大懂，麻煩你再解釋一下。

上海那本《溥儀畫傳》不知怎樣了？已經過去好幾年，總這樣拖下去很不好，出版社應該講信用，協議書上不是寫得很清楚嗎？應該執行才對。望你有空時給他們寫封信，出不出總得有個打算。

聽說你所著《文繡傳》早已出版，請你幫我買一本，我很想看看。

李淑賢　1988 年 11 月 4 日

「我現在抓緊時間寫回憶」

王慶祥同志：

8月3日來信收到。前些天恆年（是道光皇帝第五子惇親王的後人，溥儀的族孫，於1978年攜妻美瑛及一子一女，因投靠在美國開餐館的姑媽而移民赴美——編者註）夫婦來北京探親，他們去美國十幾年沒有回來過。他們來看我，談起出版溥儀日記的事。恆年對這部日記很感興趣，他說認識美國的出版商，可以聯繫出版，所以我叫曉明給你打電話談談，看你的意見怎麼樣。正巧恆年他們去瀋陽，你們又當面談過，比較好。不知你們談得怎麼樣？有沒有希望出版，如果真要辦成是不錯的。如有機會我們應

多方面聯絡，哪方面合適，就在哪方面進行。第一要靠得住，不要受騙上當，因為社會上各種人都有，辦事要慎重。

聽說天津出版《溥儀日記》的事又有變化，是真的嗎？5月份李潔萍同志（天津人民出版社編輯，《愛新覺羅·溥儀日記》一書責任編輯——編者註）來信說已發稿了，正在設計版式，很快送工廠製版。到現在3個多月了，又有什麼變化，又受到什麼壓力，請你來信告訴我。

我本來準備去你們家住過夏天，現在北京不很熱了，很涼快了，就不去了。我現在抓緊時間寫回憶，但每天雜事特多。已寫到李翰祥拍電影（指李翰祥與李阿姨和我簽約後拍攝的《火龍》——編者註），寫得差不多了，請你聯繫下步工作，先把出版社聯繫好，他們想出我的書，條件同他們談好，我回憶完告訴你，你來京做下步工作，來信寫簡單點，有事叫曉明給你打電話。祝你

工作順利！多保重

李淑賢　1992 年 8 月 17 日

「我的回憶錄你先寄給王濱一部分安排英譯」

王慶祥同志：

你離京十幾天了，自你走後，我立即寫信給王濱，告訴她，我的回憶錄你將在回到長春後一個月內整理出一部分，先寄給她安排英譯，以後陸續再寄，請她有事與你直接聯繫。我想，這部回憶錄已有基礎，增補應該不會很困難。

張康祺最近有沒有聯繫？日本學生社出版《溥儀日記》日文版的

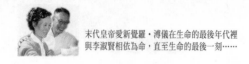

進度怎樣？現在北京特別熱，真是難熬這個夏天，還要熬兩個月，你們東北的夏天卻正是舒服的時候，看電視報導知道比北京要低好幾度呢！

李阿姨 1994 年 7 月 6 日

「麻煩你幫我寄出我的批駁文章」

王慶祥同志：

12 月 11 日來信及附來的文章均收到，謝謝。

新的一年將來臨，祝你們全家快樂、幸福，萬事如意！

最近雜事特別多，加上牙又痛，要跑醫院去看牙病，而醫院離家很遠，車上很擁擠，去一次醫院就要一整天時間。而且，還常有客人來，連寫好的文章也沒時間寄出。還是麻煩你幫我寫好給上海《青年社交》、北京《法制文萃報》和長春《文摘旬刊》的附信（李淑賢隨信寄來了給《青年社交》編輯的一封短信的草稿——編者註），分別給他們寄出我的批駁文章。拜託了。

元旦快到了，春節也還只有一個多月，你可能會忙一些。你這次回到長春，馬上就修改我的回憶錄書稿，抓得很緊，謝謝。現在修改工作快要完成了吧？請及時與王濱小姐聯繫，儘快安排英譯，防備夜長夢多。

上海《新民晚報》有我一位朋友，他已於今年 8 月赴美進修去了，前幾年常登關於我的報導，據說上海讀者很歡迎，後來他們給我寫信，要連載我的生活實錄和感受，我也跟你說過，但你抽不出時間，沒有給他們供稿。這幾年我和他們也沒太聯繫了，最近寄給他們一文，能否刊

登不敢說。祝

　　健康！

李阿姨　1994 年 12 月 19 日

溥儀遺孀李淑賢，攝於北京團結湖家中

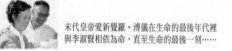

附錄‧報導集

（編者的話）

作為社會名人，關於李淑賢女士的報導很多，這裡選用 26 篇，大體上能夠反映她自溥儀先生逝世以後 30 年間的重要社會活動和生活經歷。應該說她活得很不容易，為了能讓社會上一切關心溥儀的人，更加瞭解也更加理解這位末代皇帝轉變為普通公民以後的思想和生活，為了維護丈夫的社會名譽和正當權益，也為了維護自己的名譽和權益，她做了多方面的努力和奮鬥，表達了對丈夫無比深厚的感情，也反映了她本人性格中堅強的一面。這些報導反映了社會對她的關注和愛護，而這也正是因為她對社會做出了貢獻。

訪溥儀遺孀李淑賢

中國新聞社記者郭招金

愛新覺羅‧溥儀辭別人世已經十多年了，人們至今還時常提起他。他以自身的生活道路，為社會樹立了一個改惡從善的典型。他的遺著《我的前半生》在默默地向人們訴說著一條樸素而偉大的真理：是共產黨把一個末代皇帝、延續中國兩千多年封建社會的最後一名君主，成

功地改造成為社會主義的公民。

　　溥儀的前半生是用罪惡、懺悔寫成的；他的後半生則充滿新生的歡樂。他用滿腔的熱誠、用一切從頭學起的精神，來填滿後半生的每一天。然而，他離開他所熱愛的新生活太早了，他從 1959 年 12 月 4 日獲特赦，到 1967 年 10 月 17 日逝世，總共不過 8 年。實在太短暫了。其間，他的妻子李淑賢女士與他朝夕相伴了近 6 年。

　　在樓房林立的北京團結湖住宅區，記者來到李淑賢女士門前，輕叩兩下，門打開了，眼前這位年近花甲的李淑賢，還是電影《末代皇帝》中的那個樣子：一頭烏黑的短髮，秀媚的雙眼。她身穿棗紅色罩衣，看上去並不顯得老。

　　溥儀和李淑賢結婚以後，在全國政協機關院子裡住了一年多。那裡的房子據說原來是給外國駐華使館人員住的，房子又高又大，院子裡有桃樹、梨樹，還有許多松柏，環境十分幽美。《我的前半生》書後有一張他倆離家上班的照片，就是在這裡拍的。溥儀逝世以後，李淑賢搬了幾次家，80 年代初又搬到團結湖居民住宅區。

　　她住的是樓房，一大一小兩臥室，還有廚房、衛生間，自成一單元，沒有客廳，一間大些的臥室兼做客廳。她沒有孩子。室內陳設很簡單：臥室中只有一張單人床，一個床頭櫃，一套沙發，兩把椅子，一張飯桌子，一個酒櫃。酒櫃上放著一台 12 吋黑白電視機，如此而已。房間收拾得很整齊，地板擦得一塵不染，這表明主人日常生活的靜寂和潔癖。

　　讀者或許會這樣猜想，作為末代皇帝的遺孀，多少會保存一點宮

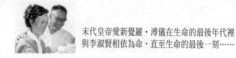
禁舊物作為紀念吧。實際上一點也沒有。溥儀幼年雖貴為天子，可以集四海財富為一人之用，但從遜位以後他長時間從事復辟活動，後來接受改造，到特赦時，連身上的衣服都是政府發的。李淑賢女士形容他是「從最有錢的人變成最窮的人」。

大家知道，溥儀從偽滿宮中逃走時，在無數珍寶中精挑了數百件裝在皮箱裡，隨身帶著。在蘇聯期間，這些珍寶「捐」出去不少，因為害怕又扔掉一些，回國時還有一部分。經過改造以後，溥儀認識到，這些珍寶屬於人民，應該歸還給人民。他全部獻給了國家。李淑賢說：「當時裝珍寶的皮箱後來帶回北京，皮箱是黑皮做的，很結實，裡面一層又一層，可以藏很多東西。『文革』前夕，撫順戰犯管理所派人來要去搞展覽，後來『文革』爆發，展覽沒辦成，箱子也不知下落了。」

我覺得她說話有些吃力，便問起她的健康狀況。她說：「我身體一向不大好，現在有五種病。和溥儀結婚後，堅持上了兩、三年班，後來溥儀也病倒，我便停職在家休息，一面照顧溥儀。」她還說，溥儀去世後，她生活有困難，周總理得知即指示每月補助 60 元，前幾年辦理了退休手續，每月還有 20 元退休金。其生活水平與北京市民相比，還屬上等。

李淑賢原籍杭州，家在西子湖畔，少女時代在上海度過，這位容貌娟麗的女護士，也是受盡了命運的折磨。她 8 歲失母，14 歲時作為銀行職員的父親也去世了。15 歲那年，一向待她刻薄的繼母，想在她身上發一筆財，要把她賣給一個有錢的老頭。她聞知即逃到北京投靠表姐。她表姐也是受苦人，孀居在家，靠給人洗衣服度日，日子實在撐不下去，帶著孩子回南方去了。為生活所迫，李淑賢和一位鄰居結了婚。

婚後受到虐待，因經濟上無法獨立，只好忍著，解放後有了工作，才與男方離婚。

「我這一輩子是夠不幸的，後來才遇上溥儀。他對我很好，要不是他去世得早，我也是很幸福的。」李淑賢女士說。是的，這個得不到家庭溫暖、親人保護的女子，自從和溥儀認識後，才得到過去不敢奢望的慰藉。她低著頭，輕聲地敘述著幸福的一切。

溥儀曾經是君臨天下的皇帝，曾經是日本帝國主義侵略中國的工具、戰犯。但李淑賢認識他時，他已成了新中國的公民。20年前的往事，李淑賢回憶起來，彷彿如昨。1962年春節前夕，李淑賢聽說給她介紹的對象是末代皇帝，嚇了一跳。她說：「戲台上的皇帝都挺厲害的，真的皇帝我倒還沒有見過。」由於介紹人一再動員，加上好奇心驅使，她才答應見面。地點在南河沿文化俱樂部，她對溥儀印象很好，覺得他很和氣，又很樸素。而溥儀呢？在此之前，人家給他介紹幾個打扮很入時的女郎，他都沒相中，獨對貧苦出身的李淑賢一見鍾情。李淑賢至今還記得，那天溥儀買了咖啡、汽水，一人一杯，聊得很晚。沒見幾次面，溥儀就要求結婚。真摯的愛情有時並不需要多少時間考驗，只需短暫的接觸，彼此都已認識到對方就是夢中尋覓千百度的意中人。

1962年4月30日李淑賢與溥儀結婚。那年她37歲，溥儀56歲。婚前，溥儀告訴李淑賢，年齡相差19歲，希望她慎重考慮。李淑賢覺得，溥儀生理年齡是大了些，但他的心理年齡並不老，她已拿定主意。溥儀當皇帝的年代裡，事事有人侍候，這曾使他成為一個毫無生活能力的人。成為公民以後，他對世界上的一切感到既陌生又新奇，在這方面的笑話是很多的。

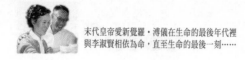
在理髮店，他看見理髮員手中的吹風機很驚奇，不知是何物；在植物園時，他不會數飯票，每次買飯菜，都是抓出一把飯菜票放在櫃台上，說：「該給多少，你拿吧！」

組成家庭後，許多很簡單的家務事，對他來說又是新的課題。李淑賢對他的評價是：「他不偷懶，就是什麼也不會做。」星期天，李淑賢洗衣服。溥儀在戰犯管理所學過洗衣服，想露一手，就說：「我來幫妳洗。」但他總是洗不乾淨。李淑賢做飯，他也想幫忙。有一回，他從廚房端出一碗熱湯，走幾步就摔在地上，他不懂得碗下面要墊個東西才不會燙手。溥儀有時也主動提出做頓飯，讓他做吧，飯總是夾生的。每一回失誤，他總是把自己罵一通，罵自己是「廢物」，並對李淑賢說：「別著急，別著急，我慢慢學，一定學得會。」

李淑賢說：「我從認識到他去世，只有六年時間，他從未說過我一次。婚後，他身體有病，覺得對不起我，便百般順我。我想，世界上再沒有能像他那樣對我好的人了。我受感動了，我們的感情始終很好。」

溥儀雖有過幾個女人，但都不是他的妻子，更說不上是他的愛人，他與她們之間，是君臣、主奴關係。歷史上的皇帝都是摧殘女性的，溥儀過去也是如此。他與李淑賢結婚後，曾對前來採訪的記者說：「我的前半生有幾次大婚，娶過皇后、妃子……但那都沒有真正過過什麼幸福生活；過去的婚姻是封建社會的一個縮影，可怕之極。」在溥儀的生命史上，和李淑賢結婚後，才算是第一次真正做丈夫，第一次以平等的地位和一個女性傾心相愛。在他看來，李淑賢是一個世界上最可愛的女性；李淑賢也覺得，溥儀是最癡情的丈夫。他們的愛情如海水，深

不見底。

這對恩愛夫妻愉快的日子沒過多久，便遭到一次又一次災難性的打擊。開始是李淑賢的病，在確診為良性子宮瘤之前，溥儀哭過好多回，整天為她的病擔心。在做摘除手術時，他又流下了許多淚。直到李淑賢能下床，他才露出笑容。沒有多久，溥儀也病倒了，他是 1964 年9月發現尿血的，患了腎癌，並已轉為膀胱癌，切去一腎，後來發現另一腎也癌變了，醫生已束手無策。

讀過《我的前半生》的人，都知道溥儀是個出奇怕死的人。在宮裡，怕太監害他；在天津寓所，怕老百姓害他；在偽滿，怕日本人害他；從蘇聯回國前，他把自己比做露水，太陽一出，自己就沒命了；在戰犯管理所，他時時想到被處死刑，連開門聲、腳步聲都會使他心驚肉跳。一種意念中的死亡陰影在折磨著他。這回，懂得一點醫學知識的溥儀，完全懂得自己得的是什麼病，但他卻沒有「死之將至」的那種恐懼和悲哀。他反而安慰李淑賢：「要相信祖國的醫學，我相信一定會治好的。」面對一臉愁容的妻子，溥儀還一再逗她笑。談到這裡，李淑賢拿出一張照片，那是溥儀手術後在院子裡摘水果時拍下的。她說：「那時溥儀心情保持樂觀、舒暢。你看，他的身體看上去還是很好的。」

在溥儀生命中的最後一年多裡，「文革」浩劫已降臨神州大地。溥儀當然弄不明白病房外的世界究竟在發生什麼事，但他已感到種種不祥之兆。全國政協的一些領導平常總在關心溥儀，教他怎樣做一個真正的人。但這些人一個個靠了邊，掛著黑牌子在打掃院子。這是是非易位、善惡顛倒嘛！溥儀知道這些事後，流下了眼淚。

溥儀處境又怎樣呢？李淑賢說：當時北京並沒有人對他怎樣，只

有偽滿宮廷中有一個故人闖到醫院去纏他，說他過去如何虐待她等等；還有一個原在長春偽宮當差的，來了幾封信批判《我的前半生》。這就夠溥儀受的了。你別看他五、六十歲了，其實像個孩子，平時愛說愛笑。從那以後，好長時間不吃不喝，也不說笑了，站在電話機旁幾個小時不動。晚上在被窩裡「哇啦哇啦」哭起來，怎麼勸他也不頂用。

要不是有這些刺激，也許溥儀不會死得那麼早。他的病情急遽惡化，腎功能已完全喪失，腹部脹得很大，李淑賢日夜守在他的身邊。臨去世前兩三天，他拉著妻子的手說：「賢，我好不了，快走了。我沒給黨做什麼工作，對不起黨，妳很年輕，又有病，我沒有了，妳又該怎麼辦？」說完又哭了起來。

1967 年 10 月 17 日，溥儀告別人世，給李淑賢留下難言的哀痛和不盡的思念。她說：「溥儀去世後，我沒挨過鬥，但聽到的閒話不少，氣也沒少受。一些人都覺得我好欺負。我和他結婚時，他什麼財產也沒有，我不圖錢財，不圖享受，就是圖他待我好。我父親死時，我還沒有體會到離開他我活不成。溥儀一死，我真覺得再活沒有意思。那段時間，我常一個禮拜上兩、三次八寶山，抱住骨灰盒痛哭一場才回來。」

讀過《我的前半生》的人，一定很想知道溥儀後半生的情況，李淑賢告訴我，已有人寫成了《溥儀的後半生》一書，李淑賢提供了許多資料。她的回憶錄也整理成《溥儀與我》一書。還有《溥儀手稿選編》也已選定，不久皆可問世。

（原載香港《文匯報》1983 年 4 月 2 日）

李淑賢談溥儀晚年

陸 潛

溥儀的《我的前半生》出版後，受到了國內外的注意。吉林延邊教育出版社即將出版由李淑賢口述、王慶祥整理的《溥儀與我》一書。我們有幸在首都北京東郊的一住宅區，走訪了溥儀夫人李淑賢。

李淑賢是浙江杭州人，今年正是花甲之年，已在首都住了整整30年，操著一口流利的北京話。看到南方同志來訪，她感到格外親切，為我們沏茶、讓坐。不大的工作室，簡陋、整潔。她告訴我們是在周恩來親切關懷下，才搬入這兩間正房新居的。她是一個弱者，身患五種慢性病，在粉碎「四人幫」後人民勝利的日子裡，她在政治上也獲得了新生，常常應邀參加國家最高一級的宴會、聯歡、茶話會和文藝晚會。我們靜靜地聽著，也分享著她的快活。

她感謝出版部門重印了溥儀的《我的前半生》。她告訴我們，這本書出版後，世界上各種膚色的人瞭解了溥儀的前半生，更想知道他的後半生。在溥儀生前，有很多人期望他再寫一部續篇。但他總是勉為其難地對他的親人和朋友表示：「我的後半生不能用筆寫了，而要用實際行動寫。」其實，這是溥儀的自謙。這也正說明了他改造的又一成果吧。但是，黨和人民沒有忘記這位歷史的故人，敬愛的周恩來總理在接見外賓時談到：「滿洲國皇帝已經去世了，說句公道話，最後他改造得

不錯。使一個末代皇帝改造好了，這是世界上的奇蹟！」總理的親切話語是對死者的真實評價，使他的家屬得到最大的欣慰。

李淑賢同志談到此時，眼眶裡閃爍著淚花。

她還沉痛地告訴我們，溥儀特赦後僅活了 8 年，在「文革」折騰的日子裡，被腎癌奪去了生命。他的後半生只有 50 多年前半生的幾分之一，而從生命的意義看，又勝過了前半生不知多少倍。溥儀在世時，李淑賢把溥儀看作自己的愛人和兄長，溥儀在家則稱呼李淑賢叫「小妹」。李淑賢同志原為北京關廂醫院的護士，在 1962 年元月經人介紹，與特赦後在全國政協任文史資料專員的溥儀相識。從此，他們幸福地度過了 4 個月的戀愛生活及 5 年半的家庭生活，夫婦之間親密無間，使溥儀真正享受到了人間家庭的歡樂。以至在溥儀逝世後的一段日子裡，李淑賢同志經常風雨無阻，從城區來到遠郊的八寶山骨灰堂，寄託對親人的哀思。現在，《溥儀與我》即將出版，李淑賢深情地說：「這是我對兄長、愛人最大的告慰，它的出版將使我了卻一件埋在心頭多年的心事！」

（原載《新民晚報》1984 年 10 月 31 日）

「火龍」依依戀人間

———一部紀錄溥儀晚年生活的影片

王慶祥

熊熊的烈火

一個偶然的機會，我在一位友人家裡見到兩張有趣的照片，那是中國末代皇帝溥儀與他特赦後新婚妻子李淑賢的生活照。我的朋友說：「你看這照片上的溥儀夫婦很像嗎？」「似乎都顯得年輕些。」「當然嘍，這是影片《火龍》的兩張劇照哇！」我恍然大悟，原來照片中的溥儀和李淑賢是由香港影星梁家輝和峨影廠著名演員潘虹扮演的。

《火龍》是中國電視劇國際合作公司與香港新昆侖影業有限公司合資拍攝的電視影片，主要表現溥儀這條已被火葬的真龍，在他生命最後年代裡的喜怒哀樂。

記得去年夏天，香港著名導演李翰祥先生在北京建國飯店設宴，李淑賢女士和我應邀與席。席間，李導演講述了籌拍《火龍》的計畫。他說，溥儀是中國歷史上唯一被火葬的皇帝，因此，他是一條「火龍」。李導演談到他拍片設想時說：「我的片頭就是溥儀火化。熊熊的烈火燃燒著溥儀的身軀，然後在熊熊的烈火中疊印出『火龍』的字幕……」

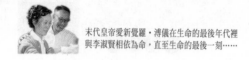

古往今來，儘管是一個十分普通的人，一旦坐上金鑾殿的龍椅，就成了從來沒人見過的天上的「龍」，溥儀也是這樣一條「龍」，但他又飛回人間。這使我們得以真切地看見了「龍」在人間的舉止言行、喜怒哀樂、七情六欲，聞到了一股撲鼻而來的甜蜜生活的芳香。熊熊的烈火把一位皇帝改造成公民，把一條「真龍」還原為凡人，這正是《火龍》表現的主題。

「火龍」升天

1967年國慶日前夕，北京寶禪寺東觀音胡同22號長形的院落裡，被秋風捲落的樹葉輕輕飄下，竟不發出一些聲響。一長排正房都是暗的，唯有主人的臥室透出微弱的光。溥儀蓋一條毛毯，半依在緞被前面，他拉住妻子的手，讓她坐在自己身邊，用兩隻眼睛死死地盯住她，真想多看妻子幾眼呀！李淑賢見丈夫眼眶內滾動著淚珠，心疼地掏出手絹為他輕輕擦拭，他們長時間地無言相對。溥儀給妻子的遺囑就是這時立下的。他說，他這一世，當過皇帝，也當了公民，歸宿還好。只是覺得工作做得少，對不起把他改造成公民的黨。同時，正是內亂之中卻把妻子一人丟下不免擔心。

1967年10月4日清晨5時，一位身材瘦高、臉色蒼白的病人，被一大幫親屬護送著來到北京人民醫院急診室。來者正是溥儀，他突然病重了。可是醫院內部人員在極左思潮影響下，反對收留一個「封建皇帝」住院，就在這刻不容緩的情況下，政協向中南海內的總理辦公室反映了情況，總理很生氣，提筆親批了「特殊照顧」四個字。醫院聽到電話傳達後才安排溥儀住進內科病房，就在這生命的最後幾天裡，溥儀仍以顫抖的手，費勁地握住那難以控制的三寸筆管，記呀，寫呀，雖然字

278

跡已經模糊不清，可那精
神和毅力能見、能知。是
的，他曾經是歷史上的殘
暴之君，曾經是一個罪惡
深重的人。可是，１０年
改造之後他已成為普通公
民，他熱愛生活，關心祖
國，追求幸福⋯⋯他確實
不應該死！

與《火龍》導演李翰祥在拍攝現場

　　10月8日，原國民黨中將、全國政協委員宋希濂和楊伯濤曾到醫
院看望溥儀，那時，他已是靠輸氧和注射葡萄糖維持生命的人了。沈醉
先生也曾「偷偷摸摸」地來到溥儀病房，因為他就是《紅岩》中「殺人
不眨眼」的特務頭子嚴醉的原型，豈敢在「史無前例」的時代，大大方
方地去看望一個「封建皇帝」？

　　10月10日，溥儀留下絕筆，這位一生好記日記的人所寫的日記，
至是日而終，他再也無力握筆了，絕筆日記已模糊難辨。

　　10月15日，著名中醫蒲輔周先生最後一次給溥儀診脈，並開了一
張方子，抓了三付中藥。走出病房，蒲老面現悲戚之色，他告訴李淑賢
說：「人是不行了！不過也許還能拖幾天⋯⋯」

　　妻子絕不相信丈夫就會死掉。六年來，他和自己朝夕與共，如膠
似漆，恩恩愛愛，難道就這樣撒手即去嗎？這怎麼會！

　　當天，她把蒲老開的中藥熬了一付給丈夫服下去。第二天，她又

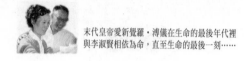
熬了第二付，丈夫也吃了下去。還有最後一付了，明天將再吃下去。

10月16晚10時左右，溥儀的兩隻眼睛忽然亮了起來，又開口說話，頭腦十分清醒。前來探望他的范漢傑和李以劻已在床邊靜靜地守候了一個多鐘頭，見他醒來，都非常高興。老范看著溥儀的臉問道：「老溥！你還認識我嗎？」

「認得！你是范老。」溥儀毫不猶豫地回答說，吐字相當清楚。

這時，李以劻插嘴對溥儀說：「我們來看你，已經坐了很長時間。還要趕末班車以前回去，現在應該走了，你好好養病吧！」

溥儀急忙擺手，並對李以劻說：「你先別走，等我二弟來。」停了一會兒，溥儀幾乎是喊著說：「快！趕快找孟大夫，孟大夫不來你不要走！」孟大夫是北京人民醫院泌尿科的主治大夫，始終負責溥儀的診斷治療。范老和李老注意到，溥儀的臉上呈現出痛苦的表情，他以一種雖然微弱卻很清晰的聲音繼續說道：「我還不應該死呀！我還要給國家做事呀！你們救救我，趕快找孟大夫！」

李以劻立刻去找來孟大夫，只見溥儀一把攥住孟大夫的手，不住口地說：「救救我！我要給國家做事，救救我！我要給國家做事呀！」

「你不要害怕！你的病慢慢就會好了，你還有機會給國家做事的。」孟大夫這麼一說，溥儀立刻高興起來，臉上掠過一絲笑容。當溥儀又靜靜地睡去後，孟大夫說：「溥儀先生過不去今天晚上了，你們看到方才他很清醒，這就是人們通常所說的『迴光返照』現象。」

就是這個晚上，護士照常給溥儀注射了三種藥針，之後溥儀漸漸睡去。悲戚如癡的李淑賢一直緊挨著丈夫的身體焦急地守候著。到了下

半夜，溥儀突然醒轉，望了望妻子說道：「小妹，我心裡憋死了……」說完就聲息全無，這便是他的最後一句話。等醫生、護士聞聲趕來，溥儀的瞳孔已經擴散，只是喉嚨裡還咕嚕咕嚕地響，不嚥最後一口氣。溥儀先生多想活啊！

正當中國的末代皇帝停止呼吸的前幾分鐘，他的二弟溥傑聞訊趕到。一、兩分鐘之後，全身浮腫的愛新覺羅・溥儀在呼出了一口長氣之後，就安詳地與世長辭了。至此，李淑賢再也按捺不住心頭的巨大悲痛，伏在丈夫的遺體上放聲大哭起來。時為1967年10月17日凌晨2時30分。中國歷史上的末代皇帝溥儀先生，永遠地離開了他留戀並熱愛著的20世紀60年代的新世界。

「火龍」回人間

溥儀去世了。然而，事隔十幾年，他的後半生生活竟變成了藝術形象再現於銀幕，「火龍」再度飛回人間。

最近，《火龍》樣片在北京試映，李淑賢看過後對我說：「拍得很好，潘虹演得特像，一幕幕場景使我想起了當年的生活。」記得去年冬天拍片時，潘虹曾說過這樣一句話：「作為扮演李淑賢的演員，我要做到讓她本人滿意，讓廣大觀眾滿意。」看來她已凤願得償。

《火龍》的成功是與電影藝術家李翰祥先生的努力分不開的。他不但是拍電影的行家，對溥儀這個歷史人物也有較深刻的理解。記得影片開拍前，李先生曾向我說明他對全劇的設想：在這部表現溥儀後半生生活的影片中，也寫一點兒皇后和貴人，但重墨落在李淑賢身上。溥儀當皇帝的年代裡，即便是傀儡皇帝，在外形上顯得威風凜凜；然而，當他

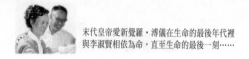
由天上的「龍」還原為地上的人以後，我們看到他不過是現實生活中一個極其普通的人。他當了八年老百姓，鬧出許許多多的笑話，這實在是十分自然的一齣人間喜劇，正像劉姥姥進大觀園或賈寶玉出民間，不出笑話才怪呢！影片就是要表現溥儀這條被火葬了的「真龍」，在他生命的最後年代裡，喜、怒、哀、樂等濃郁的人情味。

去年12月上旬，我和李淑賢一起來到溥儀故居——東觀音寺胡同22號，觀看《火龍》實拍。李翰祥導演注重實景拍攝，他執導《火燒圓明園》和《垂簾聽政》就是在紫禁城和避暑山莊實景拍攝的。而今執導《火龍》，也先後在溥儀生活過的故居、工作過的全國政協以及治療休養過的協和醫院等處實景拍攝。

在搭著大棚、到處堆放著拍攝用具和照明燈線的溥儀故居內，我們看到這樣一個場面：

劇中的李淑賢正站在客廳門邊的小几旁生氣，而她面前的溥儀就像一個已經懂事的孩子辦了錯事，十分懊悔而盼望得到諒解，顯出一副手足無措的樣子。

原來，溥儀和李淑賢結婚後，總想幫妻子做些家務，有一次李淑賢正在燙衣服，囑溥儀到廚房去端爐子上的清蒸魚，這位老先生滿心歡喜地揭開鍋蓋下手就端，卻連盤帶魚摔碎在地上了，自己也因受驚滑倒。李淑賢來不及拿開熨斗趕忙過來攙扶他，結果把衣服也烤焦了，由此才引出上述的場面。

潘虹和梁家輝以自己純熟的演技與特有的風格，在攝影機前認真地塑造著《火龍》主人公的藝術形象——突然李淑賢猛一轉頭，衝著怯

懦而尷尬的溥儀氣極地說：「從來就沒見過像你這樣笨的人，我和你離婚！」說著，幾步走到北牆沙發跟前，把身繫的圍裙解下，向條几上狠狠一摔，一屁股坐在沙發上。這時，溥儀正從他站立的地方怯懦地一步步移近妻子，請求妻子原諒。「我和你離婚！」李淑賢毫不客氣地重複說。溥儀感到真沒希望了，便轉身垂頭喪氣地一下下挪動腳步走向廚房……

「停！」習慣於在攝影棚內戴太陽帽和寬邊眼鏡的李翰祥導演揚手示意了一下，他臉上露出滿意的微笑。

這個時候，我和李淑賢正在客廳西邊的小屋內觀看實拍。下面幾段對話便是當時留下的：

李：「還真挺像呢！」

我：「不但外貌像，人物動作也逼真！」

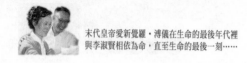
李：「再往下拍，溥儀就要上廚房拿菜刀抹脖子了。」

我：「他當時也把妳嚇了一大跳吧？」

李：「可不！我趕緊追到廚房，向他解釋，說剛才是鬧著玩的千萬別當真……」

我：「溥儀也笑嘻嘻地告訴妳，他也是鬧著玩兒的——真有趣！」

當時我就想，從拍戲到歷史，從角色到人物，這是多麼值得記述的美好篇章！

當此《火龍》即將公演之際，願以上述文字奉獻給《圖像時報》的千千萬萬的讀者。

（原載《圖像時報》1985 年 12 月 5 日）

被遺忘的「末代皇后」

——訪溥儀遺孀李淑賢女士

《新民晚報》駐京記者高汾

稱呼她為「娘娘」是不合適的，因為她同溥儀結婚時，溥儀已被改造成為一個平民老百姓了。然而，人們還是習慣地，有時在背後，有時也在當面戲稱她為「娘娘」。她是溥儀的遺孀，後半生的忠誠伴侶，可是電影《末代皇帝》裡沒有她的鏡頭，28集的電視連續劇拍攝時也沒找過她，她被遺忘了。

是個苦命人

她叫李淑賢，當年是北京關廂醫院的一個護士。我找到那裡，醫院的年輕人都不知道這位「娘娘」的下落，只有同她在一個科室裡工作過的宮護士長知道她，並且對「娘娘」寄予深切的同情，宮護士長說：「娘娘」是個老實人，也是個苦命人，少年父母雙亡，受繼母的虐待，有著「灰姑娘」般的不幸經歷，「文革」開始不久，「皇上」病故了。在那個無法無天的歲月裡，「娘娘」的苦境就可想而知了。在醫院裡，「娘娘」在1964年因病停薪留職，直到「文革」後的1985年才得以享受退休待遇，並擔任了朝陽區政協委員，日子過得緊緊巴巴的。可是，宮護士長說「娘娘」這個人倒挺知足，從來沒有抱怨過誰……

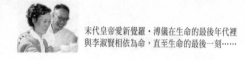

末代皇帝愛新覺羅‧溥儀在生命的最後年代裡
與李淑賢相依為命，直至生命的最後一刻……

買條新裙子

承宮護士長的指點，我終於找到了李淑賢的家，兩小間單元房，佈置簡樸潔淨。「娘娘」今年62歲，一身乾淨俐落的打扮，但臉上的皺紋顯出了她後半生的坎坷生活的烙印，而且又長年患有多種慢性病，面容比當年紀錄片上顯得蒼老多了。可是，一談起「皇上」來，眼睛裡卻閃出了幸福的光彩，使人覺得依然不失當年的風度。

李淑賢對「皇上」懷著甜蜜而溫馨的感情和美好的回憶，她認為「皇上」確實被改造好了，事業上肯學肯鑽，寫書寫日記常忙到深夜；生活上成了一個富有溫情和生活情趣的人。她說當年「皇上」被特赦後，曾為幾位漂亮的滿族貴族姑娘所追求，可是「皇上」拒絕了，而相中了她這個普通的護士。「皇上」說，他就要找個樸樸實實的平民之女，建立一個普通的雙職工家庭。他們在1962年結婚時，領導上告訴溥儀添置結婚用品的費用可以報銷，可是，溥儀只給新娘買了條裙子，自己沒有添衣服。溥儀對李淑賢說，國家正處於困難時期，自己不應索取過多。結婚後，自從出生就受人服侍、慣於作威作福和作賤女人的「皇上」，卻對李淑賢溫情脈脈，體貼入微，平時總是努力學做家務活，用溥儀自己的話說，叫做「從頭學起，樂在其中」。有一次，李淑賢生病，「皇上」學著烙餅，結果烙糊了，他就偷偷地把糊的一面吃了，而把好的一面留給了李淑賢，使李淑賢深感夫妻恩愛的溫暖。

「皇上」扮張飛

「皇上」日常生活中的趣事是很多的，他熱情好客，通情達理，特別喜歡孩子。李淑賢說，溥儀買了許多小玩意，常常招呼許多孩子到家

裡來玩，還教孩子畫畫寫字。孩子們稱呼他「小皇上」、「孩子王」。有一次李淑賢下班回家，看見一群孩子在家裡戴著臉譜玩遊戲，其中有個「大孩子」戴著張飛的臉譜，原來扮張飛的竟是「皇上」。「皇上」直到他患了癌症期間，依然童趣不衰，還在院裡玩螞蟻遊戲。

李淑賢說，他們共同生活近6年，直到溥儀於1967年癌症病故，兩人相親相愛，相依為命，數年如一日。李淑賢對溥儀的回憶和思念是深切的，從她的談話裡可以感到，她所思念的是改造了的溥儀那個「人」，而不是過去那個「皇上」，至於對《末代皇帝》電影和電視連續劇，她說電影在藝術上是好的，但是，有些方面不夠真實，而電視劇她認為比較符合歷史、比較真實。

（原載《新民晚報》1988年8月19日）

溥儀的平民妻子

——訪退休護士李淑賢

《北京晚報》記者駱玉蘭

愛新覺羅‧溥儀一生中曾娶過五個妻子，她們當中婉容和譚玉齡相繼去世，文繡、李玉琴先後離婚，還有一位就是與他以普通雙職工身分過了五年半恩愛夫妻生活，並為其送終的李淑賢女士。影片《末代皇帝》中描寫了皇后婉容和淑妃文繡，電視連續劇《末代皇帝》中除出現婉容和文繡以外，又描述了「祥貴人」譚玉齡和「福貴人」李玉琴，未

涉及李淑賢。李淑賢近況如何？

日前，記者在團結湖社區一座普通的居民樓裡，拜訪了李淑賢。

這位年過花甲的老人十分熱情，她思維敏捷，精神矍鑠，談起與溥儀共同生活的往事表現出深深的懷念之情。她告訴我，1959年12月溥儀被特赦回到北京後，黨和政府十分關心他的生活，周恩來總理曾多次詢問他的婚姻問題。經人介紹她和溥儀1962年相識了。李淑賢覺得溥儀「和藹可親、心眼實在」，溥儀覺得李淑賢樸實端莊。半年後他們結為伉儷，那年溥儀56歲，李淑賢37歲。溥儀深沉真摯地愛著妻子，這使自幼失去父母的李淑賢感到格外幸福溫暖。李淑賢回憶說，溥儀當時在全國政協文史資料委員會工作，下班後他總是儘量幫著幹些家務。有時看到妻子不高興，他就急得了不得，有時妻子病了，他更是一夜夜睡不著。李淑賢當時是朝陽區關廂醫院的護士，趕上在醫院值夜班，他總要打幾次電話來。有一次天降雨，溥儀撐著傘去接妻子，忽然，發現路邊敞開的下水井被水漫過，他怕妻子掉下去，就冒雨在井邊等候，直到妻子到來才放了心。

李淑賢也在生活上百般體貼照顧他。溥儀晚年體質很差，在他們結婚後的五年半時間裡，溥儀先後九次住院，每次李淑賢都是整天陪伴在他的床頭，悉心護理。1967年，溥儀唯一的右腎又出現了問題，李淑賢決定把自己的腎獻給他。溥儀知道後立刻急了，說什麼也不答應。李淑賢回憶起這件事時心情沉重，她說：「當時我沒能說服溥儀，造成我終生悔恨！」

1967年10月17日，腎癌吞噬了溥儀的生命，也斷送了這對夫妻美滿的家庭生活。李淑賢雖然是溥儀的第五個妻子，但她卻是溥儀變成

普通公民後的「平民夫人」。

　　李淑賢現在是朝陽區政協委員，她已經從關廂醫院退休，住著一套兩居室的樓房。整潔的房間裡掛著一幅周恩來總理的照片，還有一張她和溥儀結婚不久的合影。近年來，由她口述、別人整理出版了一本《溥儀和我》的回憶錄，她還與吉林省社會科學院一位研究人員合作撰寫過一些回憶溥儀的文章。現在她單身一人，過著清閒寧靜的生活。她告訴我，她每天的生活大多是聽廣播、看電視，她非常喜歡看正在播出的電視連續劇《末代皇帝》。她覺得演員演得好，特別是張萌扮演的幼年溥儀，她非常喜歡。

（原載《北京晚報》1988 年 8 月 30 日）

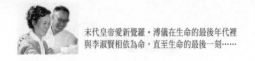

溥儀遺孀上公堂

—— 《我的前半生》版權糾紛始末

鄒鳳學

愛新覺羅‧溥儀，是世界上少有的傳奇人物。

他的一生跨越了整整一個世紀；有人把他的一生經歷形象地喻為「人——龍——人」的變化。

依據溥儀傳奇式的一生拍攝的電影《末代皇帝》和28集同名電視連續劇在國內外一經放映和播出，立即受到了各界人士的矚目，反響強烈。

隨著這兩部重頭影視片的問世，一場馬拉松式的官司也譁然掀起：《末代皇帝》電影劇本的原著——敘述溥儀經歷的《我的前半生》版權誰享？

90年代第一春，末代皇帝愛新覺羅‧溥儀的遺孀李淑賢走上公堂，就《我的前半生》版權糾紛提起訴訟。

65歲的李淑賢訴稱：《我的前半生》一書，從1964年3月出版至今，書上只署溥儀一人的姓名，從未署過李文達的名字。 1985年1月北京第10次重印發行該書時，出版「說明」裡寫道：「這次重排仍是根據1964年3月的版本，而因作者已於1967年逝世，不可能再做修

改。」據此，李淑賢認為：版權應為溥儀一人所有。溥儀逝世後多年，原群眾出版社文藝編輯部負責人李文達在社會上公開宣稱：《我的前半生》一書，李文達與溥儀是合作者，兩人應共享版權。 1989 年 4 月 25 日，李淑賢對此向法院起訴，請求法院確認自己是溥儀版權的唯一享有者，制止李文達對版權的侵犯，公開在報紙上道歉，並賠償一定損失。

公安部離休幹部、72歲的李文達答辯說，末代皇帝溥儀在東北撫順戰犯管理所時，寫過一份自傳性的檢查材料，題為「我的前半生」。1960年，群眾出版社將此材料印成「灰皮本」，後徵得溥儀同意，指派社內當時任文藝編輯部負責人的李文達幫助整理、修改。李文達認為，《我的前半生》初稿不過是一部悔罪書，並不是要出版的書。正式出版的《我的前半生》，是他們另起爐灶，並做了大量調查，翻閱了不少史料，付出了很大勞動寫成的，因而他理應享有一半的版權。

李淑賢敘撰寫紀實

在朝陽區團結湖居民樓一間狹小的客廳裡，李淑賢接受了我的採訪。談起《我的前半生》撰寫經過，她如數家珍：「1962年5月，我和溥儀結婚後，溥儀經常伏案寫作直到深夜。當時我們住在政協院內，房間很小，夜間開著電燈，我很難入睡，常對他說：『你早點睡覺吧，幹嘛那麼拚命？』他總是耐心地勸我先睡，讓我『照顧』他。當一部用鋼筆楷體字撰寫的長達 40 萬字的書稿終於在他的筆下產生之後，他高興極了。」

一天晚上，溥儀向我講述了他撰寫《我的前半生》一書的過程。溥儀說，他從 1957 年下半年起就開始為撰寫這本書進行準備了，不過

當時還沒有形成把它寫成書、拿出去出版的想法,只是想把一生的經歷寫出來,給後人留下一點歷史教訓。在撰寫方式上,他當時想得也比較簡單,即寫一段經歷,再作一篇自我批評。這樣,到1959年底特赦前,他已經寫出了一部初稿。特赦不久,周恩來總理接見了溥儀,詢問他改造期間的情況,溥儀便彙報說自己曾撰寫了一部文稿,周總理對此很重視,當即問文稿現在何處,希望溥儀能把它修改好。後來,溥儀這份尚不成熟的文稿在周總理的親自關懷下,用16開本4號字印成徵求意見稿。周總理和彭真等中央領導同志都看過這部書稿,他們對書稿既有熱情的鼓勵,又有中肯的批評,在這個基礎上,溥儀又幾經修改,終於寫出了《我的前半生》。

溥儀在撰寫工作中認真細緻、一絲不苟,核實了各種各樣的歷史資料。他在有關部門的支持下,翻閱了二、三十年代著名遺老陳寶琛、鄭孝胥、胡嗣瑗、劉鳳池以及莊士敦等人的奏摺、信札等檔案資料;尋查了報導過有關事件或清室新聞的中外報刊;翻譯並閱讀了在世界各國出版的用英文、日文或中文寫成的有關溥儀生平的著作;還看過由四弟溥任保存的攝政王載灃日記以及鄭孝胥的日記。溥儀為了撰寫《我的前半生》一書,在搜集、鑑別資料的過程中,付出了艱苦而可貴的勞動!當然,溥儀撰寫回憶錄的成功,也是和黨的鼓勵、人民的支持、特別是許多知名和不知名的同志給予具體幫助分不開的。例如,老舍曾在《我的前半生》書稿上修改潤色;溥傑則在特赦前和特赦後不倦地幫助溥儀回憶並認識一些過去的事件;李文達同志也從編輯的角度幫助溥儀修改過書稿,還有許多專家提出過意見,許多親屬提供過資料,所有這一切溥儀都沒有忘記。當他領到稿費的時候,首先想到要拿出一部分酬謝曾

在寫作過程中付出了勞動的人……

李文達談成書經過

一天傍晚，我如約來到正義路的一座宿舍樓。李文達同志已在他小小的書房裡等候了。

一進門，首先映入眼簾的是牆上懸掛的大條幅，上面寫著：「四載精勤如一日，揮毫助我書完成。為黨事業為人民，贖罪立功愛新生。書贈文達同志。一九六四年仲春溥儀。」

李老已年過花甲，在他那稀疏的華髮上，歲月留下了明顯的印記。然而，他那清癯而又紅潤的面孔，炯炯有神的雙眼，洪亮有力的聲音，說明他仍是個精力充沛的作家。談起《我的前半生》創作經過，他滔滔不絕：

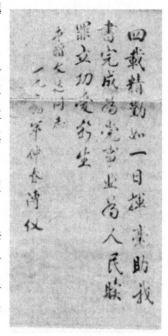

說起《我的前半生》的來歷，可以追溯到 50 年代。那時，戰犯管理所中在押的日本戰犯，由於受到人民政府的教育和改造，對他們過去的罪行有了認識，自發地寫起了懺悔性質的回憶錄。後來，偽滿戰犯也寫起了這類文章，題目都是《我的前半生》。溥儀寫不了，是由溥傑代筆的。脫稿於 1957 年，共40 萬字，主題也是認罪和懺悔。這份懺悔錄說明我們確實改造好了一個『皇帝』。溥儀過去在蘇聯和在東京國際法

庭上不敢承認的一些罪行，在這份懺悔錄中都談了出來，這很不
容易。這是勞改戰線的一大成就，至少對政法系統是有研究價值
的。因此，大約在 1960 年初印了 7000 份，供內部研究。

當時，群眾出版社曾經考慮把這部稿子公開出版。但是，稿子
只寫到 1957 年，從那時到 1959 年溥儀受特赦時為止的兩年半沒
有涉及。而且稿子的內容主要是認罪性的檢討，有血有肉的情節
太少。還有，歷史部分主要依據的是一本什麼「演義」，許多史
實不可靠。如果能再加工一下，刪去空洞無用部分，補充改造生
活的細節，理清思想變化的脈絡，那麼，這本書就會有更多的社
會意義了。

1960 年 1 月，我們把溥儀請到了出版社，向他談了上述想法。
他很高興，當即表示，如果出版社能夠幫助他核對史實，並且把
內容補充到 1959 年特赦，那是求之不得的。當時的設想是，把原
來單純的認罪和懺悔改變為通過一個皇帝的變化，反映勞改戰線
的成就。這是第一次深化主題。

出版社把整理和補充原稿（懺悔錄）的任務交給了我。當時溥
儀在北京植物園勞動，我便住進了離植物園不遠的香山飯店。每
天上午他在植物園勞動，下午到香山飯店與我共同商量提綱，記
下待查的問題。談完後我們一起到餐廳吃飯，邊吃邊商量下一段
的提綱。每天這樣，星期日也不休息。時間在 1960 年 4 月 24 日至
7 月 15 日之間。

這樣搞了兩個多月，雖然寫成了 15 萬字的新稿，但是，有很多
問題有待解決。因為，溥儀提供的大多是抽象的概念，聽起來不

得要領，尤其是特赦前兩年的情況更說不具體。我提出重新寫作的想法。這個建議得到公安部領導的同意和溥儀的贊成。於是，7月18日我親自到東北戰犯管理所以及溥儀參觀過的幾個地方去調查。這項工作得到戰犯管理所的大力支持，特地把老所長請回來，過去的監管幹部也從外地調回來。當時仍在押的偽滿戰犯也提供了大量素材。由於他們的幫助，使我們掌握了許多生活細節，特別是對「皇帝」的性格有了一定的瞭解。通過調查，我對改造「皇帝」的艱鉅性有了認識，比如溥儀怕死，為什麼怕死呢？原來他一直有一個信念，認為他是大清江山的象徵，保住了他就等於保住了大清江山。他時刻想著復辟，因此改造的過程中充滿了改造與反改造的鬥爭。調查回來後，我明確地感到原稿不能用，得另起爐灶。於是，我和溥儀重新商量改寫提綱，主題從原來單純地寫『皇帝』的變化改成通過改造與反改造的鬥爭，反映共產主義思想對人的靈魂的改造，通過這位『皇帝』的現身說法，反映時代，反映歷史發展的必然道路。這是第二次深化主題。

東北之行僅僅是調查的開始，全部調查用了整整 3 年時間。這期間，我幾乎把全部時間用於組織調查，翻閱第一手原始資料，找溥儀的家族和有關人士談話。同時，編輯部也投入了不少人力，經常是 3 個人，最多時超過 10 人。跑了上千公里的路，查閱了成噸的資料檔案。出版社花了不少錢，買下了全套《北洋畫報》。我們還到首都圖書館查閱了《清史稿》、《大清會典》；僅我一個人就看了近 200 米的顯微照片；調查了太監及皇族的後代，溥儀乳母的乾兒子等。在這個基礎上，1962 年 6 月印出第一稿大字本，同年 10 月修改後印成第二稿大字本，1963 年 7 月將三

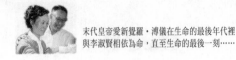
稿付排。政協曾組織了幾次座談會，徵求著名歷史學家的意見，核對史實。經過3寫其稿、3改其版、9次校對，終於在1964年的3月正式公開出版發行了。溥儀拿到樣書十分激動，在我的樣書上寫了一段熱情洋溢的話，還給我寫了一個條幅。可惜『文革』中抄家都被抄去了，後來只找回了牆上掛著的這個條幅，樣書卻找不到了。

我為《我的前半生》的出版，確實費了許多心血，但國內卻很少有人知道我起的作用，不過國外早有人猜測這本書不是溥儀一個人寫的。

這時，李文達隨手拿出兩份資料，遞到我面前：

一份是1965年英國《東方及非洲研究學院公報》上加籍華人陳志讓（傑羅姆‧陳）的文章〈中國的末代皇帝〉中說「本書寫得頗有文采，雖然語法偶爾還有毛病，但詞藻華美的段落是經常可以遇到，像這樣的段落（略）不是溥儀那支外行禿筆所能寫出的。至少有一位專業作家在旁邊把關。由於前後文風一致，恐怕作家也只是一位了。除文采之外，本書在歷史事實上也是準確可靠的，細節經過仔細核對，事件巧妙地編排得順暢有序，每一事實和觀點都經過掂量並用歷史唯物主義來作解釋。這些都是高明的歷史學家才有的本事……」

另一份是英國人亨利‧麥卡利維，在1966年英國《中國季刊》第27期上〈從皇帝到公民——愛新覺羅‧溥儀自傳〉一文中說：「他創作了一本真正的書。『創作』這個字眼也許太重了些，因為沒有人會真正相信像這樣一部作品的完成——不說必要的研究工作——是他獨立完成的。但不論會是哪種情況，他所經歷的故事，無疑是多年來在中國出現

的最令人感興趣的一部著作。」

當時，出版社總編輯曾就署名問題徵求我的意見，政協的申伯純同志也建議署上我的名字。我說，稿子雖然是我執筆的，但寫的是溥儀的經歷，溥儀提供了資料，書的構思和寫法都是和他一起商量的，還是署溥儀的名為好。整本書都沒提到我。當時只考慮了宣傳效果，沒有想到責任問題。

當時書上雖然沒有署我的名字，但是，出版社還是把我當作作者之一對待，在稿酬的分配上，我和溥儀每人得了一半。如今溥儀已作古23年了，講清作者的真實情況，不僅是對書本身，對國內外讀者都是必要的。國家版權局的同志問我是否有本書的構思提綱，有提綱才能證明我是作者。我說有。「文化大革命」中，我的許多材料都被抄走，幸好這本書的構思提綱保存了下來，沒有毀掉。

李文達說到這裡，又拿出了國家版權局1985年第6號文件讓我看：「事實和大量的其他有關材料證明此書是溥儀和李文達合作創作的，他們之間的關係不是作者與編輯的關係，而是合作作者的關係。文化部1984年6月頒發的《圖書、期刊版權保護試行條例》第7條規定：『兩人或兩人以上共同創作的作品，版權歸作者共有。行使版權和分配報酬的辦法，由作者協商解決。』根據上述規定，《我的前半生》一書的版權應歸溥儀與李文達共有。」

以後，我被派到甘肅去參加整社，其間突然奉調回京，弄得出版社的同事都感到突然，以為我是擅自回來的。這時，領導幫我解釋說：「是陳毅同志批准回來的。」原來是外文出版社打報告

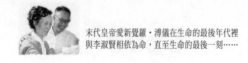
要求調我回來，要我幫助《我的前半生》的對外出版。

糾紛的起因和發展

《我的前半生》版權糾紛始於何時？李文達認為是從拍攝《末代皇帝》電影引起的。

李文達說：1984年3月27日，外文出版社與義大利羅馬想像影業公司簽訂了將《從皇帝到公民》（《我的前半生》的外文譯名）改編成電影的協議。簽約之前，外文出版社曾徵求過群眾出版社的意見，因義方尊重原著，尊重中方的版權，當時文化部《圖書、期刊版權保護試行條例》尚未頒布，群眾出版社原負責人又認為《我的前半生》是組織上指派我和溥儀共同創作的，群眾出版社花費了大量人力、物力和財力，屬於職務作品，稿費已於1964年一次付清，版權在出版社，因而同意由外文出版社代表辦理。我當時已是離休幹部，但因是《我的前半生》作者之一，被義方與合拍公司聘為該片歷史顧問。我與義方接觸只談歷史與劇本，從不參與任何談判，也從未提任何個人要求。但從那時起，與李淑賢的矛盾卻逐漸產生了，其背景與香港導演李翰祥的兩次碰壁有直接關係。

李文達說：1984年3月30日，李翰祥通過朋友把我請到了西苑飯店。在李翰祥的活動房屋裡，李翰祥說義大利拍溥儀的前半生，他要拍溥儀的後半生，想請我幫助。我介紹了溥儀的情況，建議李翰祥找我寫的一篇報告文學（〈從一個人看一項偉大的工程——溥儀後半生採訪散記〉，載《啄木鳥》1980年創刊號）參考。我還提醒李翰祥，拍溥儀的戲別忘給李淑賢報酬。李翰祥忽然說：「你是《我的前半生》的真正作

者，你有版權，外國人改編就要給你錢，你寫個版權委託書給我，我在香港給你登記，外國人要改編，我給你要錢！」李翰祥還大罵合拍公司拒絕他拍《末代皇帝》。

李文達說，直到這時我才知道，報紙上登了中義合拍簽訂協議的消息後，李翰祥去找合拍公司，想把《末代皇帝》影片的拍攝權要過來，被拒絕了，故而大怒。現在李翰祥是想從我身上搞點小動作。我婉言謝絕了李翰祥的「好意」。李翰祥又說：「咱們現在從坐在沙發上談話開始，用攝像機（就在活動房屋裡）攝下來，作為電影的序幕，然後倒敘⋯⋯」原來李翰祥想名為拍「後半生」，實則把《前半生》也拍進去。李文達愈想愈不對，就拉起那位朋友告辭了。

次日，李翰祥的下屬打電話請李文達去西苑飯店，說李導演決定用他的那篇文章拍《火龍》，他謝絕了。李文達考慮，李翰祥在合拍公司碰了壁，又在自己這裡碰了壁，很可能還要找李淑賢，使用一下對他使過的手法，李淑賢沒經驗，可能上當。於是，在第二天他請群眾出版社的趙中同志（參與有關合拍事務的）陪他去找了李淑賢。李文達談：現在有三家外商（義、美、港）爭拍《末代皇帝》，這種事要有國家出面去談，不要個人採取行動。把《前半生》搬上銀幕意義重大，我們要依靠組織，如果有人來找，就和我們聯繫。特別是涉外活動更要慎重。李淑賢表示從未個人參與外事活動。

5月29日，義方製片人喬萬萊宴請李淑賢、李文達及外文、群眾兩出版社的代表並照相，李淑賢表示支持中義改編合拍《我的前半生》（即後來的《末代皇帝》）。事後義方代表又走訪了李淑賢，並贈送禮品，以表達對李淑賢支持義方改編拍片的感謝。

但是沒過幾天，李淑賢就變了卦，置對義方的承諾於不顧，未經任何主管部門同意，也未向文化部出版局備案，便匆匆忙忙於6月5日和李翰祥在西苑飯店簽訂了拍攝《火龍》的合同，並以一萬元人民幣作代價，將《我的前半生》及溥儀和李淑賢的所有著作出版、再版、翻譯其他各國文字及電影、電視拍攝的權利賣給了李翰祥，並於6月9日寫了委託書，委託李翰祥在海外辦理登記。

李翰祥拿到李淑賢簽署的合同及委託書以後，如獲至寶，即在香港出示給記者。7月12日香港《明報》作了報導：「李翰祥提出聲明，表示擁有海外版權委託書，並拍溥儀生平的故事片，其他公司在中國以外放映，即侵犯版權。李翰祥表示，6月5日在北京西苑飯店與溥儀的遺孀李淑賢簽約，並取得委託書，但凡有關溥儀的電影、劇本、電視劇、翻譯等任何文學著作，除了他可以拍攝之外，任何人觸犯，他有權代為追究。」

於是，義方向中方質問，合拍公司向出版社質問，義大利大使向中國外交部提出照會。甚至，中義兩國總理在羅馬會晤時，義方也對此表示了關注。中國文化部長訪義時，對方部長也提出來。為此，有關各方面曾多次向李淑賢做工作，要求澄清事實，她根本聽不進去。

李文達說，我就是這樣捲入了這場糾紛中來的。

唇槍舌戰的法庭辯論

今年2月27日，北京市中級人民法院公開審理了《我的前半生》版權糾紛案。在長達4個多小時的審理過程中，雙方各抒己見，在法庭上展開了一場激烈的舌戰。

　　原告李淑賢的訴訟代理人、北京市朝陽律師事務所律師王亞東、北京市經緯律師事務所律師張赤軍對李文達為《我的前半生》所做的大量工作沒有異議。但是，正式出版物上只署名溥儀，現未有任何材料證明溥儀同意與被告共享版權。

　　他們認為，溥儀與出版社之間存在委託代理關係。出版社接受公安部領導指示，向溥儀提出「幫助整理、修改、出書」的要約，溥儀欣然同意，應視為對出版社要約的承諾，即委託出版社幫助自己整理並修改「灰皮本」，並正式出版。由於出版社沒有向溥儀發出「合作創作，共用版權」的要約，也未在「幫助出書」要約中向溥儀主張版權，因此，出版社與溥儀間不存在合作作品的法律關係，不存在溥儀放棄委託作品版權的意思。溥儀是委託人，出版社是受託方（即代理人）。依委託代理關係的法律規定，代理人應以委託人的名義活動，代理活動產生的權利或義務由委託方享有或履行。沒有特殊的約定，代理人無資格向委託人主張權利。本案中溥儀此時系《我的前半生》唯一的版權享有者。李文達身為受託方出版社的職員，接受出版社指派，享受出版社提供的工作條件，領取出版社的工資，從事職務性勞動，即具體完成出版社受託的代理事項，更無資格向溥儀主張版權。他不具備受託方法律地位。

　　被告「另起爐灶」是經溥儀同意的，寫作對象仍是溥儀，這一切符合委託人意志；此外，被告繼續享受出版社提供的工作條件，從事職務性勞動。這說明：出版社作為代理人對「另起爐灶」計畫的同意，得到了委託人溥儀的認可，被告繼續為出版社受託的事項從事具體勞動。在出版社並未向溥儀主張版權前提下，被告仍處在被指派的地位上，不

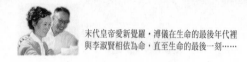
具有受託方法律地位。至今未獲得被告與出版社脫離上述法律關係,與溥儀達成「合作協議」的證據,至今也未獲得有什麼人或單位以及被告本人徵得「合作作者」之一溥儀的同意共享版權的證據或被告作為不署名作者的任何證據。被告不具備合作作者法律地位。此外,出版社在1985年1月北京第10次重印發行的《我的前半生》中「說明」裡以及向法院提交的「關於《我的前半生》版權歸屬意見」裡,亦從未申明自己享有《我的前半生》之版權。可以結論:出版社對《我的前半生》不享有版權,沒有基於自己享有版權而處分這一權利的資格。

他們希望法院,在目前我國尚無《版權法》之時,依據《民法通則》有關法規、政策及國際慣例、法學原理確定《我的前半生》不是溥儀與被告的合作作品,被告更不應該依其職務性勞動越過出版社向溥儀主張版權,溥儀對《我的前半生》獨享版權。李淑賢是溥儀的唯一法定繼承人,在溥儀逝世後亦應獨享《我的前半生》的版權,並維護溥儀版權中的人身權利。

被告李文達的訴訟代理人、天津市對外經濟律師事務所第二法律顧問處律師李淳認為,李文達在寫《我的前半生》時,由溥儀提供素材,李文達記錄,然後再由李文達調查研究,擬出提綱,經公安部領導同意後,再由李文達執筆。在寫這本書時,李文達不是以編輯的身分幫助整理,而是以作者的身分直接進行了主題的深化、體裁的確定、題材的取捨、人物性格的剖析、篇章結構等創作性勞動,做出最直接最實質性的貢獻。以上事實在群眾出版社《我的前半生》一書書檔裡均有記載(包括李文達另起爐灶重新創作的彙報提綱,《我的前半生》一書修改情況彙報紀要、構思圖表及李文達執筆的書稿等)。

　　儘管溥儀的親身經歷和思想感受是不能由別人替代的，但這種經歷和思想感受都是可以和別人共同通過一定的形式被表現出來。不但可以表現出來，而且還會受到版權（或稱著作權）上的保護。至於說「如果李文達是作者，實質是否定了溥儀思想變化的真實性，也否定了《我的前半生》一書的價值」，這種說法亦不能為否定李文達的合作作者身分提供任何依據。因為思想變化的真實性和書的價值只能以客觀事實作為標準，與主體身分無關。

　　大量的書證、證人證言以及對原「灰皮本」與現在訟爭的《我的前半生》的比較都足以證明，李文達對《我的前半生》所付出的創造性的勞動是不容抹煞的。

　　負責受理此案的審判長王範武接受記者採訪時說，在《我的前半生》創作年代，人們沒有版權意識。因此，在審理此案過程中，既要參照我國現行的有關法律規定，也應該考慮當時的實際情況，更不能脫離該書創作的客觀環境和歷史事實。

　　他認為，我國版權立法的指導思想是，鼓勵各種形式的文學、藝術和科技作品的創作，並保護創作者的合法權益。從這個意義上講，創造者的創作無論是否具有職務性，都應予以肯定，其應享有的權利，法律要予以保護。李文達在幫助溥儀修改《我的前半生》灰皮本時，通過調查走訪，感到有些史實不準確，角度不高。因此，重新構思了非常細緻的提綱，這無疑說明，他對《我的前半生》恰恰付出了創造性的勞動。

　　王範武表示，儘管此案還沒有終結，但最終判決結果，將盡可能不與即將出台的《版權法》相衝突。

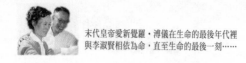
《我的前半生》版權最終是溥儀獨享？還是他與李文達共享？人們正期待著。

（原載《法律與生活》1990 年第 9 期）

苦命「皇后」

——李淑賢充滿辛酸和淚水的身世

張學珍

眼前這位老人，就是我要採訪的「皇后」，她同北京居民樓中進進出出的退休老太太沒有什麼兩樣。她 65 歲，身高約 1.6 米，身材適中，穿一件普通的毛外罩，齊耳的短髮稍有彎曲，眼睛明亮，給人一種慈祥的感覺。

小憩一會兒，我「參觀」了她的房間———一套無廳的兩居室偏單元住房。陰面 7 平米小屋內，放了一台冰箱，一老式的大衣櫃，衣櫃上還擺著箱子，還有一張單人床，東側是雙人沙發和一茶几，對面放的是三人沙發，三人沙發旁邊的電視架上有一台 12 英寸黑白電視機，採光最好的南側有一個小方櫃及一張寫字台，寫字台上擺著周恩來總理接見溥儀及李淑賢時的合影照片。室內最引人注目的是擺在小方櫃上的一張約有十五、六寸大小的黑白照片，照片上那位戴著眼鏡，看上去很斯文的先生就是名揚天下的末代皇帝愛新覺羅‧溥儀，他左邊的那位女士就

是他的妻子李淑賢。李淑賢時常要在這裡接待一些社會名人及外賓。

1924 年 9 月，李淑賢出生在以「人間天堂」著稱於世的浙江省杭州市。她的爸爸在上海一家中國銀行工作，母親是位家庭婦女，還有一個長她十幾歲的哥哥。那時，家裡生活比較拮据，爸爸每月只從上海回來一兩趟，送點錢就走。由於錢送得很少，正常的生活難以維持，更何況哥哥還要上學呢。媽媽只好給人家做些針線活，掙點錢貼補家用。

媽媽很會過日子，除過年吃點肉外，其他時候都食素。李淑賢至今還記得很清楚：媽媽時常背著一個筐，帶她和哥哥到郊外去挖野菜，吃不完就曬成乾，以備冬天食用。她家的小院裡種了很多竹子，竹筍除平常食用外，還要存一部分作過冬食品。

媽媽有些重男輕女，對哥哥特別好，爸爸則喜歡女孩。

哥哥即將高中畢業，寒假自己隻身到西湖公園遊玩，回家後突發高燒，翌日，猝然死去，年僅 19 歲。這一突發性的事件，無疑是對媽媽致命的一擊。

哥哥一去，媽媽的精神徹底崩潰了，終日瘋瘋癲癲，喜怒無常，母女倆的生活從此更加艱難。兩年後，媽媽病逝，死時還不到 40 歲。憶及此，李淑賢淚眼汪汪，她說：「媽媽死時我剛 8 歲，正在杭州上小學。8 歲，正是在媽媽懷裡撒嬌的時候啊！」

李淑賢在杭州無依無靠，爸爸便把她接到了上海。

在上海，有一個女人跟爸爸住在一起。李淑賢猜想他們可能在一起生活了好長時間。在這個陌生的家中，爸爸讓她管那個女人叫媽媽，她不叫，心想：媽媽剛死，怎麼又來一個媽媽呢？爸爸還是硬讓她叫，

告訴她:這是為她找的繼母。

繼母有個兒子,比李淑賢小一點,兩人在一起玩耍時,一旦打架,繼母知道後,總是不分青紅皂白對淑賢就是一頓打,有時也讓弟弟上手「報仇」,還威脅說:不許告訴爸爸,若是告訴了,等他一上班,我就打死妳。她害怕,挨了打也不敢向爸爸訴說,只有睡覺時暗暗抽泣,有時哭著哭著就睡著了,第二天醒來眼睛又紅又腫。有一次,被爸爸發現了,問她是不是挨打了,她點點頭。

爸爸因妻子虐待淑賢,經常與其發生口角。吵架過後,爸爸整日生悶氣,身體愈來愈差,就在李淑賢14歲的那年,爸爸離開了她。

從此,兇狠的繼母更加肆無忌憚。她給李淑賢立下幾條家規:第一、每頓飯只能吃一小碗,不准多吃;第二、吃飯只能吃次的,不許吃好的;第三、吃飯不許上桌,自己在廚房吃。正處在成長發育時期的李淑賢,每餐一小碗飯無論如何也吃不飽,實在餓得支持不住了,就趁繼母不注意時,偷偷吃點零食。一次,繼母燉了一鍋紅燒肉,放在廚房內,李淑賢見繼母向外張望,急忙挾了一塊肉放到嘴裡。吃完,抬頭窺視繼母,她嚇呆了,只見繼母怒目圓睜,手持木頭拐杖向她走來,對準她就是一棒,鮮血瞬間順著她的頭頂淌了下來,上衣被鮮血染紅了一大片,繼母這才又抓了幾把香灰把她的傷口堵住。

一個女同學,與李淑賢住一個弄堂,她倆同班,很要好。李淑賢輟學後,兩人依然經常往來。同學的父親有權有勢,常有一些人光顧她家,其中有一位胖胖的資本家,是同學父親的好友,李淑賢找同學玩時碰到過他幾次,這個人非常喜歡李淑賢,叫她「小妹妹」,誇她長得漂亮。

有一天，同學的父親與這個人的談話被同學聽到了，並轉告給李淑賢。原來，那人想娶她做姨太太。

同學的母親也專為此事登門告知繼母。繼母一聽，臉上頓時堆滿了笑。

一天，繼母和顏悅色地對她說：「妳看，妳爸爸去世了，咱家經濟上也不行了，媽媽現在也沒有錢，讓妳跟著受罪……妳知道嗎，在同學家遇到的那位伯伯看上妳了，想娶妳。妳若是嫁給了他，會享一輩子福，他有的是錢，會給妳買洋房、買汽車、買新衣服穿。」一心想藉李淑賢發財的繼母，對她又是哄又是騙。

時隔不久，繼母說帶她到一家頗有名氣的飯莊吃飯，還特意為她修飾打扮了一番。走進飯莊，李淑賢老遠就瞅見同學的爸爸、媽媽及那個稱她「小妹妹」的人圍坐在那裡，她的心一下就提到了嗓子眼。

一桌子人坐定，有說有笑，互相勸酒吃菜，唯獨李淑賢望著那一桌豐盛的宴席沒有一點食欲。

回到家中，繼母乞求一般地說：「妳就同意了吧！」「妳打死我也不同意。」繼母看軟的不行又來硬的：「不同意就打死妳，不給妳飯吃。」講到這裡，李淑賢滿臉怒氣地對我說：「這個資本家比我爸爸還要大許多歲，我怎能嫁給他呢？」

1949年全國解放後，李淑賢參加了文化補習。一天，她瀏覽報紙時無意中發現一則招考護士的簡章，她決心試試。不曾想，事遂人願，她竟榜上有名。皇天不負苦心人，經過兩年奮鬥，她順利通過各門功課考試。畢業後，經熟人介紹，她先到一家私人診所工作，後又來到朝陽

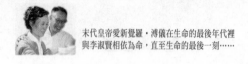

末代皇帝愛新覺羅・溥儀在生命的最後年代裡
與李淑賢相依為命，直至生命的最後一刻……

區關廂醫院。這期間，她與第一個丈夫解除了婚約。

第一次婚姻以失敗而告終，對李淑賢打擊很大，她曾因此一度精神頹唐。有人曾多次為她提親作媒，都被她婉言謝絕。 1962 年 1 月，一個偶然的機會，經文史資料專員周振強和人民出版社編輯沙曾熙的熱心撮合，她與溥儀相識了。

（原載《三月風》1992 年第 2 期）

我為李玉琴和李淑賢搭橋

王慶祥

1986年3月24日，深圳新園大酒店。

會客大廳內的四壁掛滿了即將在香港首映的《火龍》一片的設計漂亮、印刷精美的海報或劇照，給富麗堂皇的大廳添了色彩。

上午8時整，中國歷史上最後一位「貴人」李玉琴和溥儀特赦後的妻子李淑賢，由人們簇擁著在大廳內醒目的主位席落座。還沒等她們坐好，港澳和內地幾十位新聞記者便卡嚓卡嚓地搶起鏡頭來了。她們坐在一起會見中外記者實在是第一次，是個歷史的記錄。記者們提出許多問題，詳細詢問兩位女士的家庭生活、社會活動和興趣等等，還掏出自己的小本子請她們簽名。在大廳內的各個角度上都有記者的鏡頭，一個多小時的時間裡，曝光的快門聲幾乎沒有停止過。這次不尋常的記者招待會的場景，特別是李玉琴和李淑賢並肩同席的鏡頭，伴著《火龍》的公映，很快就轟動了港澳地區和全世界許多國家。

記者招待會過後，李玉琴和李淑賢又一起出席了《火龍》導演李翰祥舉辦的盛大午宴。李太太張翠英女士也出席了午宴。早在四、五十年代，她已是電影圈中的明星了，今天看上去風韻猶存。在座的還有李導演的兩位女公子：李殿朗小姐在《火龍》中飾演婉容皇后，李殿馨小姐在《火龍》中飾演「福貴人」李玉琴。剛剛看過樣片的李玉琴認為，

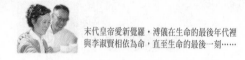
李殿馨小姐對於四、五十年代中國東北的歷史背景還不甚瞭解,對她當時的心態也難得有切身的體會,她說「李小姐本人倒比影片中的扮相更好看些」。李淑賢則對飾演自己的潘虹以及飾演溥儀的梁家輝都有讚詞,《火龍》勾起了她對往事時而輕鬆、時而沉重的回憶。

李翰祥是大忙人,宴後即率隊返港,臨行贈送李玉琴和李淑賢每人一盒廣州特產糖,並讓人陪同兩位女士在深圳和廣州玩玩。

3月25日,李玉琴和李淑賢乘車前往沙頭角十字街。此時此刻,東北大地還是白色的、冰凍的,而這裡漫山遍野青翠欲滴。特別是一路上有很多香蕉樹,頗對李玉琴的口味,她說這回可真過了香蕉癮。李淑賢本是南國女兒,自有蘇杭靈秀,但深圳也是頭一次來,對這裡的景物同樣感到新鮮。車窗外,在山坡上拉起的一道鐵絲網漸漸地進入視野,陪員介紹說,這就是香港和深圳的界網,十字街已在眼前。

十字街寬約10餘米,是條規模不大的商業街,集中售賣各種成衣、化纖衣料和日用品。因為地處邊境,半屬香港,半屬深圳,商品價格低廉,如化纖類能比內地便宜一倍,所以,這裡成了服裝個體戶出沒的地方。當然,沒有邊防證就不能通過設在出入口處的邊防哨卡。李玉琴和李淑賢逛了幾家小商店,選購了自己喜

李玉琴與王慶祥,攝於1984年前後

歡的紀念品，又吃了一頓午飯，稍憩即往蛇口，入覽設在一條大船上的
遊樂場。兩位女士興致勃勃地先後站到一架很大的望遠鏡前，遠方一片
高高低低的樓海陡然間被挪到近處，讓她們驚奇地觀覽了被稱作東方明
珠的香港。此時彼地，或許李翰祥導演正在《火龍》的首映式上大侃這
兩位影片所述的歷史主角吧！

　　3月26日，李玉琴和李淑賢來到廣州觀光。街上的姑娘們穿著各
式長裙或鮮豔的花色旗袍，緊裹腿部並一直伸向腳面的針織長褲，當年
剛剛流行。小夥子們多數穿花襯衫，若在北方就笑死人了。商品可謂琳
琅滿目。然而，兩位女士相中了的，大多要收港幣或外匯兌換券，所以
買不了。生活費用也太高，旅館、餐館、理髮店，處處令外地人咋舌。
現在看來，那裡只是開放較早罷了。

　　李玉琴和李淑賢一起參觀了集飯店、賓館和百貨商場三位一體的
花園飯店，這裡不失為國內外富翁的小天堂，而對兩位女士來說，更喜
歡的，並非飯店的富麗，卻是花園的美麗。這裡有火紅的山茶花，葉子
肥大的芭蕉樹，還有杜鵑等盛開的鮮花，令人流連忘返。

　　羊城三日的觀光很快過去了，李玉琴想順路赴上海看望公婆，李
淑賢則直飛北京，兩位女士就此一別，結束了這一回因《火龍》首映赴
李翰祥邀而成行的深圳雙雙旅遊。

　　李翰祥是香港著名導演，拍了30多年電影，也是影界一富翁，別
說邀請兩位女士走一趟深圳，就是上全世界轉一圈兒，恐怕也算不得什
麼。然而，能讓李玉琴和李淑賢這兩個人走在一道、坐在一起、吃在一
桌、玩在一處，這可實實在在不容易嘞！若不是9個月前我已在她們兩
人中間架設起一座握手通過的橋樑，恐怕李翰祥也難導這齣人間喜劇。

萬千關心我的讀者知道，早在1984年春，我就幫助李淑賢整理出版了她的回憶錄《溥儀與我》，這本書先後發行了100多萬冊，且經許多報刊連載，傳播甚遠。1989年夏，我又幫助李玉琴整理出版了她的回憶錄《中國最後一個「皇妃」》，也有很大的影響。這兩本書還先後被改編成電影，搬上了銀幕，前面提到的《火龍》就是根據《溥儀與我》改編的。

　　作為溥儀生平的研究者，我以自己能夠獲得溥儀生前曾與之有過最親密關係的兩位女士的信任和合作而感到幸運，同時，又為她們兩人始終不能擺脫陳年老帳的糾纏而遺憾莫名。

　　所謂陳年老帳，可以追溯到1965年9月上旬。李玉琴隨同在市廣播電台工作的丈夫黃毓庚返滬探親，回長春時李玉琴抱著3歲的兒子特意繞路北京，在一直保持來往的毓嶂（恭親王溥偉第八子）家中住了幾天。她想起與溥儀離婚時曾約言「今後以兄妹、朋友相處」，遂寫信寄到全國政協機關，真誠希望能與近在咫尺的溥儀見上一面。結果卻像泥牛入海，永無下文了。李玉琴頗為生氣地返回長春，在她看來，溥儀的地位變了，把分手時說過的話全忘了，甚至又擺出了皇帝的架子，太絕情。一年以後，浩劫襲來，遂發生了在協和醫院和人民醫院病房內李玉琴和李淑賢面對面舌戰的難堪場面，這在兩人的回憶錄中都有記述，無須贅言，只是兩位女士由此結怨：李玉琴認為對方不理解自己背負歷史包袱的苦楚，李淑賢則認為對方不該在溥儀重病纏身的時刻還來添亂。這說不清、道不明的歷史糾葛，把兩位女士整整困擾了20年。

　　我與李玉琴和李淑賢各自接觸，算個知情人。因為這個有利條件，我得以密切注視兩位女士和解的時機，時機終於來了。

1985年6月，李玉琴因公赴京，下榻於上園飯店。恰好我也在京，遂向李淑賢建議，希望她能同意見李玉琴一面。一年前，我和李淑賢一起跟李翰祥簽訂了拍攝《火龍》的協議，在這部描寫溥儀後半生生涯的影片中，李淑賢和李玉琴的銀幕形象將同時出現，億萬觀眾也將因此而熟悉她們。在這種情況下，兩人不該總是彆彆扭扭的，應給社會以好的影響。李淑賢是位識大體、顧全局的開明女士，立刻表

1985年6月，在北海公園，李玉琴拍下這張照片

示接受，並提出邀請李玉琴聚餐。我十分高興地把這一歷史突破性的資訊迅速送達上園飯店。

「李淑賢有意邀請妳到家吃頓便飯，不知妳能否接受邀請？」問話出來，李玉琴卻一時語塞，我看出她正猶豫，遂加以勸導，「妳們是因為溥儀而從歷史上聯繫起來的兩個人，在那個特定的時期，妳和溥儀的婚姻關係存在了10幾年，溥儀特赦後是李淑賢照顧了他的晚年生活。現在，溥儀已經去世多年，妳們兩人應該像朋友似的相處才對。」

「好吧！我接受邀請，我也應該去看看溥儀特赦後重建的新家啦。」李玉琴終於做出決定。

6月10日下午，我和李玉琴照約定一起來到北京東城，輕輕敲開了團結湖畔一扇米色的房門，李淑賢熱情地把我們迎進屋內。

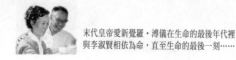
這是一套具備暖氣、煤氣和上下水道的兩居室單元樓房，佈置典雅。敞亮的陽面大屋中，靠東牆是一套單人沙發、茶几和一盞頂著粉紅色絹傘的落地燈；西牆一溜兒擺著雪花牌冰箱、法式長條沙發和一只兩屜櫃。櫃上放一台12英寸黑白電視機和帶架座的周恩來接見溥儀夫婦的照片。正對平台門的北牆下，新置一張單人沙發軟床，溥儀夫婦婚後離家上班的一幅照片就懸掛在床頭牆上。主人喜歡養花，窗台上一字兒排列著蘭草、天竺和海棠，還有一盆頗負盛譽的長春君子蘭，那是李玉琴決定接受邀請之後特意讓我先送過來的。

「我多次到北京，早想來看您，因為知道您的身體不好，怕添麻煩。這次您盛情邀請，我就來打擾了，真是衷心感謝！」李玉琴說。

「您到北京，就應該像到家裡一樣來玩才對。我今天真高興，買了幾條鱔魚，不知您能不能喜歡？」李淑賢說。

「我在上海公婆家吃過鱔魚，味道不錯。其實呀，我是土生土長的東北人，窮人家的孩子，吃東西從來不知道挑剔。」

「我小的時候沒有媽，也苦哇！」

兩人愈聊愈近，其間不但有溥儀這根歷史的紐帶，還有一條共同的苦根，實在是命運相連的姐妹啊！

我不會忘記1982年的春天，李淑賢曾往長春，就住在離李玉琴家不遠的吉林省賓館內。不知怎麼李玉琴也得知了消息，她後來告訴我，當時很想把李淑賢請到家中，可惜勇氣不足，似乎1967年病房的「硝煙」仍在心頭縈繞。不過，長春未能實現的會面，終於在北京實現了。

李玉琴說過，她在偽皇宮中親手給溥儀燒過菜，在通化大栗子溝

又親手給皇后婉容燒過菜，所以，自認為總有三、四級廚師的烹調水準。可是那天她看到李淑賢以東道主身分燒的十幾道菜餚以後，真從心裡佩服女主人的廚房技術，不但鱔魚清香可口，一隻雞也做出許多花樣，紅燒雞、清燉雞、炸雞塊……鮮美呀！

餐桌上，李淑賢夾起一塊雞肉放入李玉琴的小碟內，又高高地端起酒杯向她敬酒；李玉琴也挑出一片鱔魚，恭恭敬敬地擺在李淑賢的碗中，並為她斟滿一杯。

氣氛和諧、融洽、歡快。

「溥儀和您結婚之前曾寫信告訴我，若不是我當時正有身孕，行動不便，一定會來參加你們的婚禮。」李玉琴這麼說並非客套，她兒子煥寶生於1962年7月16日，溥儀新婚正值她懷胎7月、大腹便便的時候。

「聽說您的愛人非常體貼，兒子也大學畢業了，是幸福家庭，我衷心祝福您！」李淑賢出語真誠。

「看過您的回憶錄，知道溥儀晚年很幸福，多虧您呀！」雖說李玉琴跟溥儀已經離婚，還是願意看到他的生活美滿。

「溥儀的改造是黨的財富，我只是做了一點兒自己能做也應該做的事情。」李淑賢從來不曾因為跟溥儀結婚而後悔，儘管溥儀謝世太早。

你來言，我去語，一說說到1965年9月那封入了海的「泥牛信」上，李淑賢終於得到了向李玉琴說明原委的機會。原來，1965年9月正是李淑賢住院做子宮切除手術的時候，溥儀天天陪床忙得不可開交，等妻子出院回到家裡一看，簡直一場糊塗。她清理書桌上的一堆舊報紙，突然從裡邊掉出一封尚未拆口的舊信。原來，溥儀那些天忙忙叨

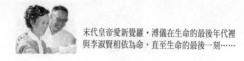
叨，每到辦公室就把桌上的報紙一捲帶回家來，卻顧不得看，又急急地奔向醫院去了，連報紙中間夾了信也全然不曉得。李淑賢拆開一看，正是李玉琴約見溥儀那封，不過，等溥儀知道這件事時，李玉琴早已離開了北京。

「如果溥儀及時看到妳的信，他會到老八家裡看妳的。」李淑賢稱呼毓嶦為「老八」。

「原來如此，當時我冤枉他了。」李玉琴這句話表明：歷史凝聚的誤會業已冰消瓦解。

氣氛更加輕鬆愉快，李玉琴和李淑賢成為朋友了，我目擊了這動人的真實一幕，為她們高興，也為她們祝福。

「今天，您為我灶上灶下地忙，我過意不去，很想幫幫手又沒幫得上，等您去長春，我一定把您接到家裡，也讓您嘗嘗我燒的菜。」

「太感謝了！我會有機會嘗到您燒的菜，學習您的烹調技術。」

李玉琴和李淑賢又從烹調談到養花，李玉琴喜歡養花，那幾年僅君子蘭就養了幾十棵。她告訴李淑賢，為了讓這種花適應北京的條件，應該怎樣澆水、施肥、保證日照時間……李淑賢傾聽著，似乎入了迷。

晚上9點半，必須趕末班車了，李玉琴躬身道別。主人向客人贈送了一套各式各樣的宮廷糕點，說是祝賀「福貴人」的新生；客人回贈了營養豐富的銀耳，希望主人健康長壽。

李淑賢送李玉琴下樓的時候，兩人挽臂並肩，相互叮嚀，出門之後還親暱無比地走了一程又一程。

於是，出現了9個月後的深圳行，出現了兩位女名人一度再度的親密交往。

如今，李玉琴和李淑賢都各自遷了新居，她們的社會地位更高了，社會影響也更大了，但上面這一段頗為珍貴的史實或許將湮沒無聞，那太可惜了。經有識的編輯指點，我立即找出當年的若干筆記資料，追記成文，公之於感興趣的讀者，此實責無旁貸也。

（原文摘登《解放日報》1992年11月17日、《城市晚報》
2001年5月7日全載）

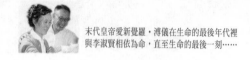
末代皇帝愛新覺羅‧溥儀在生命的最後年代裡
與李淑賢相依為命，直至生命的最後一刻⋯⋯

溥儀遺孀好孤寂

武寶生

前幾年，圍繞描寫末代皇帝溥儀前半生生活的《我的前半生》一書的版權，展開了一場曠日持久的官司。時至今日，這場馬拉松式的舊官司尚未了結，一場關於其「後半生」的新官司已經落幕。溥儀遺孀李淑賢女士花甲之年遭遇的第二場令她不快的官司。李淑賢原本滿懷信心要打贏的這場官司卻敗訴了。敗訴之後，溥儀遺孀在想些什麼？在做些什麼？兩個多月過去了，她為什麼不上訴，一直沉默不語？是承認敗訴？還是另有打算？帶著這些問題，我們專程去北京採訪李淑賢。

李淑賢好難找！先到團結湖她的原住址，鄰居說她一年前就搬走了，只知道搬到西城區了。偌大的西城區，要找一個人簡直是大海撈針。找北京市政協，說李淑賢謝絕一切採訪。託李淑賢的至交打聽，說她近期不願意接觸任何人。我們用了整整兩天的時間，終於在西直門外一棟高層住宅樓裡找到了這個末代皇帝的最後一位妻子。

這是一個極普通的兩室一廳的單元房。廳內有四把電鍍椅，一張方飯桌，茶几上有一束豔麗的塑膠花。冰箱上，端端正正地擺放著李淑賢、溥儀和周總理的合影。

我們新奇地看到，李淑賢從我們送她的桔子和香蕉中各挑一個最鮮最大的桔子和香蕉，十分莊重地擺在那張合影前。

318

李淑賢今年已經67歲了，兩鬢霜白，衣著素雅。她沒雇保母，只她一個人孤零零地生活著。也許是前不久的案子使她心灰意冷，她心情很不好。她，臉色清瘦，精神欠佳。患有腎炎、神經性耳聾。近來，常常失眠，頭痛。有時一連數日把自己關在屋裡，連門都不出。白天看看報紙、雜誌，晚上就與電視相伴，無論節目好壞，總要看到「再見」為止。

她眼眶濕濕地說：「我是一個苦命人，悲劇性人物，從小起就是一個受氣包。溥儀去世不久，一位朋友就告訴我，前面十年好過，以後的日子就難熬了。現在，真的應了那句話了！」當我們詢問她敗訴之後為何不上訴時，她嘆了一口氣說：「算啦，年齡大了，身體又不好，不打這場官司了。舊社會衙門口朝南開，有理沒錢莫進來。現在，打官司也複雜著呢！有人說，打官司是打關係，我覺得這話多少是有些道理的。不過，經過了這場官司，使我明白了許多事，認識了社會，認識了人，這是很難得的一大收穫啊！」

李淑賢平易近人，慈眉善目，熱情好客，再三挽留我們在她家吃午飯。

午飯是她親手為我們做的可口菜餚。我們想幫忙，她堅決不讓插手，不一會兒，飯菜端上來了：鮮嫩的燒雞塊，清香的素菠菜，黃蓬蓬的炸雞蛋，色美的炒三絲，鮮亮的臘腸和清淡的雞蛋湯。主食是亮晶晶的大米飯。她一邊熱情地為我們夾肉夾菜，斟啤酒，一連繼續向我們講述著她與溥儀在一起生活時的情景，以及目前的生活狀況。

其實，目前李淑賢的日子安排得相當緊湊。案子一審敗訴，就讓它過去吧，要幹的事情還很多。一個人生活，買菜做飯，洗涮涼曬，收

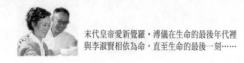
拾打掃，又要接待來訪，參加外事活動和政協會議。不久前，她剛完成
20多萬字的回憶錄《我的丈夫溥儀》的回憶資料記錄工作。前幾天，河
南安陽演出公司還多次請她去參加即興演講，露一次面少說也給一千
元，李淑賢卻淡然謝絕了：「溥儀雖然沒給我留下什麼遺產，但我也不
能為錢去當活廣告。」

當我們問及她今後還有什麼寫作打算時，她若有所思地說：「溥
儀留下的精神遺產很多，有許多東西應該整理。可是，我身體不做主，
雜事又多，干擾太大。」接著，她告訴我們，義大利一家電視台記者要
來採訪，一下提了19個問題，大都是問及她與溥儀之間的愛情生活。

「瞧，這些記者，光對這方面的問題感興趣！其實，我和溥儀在一
起的生活並不神秘。我和他，愛情倒談不上，感情還是有的。我和他結
婚時，他已經被改造成為一名普通公民，我們都是普普通通的人。」

李淑賢與溥儀一起生活的日子，相敬相愛，十分和睦。溥儀也是
一位頗富感情的男子，很懂得體貼人。每當李淑賢身體不舒服時，他總
是急得坐立不安。一會兒替她蓋被子，一會兒又為她量體溫，甚至整宿
整宿守在妻子身邊不合眼。

有一段時間，李淑賢神經嚴重衰弱，經常失眠，而溥儀睡覺時又
愛打呼嚕，李淑賢索性一個人搬到裡屋小床上睡去了。不一會兒，溥儀
便追了進去，關切地說：「我不讓妳一個人睡小床。」

「為什麼？」李淑賢問。

「我不放心，怕妳摔到地上。」溥儀說得很認真。

李淑賢告訴他：「沒事。我和你結婚前不一直一個人睡覺嗎？」

「現在不是結婚了嗎？有我，就應該保護妳。」

溥儀由於生理原因，他們一直沒有生育子女。後來，有人勸他們收養一個孩子，但因為種種原因，沒能如願。對此，李淑賢雖然覺得寂寞孤單，但並不懊悔。她對我們講：「溥儀雖然沒給我留下什麼，沒有孩子，也無遺產，但是，他對我是真心地愛。他不是皇帝，他是一位普普通通的人，一位稱職的好丈夫，有了這些也就滿足了，我不能忘卻他。」

溥儀雖然沒有為李淑賢留下什麼物質遺產，但是，他卻為社會留下了一筆重要的精神遺產，這筆精神遺產，其中還有著李淑賢的一大功勞。

最後，我們又把話鋒轉到《我的前半生》一書的版權訴訟案上來。李淑賢說，對《我的前半生》一書版權的官司，她充滿了勝訴的信心。接著，她把中華人民共和國最高人民法院的批覆件交給我們看，上面寫道：「北京市高級人民法院：你院京高法（1990）185號『關於《我的前半生》著作權糾紛處理意見請示』收悉，經我院審判委員會討論認為，《我的前半生》一書，是溥儀的自傳體作品，在該書的寫作出版過程中，李文達根據組織指派，曾幫助溥儀修改出書，並付出了辛勤的勞動，但在當時的歷史條件下，李文達與溥儀之間不存在共同創用該書的合作關係。因此，根據本案的具體情況，以認定溥儀為《我的前半生》一書的作者，並享有該書的著作權為宜。」落款是1991年12月4日。

然而，時間已經又過了一年零三個月，關於《我的前半生》一書著作權案尚未宣判。

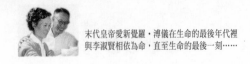
「這場馬拉松式官司，究竟要拖到何年何月才是個頭呢？」李淑賢
孤零零地坐在西直門外的家裡，拭目以待，心裡充滿焦慮和不安⋯⋯

（原載《大眾小說》1993 年第 3 期）

北京市中級法院做出判決

—— 《我的前半生》著作權歸溥儀

毛 磊

（本報訊）中國末代皇帝溥儀的自傳體作品《我的前半生》一書的
著作權糾紛，日前由北京市中級人民法院做出一審判決：這本書的著作
權歸愛新覺羅‧溥儀個人享有。

這起糾紛是溥儀的遺孀李淑賢5年前向法院提起訴訟的，她要求確
認溥儀是該書的唯一作者。本案的被告是曾在群眾出版社工作的李文
達，他在案件審理期間於 1993 年 11 月去世（時年 75 歲），後由其妻
及其子繼承訴訟。

法院在經過長時間調查取證的基礎上，作出判決：《我的前半生》
一書是溥儀的自傳體作品，在該書的寫作過程中，李文達根據組織的指
派，曾幫助溥儀修改出書，李文達在該書的成書過程中付出了辛勤的勞
動，但李文達與溥儀之間不存在共同創作該書的合作關係。因此，應認
定溥儀為《我的前半生》一書的作者，並享有該書的著作權。

　　此外，關於李淑賢要求李文達停止侵權、賠禮道歉一事，因李文達並非直接侵害了該書的著作權，故法院不支持李淑賢的這一請求。關於該書出版後的稿酬分配問題，因雙方未提出異議，法院不予處理。

　　現年68歲的李淑賢女士在她聘請的律師張赤軍、王亞東的陪同下，前往法院接受了判決書。

（原載《人民日報》1995年2月6日）

溥儀遺孀李淑賢又添新煩惱

宋　晹　鄒鳳學

　　愛新覺羅‧溥儀《我的前半生》著作權糾紛歷經數載，打贏了這場官司的溥儀遺孀李淑賢如釋重負。她說「10年眼淚沒白流」。

　　在人類歷史上的國王和皇帝中，恐怕沒有誰能夠像中國的末代皇帝愛新覺羅‧溥儀那樣，無論是在生前，還是在死後，都引起了人們的極大興趣。他那曲折跌蕩的一生，對與他同時代的人和在他之後的人來說，更具有傳奇色彩。

　　《我的前半生》這部轟動海內外的傳記文學雛形本是溥儀在撫順戰犯管理所關押期間的悔罪書。由他口述，其弟愛新覺羅‧溥傑執筆寫成了題為《我的前半生》一書。1959年，悔罪書被少量印刷成冊（因裝訂灰色封皮，稱作「灰皮本」）在小範圍傳閱。1960年初，有關部門在徵得溥儀的同意後，群眾出版社派當時正在該社工作的公安部幹部李文

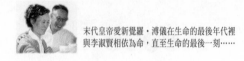
達與溥儀一起對「灰皮書」進行修改，以達到出版物的要求。1961年初，李文達和溥儀商量後，決定在「灰皮本」的基礎上，確立新的主題思想，重新組織材料和結構，重新撰寫「我的前半生」，仍用此書名，用第一人稱傳記形式。1962年《我的前半生》初稿完成。又經過數次修改、校改，1964年3月署名愛新覺羅・溥儀並由溥儀題寫書名的《我的前半生》正式出版發行。

1964年1月，群眾出版社在寫給上級部門的「關於《我的前半生》一書稿費分配的請示報告」中提出，溥儀是該書的名義作者，曾口頭提供資料，應付他適當數目的稿酬，具體意見以一半為宜，對於此書的實際執筆者李文達擬給付一半稿酬。這個意見得到上級和有關部門的認可，1.7萬餘元的稿酬在均分給溥儀和李文達後，雙方均未提出異議。

1989年，李淑賢向北京市中級人民法院提起訴訟。她認為李文達以《我的前半生》作者的身分公開發表講話，對外做出各種承諾，在國內外造成影響，嚴重侵害了溥儀的著作權。要求李文達立即停止侵權行為，公開聲明致歉並賠償經濟損失，確認溥儀是該書的唯一作者。

李文達則針鋒相對，要求法院確認他是《我的前半生》的合作作者。

市中級人民法院曾於1990年2月27日開庭審理此案。在此之前，李淑賢和李文達已經打了近6年的「筆墨官司」。而這「官司」的由頭又要追溯到80年代初興起的「溥儀熱」。《我的前半生》作為暢銷書一版再版，不斷加印；義大利、香港競相拍攝「末代皇帝」。這些現象都實實在在地觸及到了這本書的版權問題。

由於《我的前半生》一書是歷史時期的特殊產物，因此，中級受理此案時極為慎重。北京市高級人民法院曾就此案請示最高人民法院。最高人民法院於1991年12月4日批覆：「《我的前半生》一書，是溥儀的自傳體作品，在該書的寫作出版過程中，李文達根據組織指派，曾幫助溥儀修改出書，並付出了辛勤的勞動，但在當時的歷史條件下，李文達與溥儀之間不存在共同創作該書的合作關係。因此，根據本案的具體情況，以認定溥儀為《我的前半生》一書的作者，並享有該書的著作權為宜。」

市中院對此案的判決，體現了最高人民法院的「批覆」。中院認定溥儀為《我的前半生》一書的作者，並享有該書的著作權。關於李淑賢要求李文達停止侵權，賠禮道歉一事，因李文達並非直接侵害了該書的著作權，故法院不支持李淑賢的這一請求。關於該書出版後的稿酬分配問題，因雙方未提出異議，法院不予處理。

李文達先生已於1993年11月5日去世。今年1月26日，中院宣判那天，他的合法繼承人未能到庭。因李文達的妻子、兒子大都在國外，目前法院正設法送達判決書。

李淑賢對判決結果很滿意，她對法院駁回她的其他訴訟請求不以為然：「李文達已不在人世，就不必追究了，我打官司不是為了錢。」談起10年來的風風雨雨，李淑賢感慨萬千。她說：「多少人勸我不要打這個官司，可我都沒有放棄。我現在有說不出的高興，感覺心理卸掉了一個大包袱。」

李淑賢已七十有餘，身體瘦弱。日間，我們採訪她時，她正患感冒未癒。而兩個眸子卻又黑又亮，流露出令人震撼的倔強。她雖然過著

清淡寡居的生活，卻不能容忍外界對她及亡夫的絲毫侵害。贏了著作權
這場官司，她如釋重負。而新的煩惱又接踵而來。上海一家雜誌刊登了
一篇題為〈「末代皇后娘娘」李淑賢的後半生〉的文章，隨後一些報刊
相繼轉載。「該文章中有多處失實」她說，她曾兩次投書該雜誌社，要
求予以澄清事實。文章作者做出了反映，給她來信，說文章內容是香港
《明報》記者的訛傳。「這位記者，我壓根兒就沒見過。」李淑賢對這
種毫無職業道德的行為極為憤慨，他希望我們向公眾真實地反映她的生
活狀況。

　　上海那家雜誌刊登的文章提到：「這個『一無所有』的亡夫留給
妻子的遺產，卻足以讓她不愁吃穿安度後半輩子。」而實際上，溥儀從
天子變為平民，哪裡有什麼遺產。李淑賢說，他們結婚以後，家裡沒有
保母，溥儀連自己都照顧不了，家務都落到她一個人身上，再加上上班
遠，工作累，婚後兩年，她就因病停薪留職了。從這時候到溥儀去世，
家庭收入只有溥儀的工資。溥儀去世後，她本想恢復醫院的工作，靠這
份工資養活自己。但是，工作問題沒解決，她的身體反而更糟了。這期
間政協補發的 4000 元稿費解了燃眉之急，但畢竟入不敷出。萬般無
奈，她給周總理寫了一封信，才解了急。1984 年李淑賢當選為朝陽區
政協委員，生活待遇也有了很大改善。目前她每個月有 500 元的收入，
還能享受公費醫療，「生活還可以」。但傳說中的「瘦死的駱駝比馬
大」，純屬無稽之談，李淑賢說。

　　那篇文章還說：「誰寫溥儀，她就告誰。」李淑賢在維護自身名
譽和權益時表現出驚人的執著，本是人之常情無可厚非。但李淑賢也不
是有些人想像中的樂此不疲。她說，她年紀大了，耳朵又聾，實在不願

意打官司，但只求讓她過得去。她說這話時，深陷的眼睛閃現著灼人的光亮。

人們都企盼過平靜的生活，李淑賢亦如此。

（原載《北京法制報》1995 年 2 月）

溥儀仍是唯一著作人

——《我的前半生》著作權糾紛終審裁定

因《我的前半生》一書而引發的著作權糾紛案，近日由北京市高級人民法院在今年 7 月 17 日做出了「駁回上訴，維持原判」的判決。

該書於 1960 年 1 月由隸屬於公安部的群眾出版社第一次印刷，當時被俗稱為「灰皮書」。由於「灰皮書」充滿了懺悔的言詞，而且涉及的史實也多有訛誤，所以，1960 年初，群眾出版社在徵得溥儀同意後，指派本社編輯室負責人李文達與溥儀一起對「灰皮書」進行整理和修改。

1960 年 7 月，溥儀與李文達一道完成整理稿，但它畢竟只是一部悔罪書。之後，李文達向公安部及社領導、溥儀本人提出建議：另寫一本新的《我的前半生》。

1961 年初，李文達和溥儀一起開始著手準備撰寫新的《我的前半生》，該書於 1964 年 3 月正式出版。

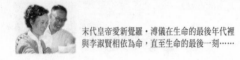
改革開放以後，早已去世的溥儀又一次成為熱門人物，與此同時，一場有關《我的前半生》的著作權糾紛也已初見端倪。

溥儀的遺孀李淑賢頻頻致函中央領導人和有關部門，要求正式確認《我的前半生》一書的著作權歸溥儀個人所有。已離休的李文達則堅持認為重新撰寫的《我的前半生》一書，是他與溥儀合作的，應由他和溥儀共同享有著作權。

1985年3月5日，群眾出版社的上級主管單位公安部致函文化部，詢問《我的前半生》的著作權歸屬問題，文化部將此函轉給了國家版權局。國家版權局於1985年11月4日做出如下裁決：「此書是溥儀和李文達合作創作的，他們之間的關係不是作者與編輯的關係，而是合作者的關係……《我的前半生》一書的版權應歸溥儀和李文達共有。」

對國家版權局的裁決，李淑賢不服，開始了申訴。1989年4月25日李淑賢向北京市中級人民法院提出了起訴，要求依法判定《我的前半生》一書的著作權歸溥儀獨自享有。

1990年2月27日北京市中級人民法院正式開庭審理了此案。1995年1月26日，北京市中級人民法院做出了一審判決。法院認為，《我的前半生》一書是溥儀的自傳體作品，在該書的寫作出版過程中，李文達與溥儀之間不存在共同創作該書的合作關係，法院據此做出《我的前半生》一書的著作權歸愛新覺羅‧溥儀個人享有的判決。

一審判決做出後，李文達（已於1993年11月5日去世）妻子、兒子向北京市高級人民法院提出了上訴。上訴的理由是：一審判決判定《我的前半生》一書的著作權歸溥儀個人享有與事實相互矛盾；李文達

與溥儀之間不存在委託與被委託的關係，李文達作為該書的創作者，理應享有著作權。他們請求北京市高級人民法院給予改判。

北京市高級人民法院經審理後認為，《我的前半生》一書從修改到出版的整個過程都是在有關部門的組織下進行的，李文達是由組織指派幫助溥儀修改出書，故李文達與溥儀不存在合作創作的事實。根據該書寫作的具體背景和有關情況，溥儀應是《我的前半生》一書的唯一作者。據此，北京市高級人民法院做出了「駁回上訴，維持原判」的終審判決。

（原載《週末》1996 年 8 月 10 日）

《我的前半生》著作權案審結

任學路

近日，北京市高級人民法院對《我的前半生》著作權糾紛案，作出了「駁回上訴，維持原判」的判決，至此，這場長達 10 多年、訴訟時間 7 年多的著作權糾紛終於畫上了句號。

北京市高級人民法院經審理後認為，《我的前半生》一書從修改到出版的整個過程都是在有關部門的組織下進行的。此書既是由溥儀署名，又是以溥儀為第一人稱敘述親身經歷為內容的自傳體文學作品。該書的形式及內容均與溥儀個人身分聯繫在一起，反映了溥儀思想改造的過程和成果，體現了溥儀的個人意志，該書的輿論評價和社會責任也由

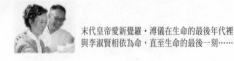
其個人承擔。根據該書寫作的具體背景和有關情況，溥儀應是《我的前半生》一書唯一作者。溥儀去世後，該書作品的使用權和獲得報酬權，其合法繼承人有權繼承。

（原載《新聞出版報》1996 年 10 月 2 日）

憶溥儀遺孀李淑賢女士

胡明華

今年6月初，我就溥儀晚年研究中的幾個問題給李淑賢女士發了一封長信。正當我翹首盼望回覆之際，忽聞老人因肺癌於 6 月 9 日在京逝世的噩耗，隨即收到了註有「該人已去世」的退函。我的鼻子一酸，視線變得模糊了，與李淑賢老人相識、往來的情景一幕幕浮現在眼前。

四年前，我在中國人民大學進修時，有幸經全國政協委員沈醉先生介紹，在拜訪愛新覺羅・溥傑之後，結識了「末代皇帝」溥儀的夫人李淑賢女士。伴隨往來的頻繁，瞭解的增多，我們這一老一少成了「忘年交」。

記得那是1993年8月上旬的一個星期天，我前往西直門全國政協公寓，按響了501室的電鈴。前來開門的正是古稀之年的李淑賢女士，衣著樸素的老人中等身材，清瞿的臉上帶著和藹的笑容。得知我的來意後，老人立即熱情地邀我入室。

李淑賢兩室一廳的寓所佈置得簡樸、淡雅而潔淨。步入客廳，我

一下子被鑲在鏡框中的那幅黑白照片吸引住了：照片上站著的周總理談笑風生，新婚燕爾的溥儀和李淑賢目視總理正開心地笑著。於是，我們的談話便從共和國領袖對末代皇帝的關懷開始……

提起往事，李淑賢沉浸在深深的回憶之中。從她與溥儀的戀愛結婚，到丈夫病重去世，老人記憶猶新。她說：「溥儀是個熱愛生活、忘卻了憂愁的人，也很懂得體貼人。他平時愛說愛笑，差不多每天都要和我說幾個笑話。雖然我們共同生活的時間不長，但那卻是我一生中的黃金時光，是我所經歷的最珍貴、最難忘的一段時光。無論從物質生活看，還是從精神生活看，我和溥儀共同生活的那個時期，都能用『非常幸福』這幾個字加以概括。」

李淑賢還清晰地憶起當年首都機場上出現的一個歷史性場面：「1965年7月20日上午，我和溥儀去機場歡迎從海外歸來的李宗仁先生。當周總理介紹李宗仁同溥儀見面時，溥儀說『歡迎你回到我們偉大祖國的懷抱』，中國末代皇帝和『末代總統』的手緊緊地握在了一起。總理又指著我說：『這是溥儀夫人，是我們杭州姑娘呢！』」

時間在談笑中悄然流逝，轉眼到了正午時分。我起身告辭，老人熱情地留我吃飯。初次見面，況且人家是「皇帝」的遺孀，怎好麻煩呢？我執意不肯，她卻懇切地說：「今天星期天，外邊人多。再說，街上吃飯也不衛生。在我這兒，有什麼吃什麼。你這時候餓著肚子走，阿姨會不高興的。」樸實而親切的話語讓我有種回到家中的感覺，原有的顧慮隨之消失了。老人說罷拉開了冰箱，將為數不多的東西統統拿了出來，十分利索地下廚去了。不一會兒，四、五樣江浙風味的菜餚端上餐桌，其中一盤，便是溥儀生前喜歡吃的油煎茄子。席間，老人見我有些

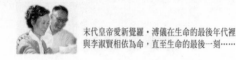
拘謹，不斷熱情地為我挾菜，並聊起了溥儀日常生活中的一些趣事。餐桌上的氣氛格外輕鬆和愉快。

返寧後，我時時掛念這位舉目無親、樸實善良的孤寡老人——李淑賢1924年生於杭州西子湖畔，自幼便失去了雙親，成為孤兒。為反抗繼母將其賣給闊老作妾，她隻身逃到北京。此後，直至1962年與溥儀結為伉儷，李淑賢才過上了幸福的家庭生活。溥儀在「文革」中病逝時，沒有留下什麼遺產。丈夫去世30年了，膝下無子女的李淑賢一直靠她那微薄的護士退休金，過著孤單清貧的生活。幾年來，我們彼此視為親人，書信往來未曾中斷。

《我的前半生》著作權糾紛案，是李淑賢晚年最為牽掛的一件事。身為孤寡老人，自1985年起，她為溥儀的著作權執著地奔走了十餘年，歷盡艱辛，的確十分難得。1995年1月26日，北京市中級人民法院一審判決，該書著作權歸愛新覺羅‧溥儀個人享有。我為此而欣喜，特致函向老人表示祝賀。她在1995年底給我賀年的信中說：「十年來為了這場官司，我不知經過多少曲折，跑破了多少雙鞋，流過多少眼淚，就為給我丈夫爭這口氣。現在還沒有結束，被告不服敗訴，在1995年2月26日上訴北京市高級人民法院半年多了……」1996年3月，老人又在信中告之：「1995年2月26日上訴到現在一年多了，北京市高法不宣判，壓著，不知壓到哪一年哪一月了，孤寡老人沒有能力，身體又不好，辦起事來很難。」此後，便一直未曾聽到最後宣判的消息（此案北京市高級人民法院於去年已作出維持原判的終審判決——編者）。

令李淑賢欣喜的是，經她在「文革」中搶救保存下來的《愛新覺羅‧溥儀日記》得以在她有生之年出版問世。她在1996年春夏的兩次

來信中說：「溥儀日記交給天津人民出版社四年了」，「日記今年能出版，我一定會給你寄一本去。」數月後老人果然不顧年邁體弱，親自到郵局將一本厚厚的《溥儀日記》寄來，並在書的扉頁上用毛筆工工整整地題寫了贈言。

由其來信可知，直至去世前兩個月，老人雖感不適卻全然不知自己已身染重痾、將不久於人世。她在今年三月底的來信中說：「我96年以來身體不好，總是頭暈，嚴重時昏睡幾天不能起來，去醫院也沒有查出什麼病來，一到冬天整天感冒，老是吃藥。現在天氣暖和了，慢慢會好起來。你約我去南京玩玩，我真高興，就是身體不好，去了給你添麻煩，以後等身體好些，我定去府上拜訪。」從這封信的行文和字跡看老人的精神狀態與以往無異。我萬萬沒有料到這竟是她老人家的最後一封來信，因忙而未能及時作覆。此時回想起來，真是揪心地難過。

30多年前，在周總理的親自安排下，李淑賢曾陪溥儀先生來寧參觀，當時南京的梅花開得正濃，給她留下了美好的回憶。

近年，筆者曾多次邀請老人在氣候宜人之際故地重遊。但艱險終因年老體衰遲遲未能成行。令人感動的是，老人在每封來信中都熱情地請我再去北京家中作客。她在生前最後一封來信中寫道：「你幾年沒有來北京了，這幾年變化很大，到處是高樓大廈，建設得非常美麗。盼你有機會來家玩，很歡迎你來。」老人對生活之熱愛、待人之熱忱溢於言表。前些日子，我已打算今夏赴京，拜望四年不見的李阿姨，並捎些南京特產請老人嘗嘗，帶些在南京新拍的照片請老人看看，聊補她不便來寧之憾。豈料，這一美好願望如今竟成了我的終生憾事。

「斯人雖逝去，音容宛猶存。」李淑賢女士辭世已兩個多月了，我

心中的悲痛卻絲毫未減。唯有將深深的哀思從心頭移到紙上，方可聊表
我對這位慈祥老人的一份無限懷念之情。

（原載《團結報》1997 年 8 月 27 日）

李淑賢與長春

王慶祥

　　中國末代皇帝愛新覺羅‧溥儀在長春當了 14 年偽皇帝，他的「福
貴人」李玉琴經歷了人生的滄桑巨變以後，長期擔任吉林省政協委員和
長春市政協委員，這些早已為人們所熟知。然而，溥儀的妻子李淑賢生
前兩度前來長春，則很少有人知道。

　　李阿姨頭一次來長春，卻不能到我家坐一坐，喝杯茶，我很難
過，也很無奈。阿姨說，事情辦完了，只想看看丈夫生活過的地方。某
單位派汽車送她，她卻偏要與我步行前往，在偽皇宮陳列館——溥儀當
傀儡皇帝的「宮廷」，她受到館領導隆重的禮遇、熱情的接待和詳明的
解說，打開了對外尚未開放的展廳。阿姨當即表示，願對該館的建設做
出貢獻。

　　李阿姨於 4 月 24 日回京後不久，就向我表示，願意把她的回憶錄
《溥儀與我》交給《長春文史資料》首次發表，還特別在前言中表示，
「願意藉此機會，把經過改造變好了的公民溥儀的思想和生活風貌介紹
給北國春城的人民」，以便讓她的愛人有機會，「用自己晚年的生命之

泉，去沖刷那歷史上血染的舊痕。」這篇回憶錄發表後，又迅速出版了單行本，在全國100餘種報刊上連載、選載，流傳極廣，影響至深，已改編的電影《火龍》也很快在海內外公映。

李阿姨說到做到，又於1987年6月把溥儀日記原件、各類手稿、出席會議的證件、被特邀為全國政協委員的公函、出席國慶觀禮時佩戴的紅綢條，以及她與溥儀的結婚證書等珍貴文物共69件，捐獻給長春偽皇宮陳列館，全部定為國家一級文物，成為該館鎮館之寶。

1994年陽光燦爛的5月，李淑賢第二次來到長春。這次她也沒有事先打招呼，下了火車就「打的」直接到我家來了，為了修訂她那本回憶錄，把溥儀去世後她自己20餘年的坎坷經歷增補入《溥儀與我》一書，阿姨又積累了豐富的資料並帶到長春來。她希望我儘快動筆，代她把想說的話轉達給海內外讀者，以了卻夙願。

記得李阿姨講了「老貓」和「小貓」的故事，她稱呼溥儀為「老貓」，而溥儀就管她叫「小貓」。有一天，「小貓」與家庭保母「串通一氣」，要跟「老貓」玩耍一番，遂躲藏在臥室門後。「老貓」回來，從客廳到臥室又到廚房，找不著「小貓」，便問保母：「『小妹』上哪兒去了？穿的什麼衣服？」保母笑著說：「她呀，打扮得很漂亮，上街走了。」「老貓」很失望，沉沉地坐進沙發裡，現出若有所思又無奈的神態，這時「小貓」卻輕鬆地從門後走了出來⋯⋯

談到溥儀的骨灰存放問題，李阿姨說，現在存放在八寶山革命公墓，由國家照管，等我百年之後，沒有人交保管費，時間長了勢必會被深埋掉。所以，我很想買塊墓地，先將溥儀和譚玉齡的骨灰合葬，以後我也要去。溥儀喜歡譚玉齡一回，應該讓他們合葬，我不計較，人都死

了，還有什麼可計較的呢！後來李阿姨把溥儀的骨灰送進「華龍皇家陵園」，同時也表示了把譚玉齡的骨灰合葬的考慮，只是還沒有做完這件事情，李阿姨就告別了人世，三人合葬的擬議也只能等待我們這些知情人去實現了。

李阿姨遊覽了南湖公園、長春電影製片廠，並再次前往偽皇宮陳列館參觀丈夫早年生活過的地方，她像普通遊客那樣購票入門，當她看到「從皇帝到公民」展覽中也擺出了她提供的照片和實物時，儘管沒有館方的接待也很欣慰。那天，我因故未能陪同前往，問她為何不跟館長打個招呼？她不以為然地說，溥儀特赦後每次遊覽故宮都自覺購票入門，今天我也購票參觀偽皇宮陳列館，這很好嘛。

1982 年 4 月 20 日，李淑賢由年輕友人陪同第一次來到長春

那幾天，我和李阿姨還討論了經過修訂的回憶錄《我的丈夫溥儀》英文版和日文版的翻譯、出版事宜，她特別希望能有機會把作為公民的溥儀的形象介紹到世界上去。現在，這本書的日文版已經問世，英文版的翻譯工作也在進行中。

5 月 19 日晚上，我在家中設宴為李阿姨送行。她高興地說，許多年來總是體會清靜和孤獨，這幾天才得到一種濃濃的家

庭感受，又說長春的天氣宜人，夏天涼快，今後還要來避暑。晚 8 時許，我把李阿姨一直送上列車，伴著開車鈴聲依依惜別。

李淑賢不幸於 1997 年 6 月 9 日因肺癌去世，她已向億萬中外讀者傳布了溥儀先生後半生生活中的真實而豐富的信息，依法維護了丈夫的名著《我的前半生》一書的著作權。當她微笑著離開這個世界的時候，也帶去了長春人民的一份情意。

（寫於 1998 年 7 月 27 日，原載《長春日報》1998 年 10 月 7 日，獲「我與長春」徵文二等獎）

1994 年 5 月李淑賢第二次來到長春

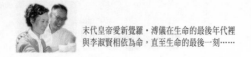
阿姨遠行何匆匆

—— 後記

王慶祥

1997年6月9日下午3時10分，對我來說，這是一個難忘的悲痛時刻。

我與三位台灣學者結伴對東北三省作區域性考察旅行，當時在鞍山市。那天上午，我們遊覽了千山的龍泉寺和無量觀。中午，由鞍山市政協王毓岳副主席宴請。下午，又到湯崗子溫泉，這裡被稱為「龍宮」，因為它是偽滿時代專為溥儀和婉容修建的。「龍宮」女經理得知我是從事溥儀生平研究的，給予格外尊重，特意引導我們參觀了溥儀和婉容1932年使用過的「龍池」和「鳳池」，以及他們當年住過的房間。

然而，後來我才知道，這時在北京中日友誼醫院的一間病房內，有位73歲的著名女士正在度盡她人生的最後時光。她的身邊沒有子女，也沒有直系親屬，只有一、兩個朋友和遠親，以及雇用的保母。還來不及對身後事做出深思熟慮的安排就匆匆而去了，她就是中國末代皇帝溥儀的妻子李淑賢女士，我稱她為李阿姨。

我是在6月12日晚上，從鐵嶺龍首山賓館住處往長春家裡打電話

338

時，才得知這一不幸消息的。那一宿徹夜難眠，含淚想起李阿姨一生的歷歷往事，想起許多年來我們之間點點滴滴的交往。

我每到北京，她總要親自下廚，為我烹調，她深知我的喜好，我的飯量，每次都做得可口。我感冒了，她會找出見效很快的藥，按時提醒我服用。我們談有關的合作事項，我常常會持續到末班公車臨近的時刻，才趕快離去。

1997年3月30日，我乘7時由北京開往大連的81次雙層特快列車離京。那天下午5時，阿姨還給我做了四菜一湯的晚餐為我餞行。我重申已在信中提過的關於出版溥儀生平系列著作的建議，阿姨表示贊許，說這是一件好事。回想這一幕幕場景，包括其中的坎坷、艱難與歡欣，讓我如何不難過！

當時我已經感覺到，李阿姨的身體狀況不大好，她說春節過後一直感冒，很長時間不出門。3月下旬我去北京時，她已能在戶外活動，但病態仍存。阿姨平時不願到醫院檢查，有病就上藥房斟酌買藥，或請醫生朋友自行注射了事，這次患病，還以為是一般性的感冒。我說，阿姨如果覺得不好，一定要打電話告訴我，以便讓我的妻子來京護理。阿姨應承著，我們就分別了。萬萬沒有想到，這竟是我和阿姨的訣別！

後來我才知道，僅僅半個月後，也就是4月中旬阿姨就住院了，卻沒有告訴我，也許當時她還不認為病得很嚴重。

5月5日，我收到英國族譜學家、自由作家托尼·斯特蘭德先生的傳真，他說要在6月初來中國採訪，希望會見李阿姨，請我協助溝通。我一連往李阿姨家掛了幾次電話，均無人接。遂又轉問北京一位當時十

分接近李阿姨的人，得到的答覆是「李阿姨已經住院」。我又問什麼
病？是否嚴重？回答是：「住院檢查，過幾天就可出院。」我相信了，
並把這一消息以傳真轉告了托尼先生。

　　事後瞭解到，當時李阿姨的病已經確診，而且醫院向本人說明
了，但沒有人告我以實情。以致我失去了機會，未能在李阿姨的最後
時刻守在她的身邊，為此，我感到深深的遺憾和難過。李阿姨沒有子
女，生前也沒有聯繫密切的親屬，而我可以算是她生前最接近、關係最
密切且交往最長久的合作者和朋友了。

　　痛定思痛，那個已經逝去的5月，對李阿姨來說是多麼重要啊！
　　對我也自然同樣重要。因為我們從1979年合作至今，已經度過了將
近20個年頭，作為我們合作的成果，「溥儀生平系列著作」也已經成
形。而且我們曾多次討論統一推出這套著作的問題，如果能在李阿姨生
前，哪怕在她臨終之前見上一面，守護幾天，或告訴她這一重要事項決
定實施的方案，那會使她得到多少寬慰啊！

　　我深深地知道，李阿姨放心不下的還有一件事，那就是丈夫雖已
「入土為安」，墓地建設仍未完成。因為溥儀是具有世界影響的歷史人
物，他的墓地自然也在國際上受到關注。英國族譜學家托尼‧斯特蘭德
先生非常榮幸地在1997年6月初，採訪到病危中的阿姨。嗣後，又親
往華龍皇家陵園，就溥儀墓地自然環境、歷史沿革、基本情況，以及溥
儀關於後事的遺言、由火葬到土葬的轉變、選址、安葬儀式、兩年多來
的祭祀活動、各方反應、墓地建設的遠景規劃等進行了考查。他在後來
寫給我的信中說，現有的溥儀墓既不豪華，也不卑微，「完全適合用來
紀念一位以十幾年的監禁和再教育作為代價，而補償其在帝國時代當皇

帝所犯過錯的著名人士」。托尼先生已把他的這一看法撰寫成文，並交由《彈琴者與女王》雜誌登載，而與英文世界的廣大讀者見面了。

　　還是那個已經逝去的5月的下旬，李阿姨的新版回憶錄《我的丈夫溥儀》一書日文版，由日本學生社在東京出版。該書是我根據李阿姨的口述和日記撰寫的，不但寫出她與溥儀共同生活的經歷，還詳細撰寫了溥儀去世後她在「文革」年代遭受的磨難，在改革開放歷史新時期的思想和生活，以及在長達10年版權官司中的坎坎坷坷，一直寫到1996年在華龍皇家陵園為丈夫建墓，入土為安，而使各國讀者能從這個特殊家庭的角度，瞭解中國社會和時代的氣息。

　　令人遺憾的是，當散發著油墨香的嶄新而漂亮的樣書從東京寄到長春時，李阿姨已經飄然遠行了。阿姨啊，這本書您盼望了幾年，為什麼不能再等幾日？哪怕只看一眼封面，只摸一下書脊，也必定能夠減輕您的病痛，撫慰您那顆屢遭創傷的心呀！

　　阿姨匆匆而去，甚至連一句告別的話也沒來得及說出，但我卻可以驕傲地說，我曾與中國末代皇帝的妻子有過成功的合作，那澆鑄了兩人血汗的一本本著作，一段段膠片，是我們合作歷程上的一座座紀念碑，我和阿姨的緣份也在這些紀念碑中間，它們將永留人間，向世人傳達有關中國末代皇帝及其時代的最真實和最後的信息。

　　或許，李阿姨沒有想到會走得如此匆忙，不願過早地通知我，怕牽扯我的精力，竟始終未曾打一個電話給我，當我6月12日在旅途中得知噩耗時，阿姨早在6月9日就撒手西歸了。那天，我從鐵嶺龍首山賓館住處往長春家中打電話，妻子告訴我，她剛剛接到天津友人的電話，聽說法國阿哈西廣播電台播發了李阿姨病逝的消息，並已從別的管

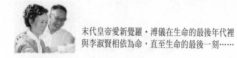

道得到證實。我很難過，許多合作事宜未盡，阿姨也有好幾件大事沒有做完，怎麼說走就走啊！

6月14日，我與台灣學者結束在遼寧的考察旅行回到長春，曾先後給北京可能知情的多位人士打電話，詢問李阿姨的後事如何處理，獲悉阿姨是因噁心，吃不下食物，甚至連飲水都發生困難，在4月17日晚上被其所在原單位——北京朝陽區中醫院（原關廂醫院）接走住院，繼而轉到朝陽區醫院，確診為肺癌，並已擴散。6月4日轉住中日友誼醫院，僅5天即去世。其間，阿姨頭腦清醒，除了幾位友人每天探視外，還有雇傭的保母護理。

據一位非常接近她的友人說，從阿姨住院直到6月8日，她幾乎天天跑醫院，8日那天還曾到阿姨家中為她取需用物品。那天中午在阿姨的病床前，阿姨囑咐她說：「下午妳還要上班，先回去吧！明天再來，

342

幫我買些東西，因為我咳嗽很厲害，到藥房給我買兩瓶複方甘草合劑，還要幫我訂下半年的報紙。」李阿姨又說，等她出了院，還有一些事要讓這位相處30多年的街坊朋友幫忙辦。她的回憶錄英文版至今沒有面世，今年春節後還給紐約的合作者寫過信，請她履行協定，儘快聯繫出版。丈夫溥儀的墓地也沒有修建完善，不久前她曾委託幾位友人前往華龍皇家陵園，希望身後能有一座堅固的永久性的合葬墓，讓她與溥儀和譚玉齡永遠在一起。阿姨雖然已經知道身患不治之症，但她萬萬沒有料到，竟會在20幾個小時後就匆匆離去了。

阿姨臨終之際，只有一位親屬、一位當醫生的友人和保母在側，這一天她除了說過幾句關於墓地的話以外，就什麼都沒有了，她帶著許多遺憾，非常清醒，又非常無奈地走了，甚至來不及安排一下遺產。美國、英國、法國、日本以及台灣和香港等地的新聞媒體迅速報導了李阿姨去世的消息。

我急切地想知道遺體告別儀式何時舉行，無論如何也應該向阿姨最後道一聲別，鞠個躬，行個禮，可是我得不到任何消息。出版李阿姨回憶錄的日本出版社也打來電話詢問，他們要在舉行儀式的時候致送花籃以寄託哀思，何湘延女士也曾從香港打電話給我，託我代她向大伯娘敬獻花圈，還表示一定要實現大伯娘的遺願，完成大伯娘與大伯的合葬。長春市政協、長春偽皇宮陳列館（今名「偽滿皇宮博物院」）等，與李阿姨有過交往的單位也來詢問，我無以回答。直到6月25日才從北京一位知情人士那裡獲悉，李阿姨的遺體告別儀式，將於6月29　日上午，在北京八寶山革命公墓第二告別室舉行。

為了核實上述消息，我於6月26日給郭布羅‧潤麒先生打了電

話，這才得知關於李阿姨後事的種種安排。李阿姨病危時，政協曾通知溥儀方面的親屬，但因該親屬在溥儀去世後的 30 年中與李阿姨沒有太多的來往，不便出面。遂又找到潤麒先生，他認為溥儀與李淑賢結婚是經周恩來總理同意，在政協舉行婚禮的，此後兩家一直往來，現在對大嫂的事不能不管。於是，潤麒先生作為顧問參與了阿姨後事的處理，而具體事項由朝陽區衛生局委託李阿姨原工作單位——朝陽區中醫院承辦。一位聲明不要遺產的人，獲允以「養子」名義代表李阿姨家屬，還有一位爭取繼承權的親屬，因在阿姨生前並無贍養義務而未被認可。房產將由政協收回，所遺文獻、文物由國家處理。如此看來大事已定，我遂立即赴京。

6 月 29 日，在 3 個月前曾為鄧小平送別的八寶山革命公墓第二告別室內，氣氛肅穆，李阿姨靜靜地躺臥在鮮花叢中的靈床上，遺像擺放在正面牆中央，上方為電子顯示的橫幅，寫有「沉痛悼念李淑賢同志」幾個大字。四周擺滿了花圈和花籃，中共中央統戰部部長王兆國、全國政協副秘書長張洽、全國政協辦公廳、中共北京市委統戰部、中共北京市朝陽區委統戰部、政協北京市朝陽區委員會等致送的花圈擺在前列。

潤麒先生率子女送的鮮花花圈和毓嵒先生送的輓詞放在遺像下方。日本學生社送的花籃、日本友人丸木希代先生送的花圈和香港

何湘延女士送的花圈也擺在靈床一側明顯的地方。我為阿姨寫的一副輓聯掛在告別室的大門兩側:「恩恩愛愛,與末代皇帝夫妻六載;坎坎坷坷,為公民溥儀奉獻一生。」橫額是「千古一絕」。雖然這輓聯並不一定寫得好,卻是我所瞭解的李阿姨的命運、經歷、思想和感情的真實寫照。

我長久地凝視著阿姨的遺容,她顯得更消瘦了,已經閉合的兩眼深深地凹陷下去,頭腦似乎還在思索,這或許是因為平生事、平生情都未了的緣故吧!當有人告訴我,阿姨臨終前幾天裡不斷念叨我的名字,我再也無法抑制地失聲痛哭了,我深知阿姨臨行想要囑咐我的是什麼,這時我只想說一句話:「阿姨呀,您放心地走吧!」

阿姨的遺體火化後,暫存公墓骨灰堂,葬地尚未確定。有人主張仍入華龍皇家陵園,合入現有的溥儀墓,還有人主張葬於香山金山陵園,再遷來溥儀的骨灰合葬。我能做的,也是不能不做的,就是寫一篇悼念的文字,希望能寫出我與李阿姨將近 20 年的交往,寫出其間的坎坷與歡欣,表達我對逝者真誠的懷念之情。不久,題為〈阿姨遠行何匆匆〉的悼念長文問世了。

轉眼又有10個冬春過去,《末代皇帝溥儀與我》已對《溥儀與我》做了增補,即將由京華出版社出版。當此之際,我僅將悼念長文中記載李阿姨仙逝前後的段落摘出,另行成篇,就作為《末代皇帝溥儀與我》的〈後記〉,或許能讓關注李阿姨命運的萬千中外讀者,感受到當年的氣氛,這也正是我的願望。

2007 年 3 月 18 日於長春

文經閣　圖書目錄

典藏中國：

人物中國：

國家圖書館出版品預行編目資料

末代皇帝溥儀與我 / 李淑賢 口述 王慶祥整理

-- 一版. -- 臺北市 :廣達文化，2009. 2

；公分. – (人物中國:21) (文經閣)

ISBN 978-957-713-394-6 (平裝)

1. （清）溥儀 2. 李淑賢 3.傳記

627. 99　　　　　　　　　　　　97024439

末代皇帝溥儀與我

作　者：李淑賢 口述
　　　　王慶祥 整理
叢書別：人物中國：21
出版者：廣達文化事業有限公司

書系：文經閣
Quanta Association Cultural Enterprises Co. Ltd
編輯執行總監：秦漢唐

發行所：臺北市信義區中坡南路 287 號 5 樓
通訊：台北郵政信箱 51-83 號
電話：27283588　傳真：27264126
劃撥帳號：19805171
戶名：廣達文化事業有限公司
E-mail：siraviko@seed.net.tw
www.quantabooks.com.tw

製　版：卡樂製版有限公司
印　刷：大裕印刷排版公司
裝　訂：秉成裝訂有限公司

代理行銷：創智文化有限公司
臺北縣中和市建一路 136 號 5 樓
電話：22289828　傳真：22287858

一版一刷：2009 年 2 月
定　價：280 元

書山有路勤為徑
學海無涯苦作舟

貧者因書而富
富者因書而貴

貧者因書而富
富者因書而貴